Sozialgeschichte der Religion

Historische Einführungen

Herausgegeben von Frank Bösch, Angelika Epple, Andreas Gestrich, Inge Marszolek, Barbara Potthast, Susanne Rau, Hedwig Röckelein, Gerd Schwerhoff und Beate Wagner-Hasel

Band 6

Die Historischen Einführungen wenden sich an Studierende aller Semester sowie Examenskandidaten und Doktoranden. Die Bände geben Überblicke über historische Arbeits- und Themenfelder, die in jüngerer Zeit in das Blickfeld der Forschung gerückt sind und die im Studium als Seminarthemen angeboten werden. Der Schwerpunkt liegt dabei auf sozial- und kulturgeschichtlichen Themen und Fragestellungen.

Unter www.historische-einfuehrungen.de finden sich zu jedem Band nützliche Ergänzungen für Studium und Lehre, unter anderem eine umfassende, jährlich aktualisierte Bibliographie sowie zusätzliche schriftliche, Bild- und Audioquellen mit Kommentar. Auf sie verweist dieses Symbol: ⌐🖰

Benjamin Ziemann, Dr. phil., lehrt neuere deutsche und europäische Geschichte an der University of Sheffield, Großbritannien.

Benjamin Ziemann

Sozialgeschichte der Religion

Von der Reformation bis zur Gegenwart

Campus Verlag
Frankfurt/New York

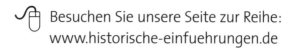

Besuchen Sie unsere Seite zur Reihe:
www.historische-einfuehrungen.de

Bibliografische Information der Deutschen Nationalbibliothek:
Die Deutsche Nationalbibliothek verzeichnet diese Publikation in der
Deutschen Nationalbibliografie. Detaillierte bibliografische Daten
sind im Internet unter http://dnb.d-nb.de abrufbar.
ISBN 978-3-593-38916-5

Copyright © 2009 Campus Verlag GmbH, Frankfurt/Main
Umschlaggestaltung: Guido Klütsch, Köln
Fotosatz: Fotosatz L. Huhn, Linsengericht
Druck und Bindung: Druckpartner Rübelmann, Hemsbach
Gedruckt auf säurefreiem und chlorfrei gebleichtem Papier.
Printed in Germany

Besuchen Sie uns im Internet: www.campus.de

Inhalt

1. Sozialgeschichte der Religion – Leitbegriffe und Fragestellungen

Religion ist wieder en vogue. Auf dem Petersplatz forderten nach dem Tod von Johannes Paul II. im April 2005 hunderttausende von Gläubigen *santo subito*, seine sofortige Heiligsprechung. Die Londoner Bombenanschläge vom 7. Juli 2005, verübt von äußerlich fest in die britische Gesellschaft integrierten Muslimen, lösten Diskussionen über das Verhältnis von religiösem Fundamentalismus und säkularer Gesellschaft aus. Ähnlich in Frankreich, wo der Streit um das Tragen des Kopftuchs die symbolische Dimension der Trennung von Staat und Kirche neu ins Bewusstsein rief und wie in der Bundesrepublik zu juristischen Auseinandersetzungen führte. Religiös-politische Konflikte in der Jüdischen Gemeinde von Berlin, die in wenigen Jahren tausende von Zuwanderern aus Russland aufnahm, machten 2007 international Schlagzeilen. Alle christlichen Kirchen in Westeuropa klagen über weiteren Mitgliederschwund und sinkende Teilnehmerzahlen an Gottesdiensten. Es zeigt sich eine Diskrepanz zwischen dem Bedeutungsverlust der traditionellen christlichen Kirchen einerseits und der massenmedialen Präsenz von Konflikten um religiöse Symbole andererseits. Der Soziologe José Casanova hat von einer »public religion« gesprochen, um diesen Widerspruch auf den Begriff zu bringen (1994).

Religion ist auch in der Geschichtswissenschaft wieder en vogue. In der Nationalismusforschung wie in der Geschichtsschreibung zum Bürgertum oder der ländlichen Gesellschaft vor 1800, in Arbeiten zur frühmodernen Sozialdisziplinierung ebenso wie zur kulturellen Revolution der 1960er Jahre steht die Analyse religiöser Symbole, Rituale und Praktiken hoch im Kurs. Während Religion in der Geschichte der Frühen Neuzeit immer schon ein wichtiges Thema war, ist dies für die Moderne, und das 20. Jahrhundert zumal, ein in dieser Intensität neues Phänomen. Der Theologe Friedrich Wilhelm Graf hat es griffig als die »Wiederkehr der Götter« bezeichnet (2004), und dieser Plural zeigt an, dass die Fragen und Perspektiven einer erneuerten Religionsgeschichte sehr viel pluraler und offener sind als ältere Ansätze.

Eine solche Pluralität bietet Chancen. Die Erzählformen und Wertvorstellungen einer konfessionell gebundenen Historiographie können dadurch ebenso relativiert werden wie die einer säkularen Sozialgeschichtsschreibung, die Religion lange Zeit als randständiges Phänomen oder sogar als Hindernis des Fortschritts betrachtet hat. Eine solche methodische Pluralität bringt aber auch die Gefahr mit sich, dass Religion wiederum, von den Debatten über die frühmoderne Staatsbildung bis zu den Identitätsproblemen der Europäischen Union, nur als ein abgeleitetes Phänomen behandelt wird, das andere Probleme erhellt, aber nicht in seiner eigenen Wertigkeit als relevant erscheint. Dies gilt zumal für eine sozialgeschichtliche Perspektive. Diese versteht Religion nicht in erster Linie als ein geistiges oder institutionelles, sondern als ein im weitesten Sinne soziales Phänomen. Sie achtet deshalb mit guten Gründen auf Distanz zu einzelnen Religionen und Konfessionen und versteht diese in ihrer Funktion für übergreifende soziale Zusammenhänge. Demgegenüber beharren Theologen auf dem, was sie das *proprium* oder Besondere der Religion nennen: die je spezifische Weltsicht und die Erwartungen der Gläubigen und ihre Kommunikation über Gott. Wir müssen im Blick behalten, ob und wie sich ein sozialhistorischer Zugang mit dem eigentlichen Thema der Religion, der das irdische Leben übersteigenden Transzendenz, vereinbaren lässt oder ob dieses Thema durch die Pluralität religionshistorischer Ansätze aus dem Blick gerät.[1]

Ziel dieser historischen Einführung ist ein Überblick über die

---

1 Für das Studium der religiösen, theologischen und religionssoziologischen Fachtermini wird auf die drei großen Nachschlagewerke verwiesen: das – katholische – *Lexikon für Theologie und Kirche* [LThK], das evangelische Lexikon *Religion in Geschichte und Gegenwart* [RGG], und die überkonfessionelle *Theologische Realenzyklopädie* [TRE].

wichtigsten Begriffe und Konzepte der Sozialgeschichte der Religion in der Neuzeit, also von der Reformation im 16. Jahrhundert bis zur aus Sicht religiöser Beobachter weitgehend säkularen Gesellschaft der Gegenwart. Forschungen zur Transformation der Religion im 16./17. sowie im 19. Jahrhundert finden dabei besondere Aufmerksamkeit. Geographisch werden vornehmlich die deutschsprachigen Gebiete, England, Frankreich und die USA behandelt. Die Auswahl der vorgestellten Themen und Forschungen richtet sich daran aus, dass diese einen Beitrag zur konzeptionellen Weiterentwicklung der Sozialgeschichte der Religion leisten oder exemplarischen Charakter haben. Es werden aber nicht nur Themen und Begriffe der Sozialgeschichte der Religion diskutiert, sondern an praktischen Beispielen auch der Einfluss, den unterschiedliche Quellengrundlagen auf ihr Studium haben.

Dabei werden die christlichen Konfessionen und das Judentum behandelt, nicht aber der Islam, dessen Position in der neueren europäischen Religionsgeschichte erst in letzter Zeit mit sozialgeschichtlichen Fragestellungen behandelt worden ist (Schulze 2007).

1.1. Von der konfessionellen Kirchengeschichte zur Sozialgeschichte der Religion

Die Geschichte der Religion wird traditionell nicht nur von Fachhistorikern bearbeitet, eher im Gegenteil. Im 19. Jahrhundert haben professionelle Historiker sich kaum substanziell mit der Geschichte der Religion befasst. Die beiden heute noch bedeutenden Ausnahmen waren Jules Michelet und der in Basel lehrende Kulturhistoriker Jacob Burckhardt, der Religion als eine der drei historischen ›Potenzen‹ auffasste. Eine nicht konfessionell gebundene Religionsgeschichte entwickelte sich zuerst in England und den Niederlanden, später auch in Deutschland im Rahmen der Religionswissenschaft. Diese widmete sich unter anderem dem vergleichenden Studium der Religionen Asiens und Afrikas und analysierte Phänomene wie Totemismus oder ›primitive‹ Rituale. Schließlich prägten

Religionwissenschaftler wie Rudolf Otto wichtige Begriffe wie *Das Heilige*, das als ein irrationales Erlebnis zu verstehen sei, in dem der Gläubige vor Gott erschaudert und ihm zugleich vertraut (Otto 2004 [1917]). Institutionalisiert wurde die Religionswissenschaft in Deutschland erstmals 1910 in Berlin und 1912 in Leipzig, und zwar jeweils, trotz der Einwände des einflussreichen protestantischen Theologen und Kirchenhistorikers Adolf von Harnack, zunächst an der theologischen Fakultät, nicht der philosophischen. In der Soziologie war die systematische und historische Analyse der Religion ein wichtiges Anliegen der Gründerfiguren des Faches, Émile Durkheim, Max Weber und Georg Simmel.

Vor allem Durkheim und Weber waren in der Entwicklung ihrer Religionstheorien stark durch die zeitgenössischen Religionskontroversen am Ende des 19. Jahrhunderts geprägt, die sich als Kulturkämpfe bezeichnen lassen. Im 1871 gegründeten Deutschen Reich bezeichnet dieser Begriff die von den Liberalen befürworteten staatlichen Repressivmaßnahmen gegen katholische Kirche und Jesuitenorden. Diese hoben 1871 mit dem Kanzelparagraphen an, der die politische Betätigung von Geistlichen kriminalisierte. Erst 1886/87 kam es mit den sogenannten Friedensgesetzen zu einer legislativen Normalisierung, während die sozialen und kulturellen Spannungen zwischen Protestanten und Katholiken andauerten. Der Jesuitenorden wurde gar erst 1917 wieder in Deutschland zugelassen, als die Reichsregierung die Zustimmung der katholischen Zentrumspartei zum uneingeschränkten U-Bootkrieg gegen die USA benötigte. In Frankreich ging es um die seit Beginn der Dritten Republik 1871 von säkularen Republikanern vorangetriebene Politik der *laïcité*, der Laizisierung und Säkularisierung staatlicher Institutionen. Diese umfasste auch hier ein Verbot des Jesuitenordens, das im März 1880 erfolgte, sowie die von 1879 bis 1886 durchgesetzte Ausschaltung religiöser Lehrinhalte und geistlicher Lehrkräfte aus dem staatlichen Elementarschulwesen. Ihren Höhepunkt fand dieser Konflikt im »Kampfgesetz« – so der protestantische deutsche Beobachter Ernst Troeltsch – des Jahres 1905, das Staat und Kirche in Frankreich trennte und die katholische Kirche damit auf den Status eines Vereines herabstufte (Tyrell 2008: 103).

Durkheims erstmals 1912 umfassend ausgearbeitete Religionssoziologie steht im Zeichen der durch das Trennungsgesetz geschaffenen Situation. Er entwickelt darin gewissermaßen eine »Theologie der Zivilreligion der Dritten Republik« (ebd.: 100). Diese Zivilreligion ist in der Distanz zur christlichen Erlösungsreligion zu verstehen, ja versucht diese zu überbieten, indem sie die kollektiven, gemeinschaftsbildenden Potentiale des als Nation organisierten Staates betont. Wenn die Bürger eines Staates sich in kollektiven Ritualen zusammenfinden und die Einheit ihres Gemeinwesens zelebrieren, nehmen sie am zivilreligiösen Kultus der Nation teil. Durkheim, für dessen Soziologie die moralische Festigung der laizistischen Dritten Republik ein wichtiges Anliegen war, postuliert mit der Zivilreligion eine Kongruenz von Religion und Politik, gegenüber der die empirisch vorfindliche katholische Kirche ein nachrangiges Phänomen wird. Der protestantische Liberale Max Weber dagegen, in dessen wissenschaftlicher Prosa sich deutliche Anklänge an die Semantik der preußischen Kulturkämpfer finden, ging von vornherein von der Trennung von Politik und Religion aus. Er verstand sowohl Kirche wie Staat mit einem zeitgenössischen juristischen Begriff als »Anstalt«, als in sich geschlossenen Herrschaftsverband. Weber hatte dabei mit Blick auf die Religion vor allem das Erste Vatikanische Konzil (1870/71) vor Augen, das zu einer Zentralisierung der dogmatischen Kompetenzen und Entscheidungsbefugnisse beim Papst führte. Von dort aus richtete sich ein Akzent seiner religionssoziologischen Arbeiten auf die Bürokratisierung der katholischen Anstaltskirche im Zeichen der »Kaplanokratie«, gegen welche die flachen organisatorischen Hierarchien der protestantischen Sekten dann umso stärker hervortraten (ebd.: 160 ff.).

Die Religionssoziologie verließ bald nach 1900 das weite Dach der Religionswissenschaft und ging eigene disziplinäre Wege. Religionssoziologische Begriffe und Fragestellungen hatten fortan großen Einfluss auf sozialgeschichtliche Forschungen zur Religion (Krech/Tyrell 1995). Wichtige historische Arbeiten zur Religion haben seit 1945 auch Vertreter der Volkskunde vorgelegt (die an den Universitäten heute zumeist als empirische Kulturwissenschaft bezeichnet wird), zu Themen wie der Volksfrömmigkeit und religiösem Brauchtum (Korff 1983).

Für die Herausbildung einer sozialgeschichtlichen Beschreibung der Religion war die Abgrenzung von der konfessionellen
Kirchenhistorie der wichtigste Ansatzpunkt. Seit dem späten
18. Jahrhundert hat sich, parallel zur disziplinären Professionalisierung der Geschichtswissenschaft, eine Religions- und Kirchengeschichte von Juden, Protestanten und Katholiken herausgebil-
det, die jeweils von Vertretern dieser Religionsgemeinschaften für
diese geschrieben wurde. Sie wird vor allem in Deutschland an den
nach Konfessionen getrennten theologischen Fakultäten gelehrt,
während Frankreich seit der Trennung von Staat und Kirche 1905
keine theologischen Lehrstühle mehr an staatlichen Universitäten
kennt. Diese konfessionelle Kirchengeschichte entstand im Kontext des Historismus, also jener geistesgeschichtlichen Strömung,
welche die »geschichtliche Gewordenheit« und »nur relative Geltung aller Kulturerscheinungen« betont (Wittkau 1994: 14). Im
Kontext der judäo-christlichen Religionen relativierte dies die
göttliche Offenbarung als eine überhistorische Tatsache und implizierte zugleich eine Kritik der jeweiligen Traditionsbestände.

Am stärksten ausgeprägt war diese Tendenz in der protestantischen Kirchengeschichte. Sie wies in der Leben-Jesu-Forschung –
mit ihrem Höhepunkt, dem 1835 veröffentlichten »Jahrhundert-
buch« (Thomas Nipperdey) *Das Leben Jesu, kritisch bearbeitet* von
David Friedrich Strauß – das Ungeschichtliche der biblischen
Überlieferung nach. Dabei griff sie auf die in der Philologie entwickelten textkritischen Methoden zum Vergleich der Evange-
lien zurück und relativierte damit die aus der Bibel abgeleiteten
Dogmen. Der Theologe und Kirchenhistoriker Ernst Troeltsch
erkannte deshalb 1922 als Folge dieses Ansatzes, der bereits den
Protest konservativer Theologen herausgefordert hatte, eine »Kri-
sis« des Historismus (Graf 1997). In der jüdischen Geschichtsschreibung war es vor allem Abraham Geiger (1810–1874), ein
wichtiger Vertreter des liberalen Reformjudentums, der mit der
Quellen- eine Traditionskritik verband, um die historische Be-
dingtheit der jüdischen Riten und die religiöse Eigenart des Judentums im Vergleich mit anderen Religionen herauszuarbeiten.
Jüdische Geschichte war für ihn vor allem »Synagogengeschichte«,
also die Geschichte einer Religion (engl.: *Judaism*), nicht die des

jüdischen Volkes (engl.: *Jewry*) (Meyer 2000: Bd. II, 144). In der katholischen Kirchengeschichte konnte sich der Historismus nicht durchsetzen, zuerst nach dem Ersten Vatikanischen Konzil (1870/71) im Gefolge des Siegeszuges der ahistorischen Neuscholastik, und dann um 1900 nochmals durch den Kampf gegen den theologischen ›Modernismus‹. Die Kirchenhistoriker reagierten auf diese Marginalisierung mit dem Rückzug auf eine positivistische Quellenarbeit und verzichteten darauf größere Zusammenhänge aufzuzeigen (Wolf 1999).

Von vielen Unterschieden im Detail abstrahierend, lassen sich für das 20. Jahrhundert drei Probleme der kirchengeschichtlichen Forschung benennen, die ein sozialgeschichtlicher Ansatz dann seit Anfang der siebziger Jahre zu überwinden suchte. Konfessionelle Kirchengeschichte hat *erstens* bis heute zumindest tendenziell eine dienende Funktion für die Theologie und Kirche der jeweiligen Glaubensgemeinschaft. Bis in die 1970er Jahre hinein ist diese Funktion oftmals in der Perspektive einer Offenlegung der Heilsgeschichte formuliert worden. Die historische Erforschung religiöser Zusammenhänge sollte letztlich dazu dienen, die Gültigkeit der Offenbarung Gottes historisch zu unterfüttern und zu beglaubigen. Dabei gab es charakteristische Unterschiede im Detail. Im Sinne des von Luther formulierten reformatorischen Grundprinzips *sola scriptura* (die Schrift allein) verstanden Protestanten die Kirchengeschichte als »Geschichte der Auslegung der Heiligen Schrift« (Gerhard Ebeling). Für katholische Historiker stand dagegen die Anstaltskirche in ihrer »übergeschichtlichen transzendenten Entelechie« (Hubert Jedin) im Vordergrund, also die Vorstellung einer nicht weltlichen, sondern von Gott gestifteten Institution, deren Ziel (griech: *telos*) die Einwurzelung des rechten Glaubens ist (zit. in Blessing 1996: 19).

Ein solches heilsgeschichtliches Verständnis der Kirchengeschichte ist bei Historikern beider christlicher Konfessionen in die Kritik geraten. Sie betonen, dass Kirchengeschichte keine »innerkirchliche Legitimationswissenschaft« sein soll, sondern denselben methodischen Grundsätzen gehorchen muss wie die »Profangeschichte« (Thadden 1983: 602). Selbst in dieser oft gebrauchten Bezeichnung für die säkulare Geschichtswissenschaft

Heilsgeschichtliche Perspektive

klingt noch an, dass der Kirchengeschichte eine besondere Dignität zukomme, die den Arbeiten ›profaner‹ Historiker fehle. Zwar wird die heilsgeschichtliche Perspektive kaum noch als solche vertreten, dennoch bleibt die Kirchengeschichte zumindest im deutschsprachigen Raum stark auf die je besonderen Probleme der historischen Selbstvergewisserung und moralischen Identitäts- und Legitimitätsbildung der Kirchen orientiert, zumindest für die Zeitgeschichte des 20. Jahrhunderts. Vor dem Hintergund der Erfahrung von christlicher Selbstanpassung und moralischer Relativierung angesichts der totalitären Versuchung des Nationalsozialismus ist Kirchengeschichte gewissermaßen alternative Un-Heilsgeschichte: die Suche nach belastbaren Traditionen, die vor der Geschichte von christlichem Antisemitismus und dem Schweigen angesichts der Shoah bestehen können.

Die Institutionalisierung der Kirchengeschichte in der Bundesrepublik spiegelt diese Zusammenhänge wider. So gründete der Rat der Evangelischen Kirche Deutschlands (EKD) 1955 eine »Kommission für die Geschichte des Kirchenkampfes in der nationalsozialistischen Zeit«. Diese sollte der »moralischen Aufrüstung« im Zeichen des Kalten Krieges dienen, aber auch die Austarierung von nachträglichen Deutungskontroversen über die Bekennende Kirche zwischen den Lutheranern und der maßgeblich von dem reformierten Theologen Karl Barth vertretenen bruderrätlichen Richtung erleichtern (Kaiser 1996: 138, 143). Die katholische »Kommission für Zeitgeschichte« wurde im September 1962 gegründet, kurz vor der Veröffentlichung des Stücks *Der Stellvertreter* von Rolf Hochhuth, in dem dieser die passive Haltung von Papst Pius XII. angesichts der Shoah skandalisierte. Die Kommission versteht sich bis heute als methodisches Korrektiv für die in den Massenmedien und der Öffentlichkeit verbreitete Tendenz zur schlagwortartigen Vergröberung von Thesen über das ›Versagen‹ von Kirche und Katholiken im »Dritten Reich« (Hummel 2004). Gemessen an den Anfängen der kirchlichen Zeitgeschichtsforschung in den fünfziger Jahren ist diese traditionsbildende Funktion, auch infolge thematischer Erweiterung und methodischer Erneuerung, heute allerdings schwächer ausgeprägt. So hat Urs Altermatt, einer der Pioniere einer sozialgeschichtlich erneuerten Religionsgeschichte, den katholischen Antisemitismus in der Schweiz seit 1914 analysiert. Er hat damit nicht nur ein lange tabuisiertes Thema aufgearbeitet, sondern zugleich einen methodisch innovativen Beitrag zur Sozialgeschichte konfessioneller Mentalitäten vorgelegt (1999).

Ein *zweites*, mit der heilsgeschichtlichen Orientierung eng zusammenhängendes Problem der Kirchengeschichte ist ihre konfessionelle Separierung. Evangelische und katholische Historiker arbeiten getrennt voneinander. Ihre Forschungen bleiben zumeist der Binnenperspektive der jeweiligen Religionsgemeinschaft verhaftet, sie sind »Konfessionshistorie« (Schieder 1993: 11). Die seit den sechziger Jahren vertretene Forderung nach einer ökumenischen »Christentumsgeschichte« hat zuerst nur zu Buchbindersynthesen geführt (Blessing 1996: 26). Spätere Gesamtdarstellungen hatten zwar einen stärker synthetischen Charakter. Aber auch sie bieten letztlich mehr ein additives Nebeneinander als ein pluralistisches Miteinander und ignorieren die Bedeutung des Judentums für die Religionsgeschichte der Neuzeit. Demgegenüber plädieren jüngere Ansätze zu Recht für eine »geteilte Geschichte« der drei großen Religionsgemeinschaften. Diese betont die parallelen Herausforderungen durch die Rezeption der Aufklärung, die religiöse Pluralisierung und die gesellschaftliche Differenzierung seit dem späten 18. Jahrhundert, die Juden, Katholiken und Protestanten gleichermaßen betrafen (Graf 2004: 30–50). Konfessionelle Gruppen haben vielfach miteinander verflochtene Geschichten. So waren im 19. Jahrhundert die Ansprüche von Juden und Katholiken in Konflikten um Parität in der Schulerziehung dialektisch miteinander verbunden. Die Juden in Breslau konnten nach dem Ende des Kulturkampfes der 1870er Jahre gegen die Katholiken die Einführung eines jüdischen Religionsunterrichtes am lokalen Gymnasium durchsetzen (van Rahden 2000: 210 ff.). Daneben gab es symbolische Verflechtungen. So konnten konservative Lutheraner sich selbst dann noch auf den hl. Bonifatius als »Apostel der Deutschen« beziehen, als dieser um 1850 schon fest in der Traditionsbildung des ultramontanen (von *ultra montes*, das heißt über die Berge hinweg nach Rom orientierten) Katholizismus verankert und damit ein katholischer Nationalheiliger war

Konfessionelle Separierung

(Smith/Clark 2001; Weichlein 2002: 176f.). Diesen inhaltlichen Querbezügen und symbolischen Verflechtungen ist die traditionelle Kirchengeschichte nicht gerecht geworden.

Methodische Grenzen

Ein *drittes* Problem der Kirchengeschichte sind ihre methodischen Grenzen. Traditionelle Kirchenhistorie war über weite Strecken die positivistische Analyse eines Höhenkamms namhafter Theologen und ihrer Werke, kirchlicher Institutionen oder der Biographien und Tätigkeiten von Bischöfen und Priestern. Diese Grenzen sind verschiedentlich kritisiert worden. So forderte der protestantische ›Profanhistoriker‹ Rudolf v. Thadden eine »Kirchengeschichte als Gesellschaftsgeschichte«, welche die »institutionelle Wirksamkeit der Kirchen in neuer Weise ins Blickfeld« der Forschung rücken würde (1983: 603). Mit welchen Begriffen und Ansätzen dies geschehen solle, blieb jedoch offen. Ein anderes Beispiel ist das Buch von Martin Greschat über das *Zeitalter der Industriellen Revolution* (1980). Dies ist eine vergleichende Gesamtdarstellung der Reaktion der christlichen Kirchen auf die Industrialisierung und die Probleme bei der pastoralen Erfassung und Betreuung des entstehenden Industrieproletariats. Mit ihrer sozialhistorischen Fragestellung nach dem Einfluss gesellschaftlichen Wandels auf die Kirchen ist sie eine Pionierstudie. Methodisch stehen jedoch sozialhistorische Daten über die Industrialisierung weitgehend unverbunden neben konventionellen, ideen- und institutionengeschichtlichen Abschnitten über die Reaktion der Kirchen auf die soziale Frage.

1.2. Religion – ein Thema für eine erneuerte Sozialgeschichte

Lucien Febvre

Es waren diese drei problematischen Aspekte der traditionellen Kirchengeschichte (heilsgeschichtliche Perspektive, Konfessionshistorie, konventionelle Methodik), die ein sozialhistorischer Zugang zur Religion seit den 1970er Jahren zu überwinden suchte. Für ein solches Vorhaben gab es allerdings eine Reihe von Vorläufern und Pionierstudien, die mit neuen Fragestellungen und

Themen bereits die ausgetretenen Pfade verlassen hatten. Drei von ihnen seien ganz knapp vorgestellt. Lucien Febvre, zusammen mit Marc Bloch Begründer der französischen Historikerschule um die Zeitschrift *Annales*, veröffentlichte 1928 eine Biographie Martin Luthers (dt. 1976). Das war für den Mitbegründer der Sozialgeschichte kollektiver Mentalitäten ein eher ungewöhnliches Genre. Aber Febvre verstand es, über den Tellerrand der protestantischen Heldenlegende hinauszublicken, die Luther zum deutschen Nationalheiligen stilisiert hatte. Ihn interessierte weniger der die Kirche von Missständen säubernde Reformator, zumal die Ablasspraxis bereits Jahrzehnte vor den 95 Thesen des Jahres 1517 ätzende Kritik auf sich gezogen hatte. Für Febvre war Luther daher »kein Reformator«, sondern vielmehr ein Prophet, ein nach Gott dürstender und zutiefst »gottesfürchtiger Mann« (ebd.: 227, 47). Auf der Suche nach dem eigenen Seelenheil las Luther schließlich im Römerbrief des Paulus den befreienden Satz, dass der Mensch seine Rechtfertigung nicht in den äußeren Werken, sondern allein durch den Glauben finde (Röm. 3, 28). Mit dieser Betonung des gläubigen Luther warnte Febvre erstmals, wie andere Historiker nach ihm, vor anachronistischen Trugschlüssen, die Luther vor allem als einen durch kirchliche Rationalisierung die Moderne einläutenden Reformer interpretierten und seine Verwurzelung in der spätmittelalterlichen Frömmigkeit übersahen (Rublack 2003: 9–22).

Der katholische Historiker Franz Schnabel (1887–1966) behandelt in einem 1937 erschienenen Band seiner deutschen Geschichte die »religiösen Kräfte« vom Ende des 18. Jahrhunderts bis zur Revolution von 1848, und zwar Katholiken und Protestanten gleichermaßen. Er widmet sich dem Wandel der Kirchenverfassung ebenso wie theologischen Schulen und dem Verhältnis von Staat und Kirche. Im Mittelpunkt aber stehen die Erneuerungsbewegungen in beiden Konfessionen und deren je gruppenspezifische Frömmigkeit: Bei den Protestanten sind dies die pietistische Erweckungsbewegung und ihre sozialen Aktivitäten in der Diakonie, bei den Katholiken um einzelne Adelige gruppierte Zirkel romantischer Spiritualität. Schnabel analysiert diese ebenfalls als »Mittelpunkte der Erweckung« und prägt damit einen konfes-

Franz
Schnabel

sionsvergleichenden Begriff (1987 [1937]: 47 ff.). Den Versuchen zur Aktivierung der Frömmigkeit der unterbürgerlichen Schichten widmet Schnabel besondere Aufmerksamkeit und dringt damit zu sozialgeschichtlichen Fragen vor. Zugleich beschreibt er den Vormärz mit seinen konfessionellen Spannungen als ein »konfessionelles Zeitalter« und nimmt damit eine aktuelle Kontroverse vorweg (ebd.: 271; vgl. Kap. 2.2.). Sieht man von manch zeitbedingten, heute idealistisch anmutenden Formulierungen ab, argumentiert Schnabel auf einem erst in jüngster Zeit wieder erreichten Reflexionsniveau.

Jacob Katz Als ein drittes Beispiel sei hier auf die Studie *Tradition und Krise* verwiesen, die der israelische Historiker Jacob Katz 1958 veröffentlichte (2002 [1958]). Katz hatte in den zwanziger Jahren in Heidelberg bei Karl Mannheim studiert, und seine Studie ist von dessen Wissenssoziologie ebenso beeinflusst wie von der Religionssoziologie Max Webers. Katz beschreibt die Transformation der jüdischen Gesellschaft bei den Aschkenasim, also denjenigen Juden, die im Raum zwischen dem Elsass im Westen und Polen und Litauen im Osten lebten, in der Frühen Neuzeit. Er führt diesen Epochenbegriff damit erstmals in die Religionsgeschichte des Judentums ein. Katz untersucht zentrale Institutionen jüdischer Vergesellschaftung, vor allem Struktur und Verwaltung der Gemeindeorganisation (*kehilla*), des Rabbinats und der Talmudschule (*jeschiwa*). Innovativ ist seine Analyse der jüdischen Familie als Sozialisationsinstanz. Anstatt die »nationale Einheit des jüdischen Volkes« einfach als gegeben zu unterstellen, verwendet Katz empirische Kriterien wie die Reichweite von Eheschließungen und die Herkunftsorte von Rabbinern, um den »wirklichen wechselseitigen Kontakt« zwischen den regionalen Gemeinden festzustellen und damit die soziale Homogenität der Diasporajuden zu bestimmen (ebd: 19).

Frankreich Nach diesen vereinzelten Pionierstudien gewann die sozialgeschichtliche Analyse der Religion seit 1970 in verschiedenen Ländern an Dynamik. In Frankreich waren Historiker aus der ›dritten‹ Generation der Annales-Schule federführend, deren Fokus auf der Mentalitätsgeschichte lag. Sie verwendeten vor allem serielle, das heißt massenhaft vorliegende Quellen und quantifizierende Methoden zu ihrer Auswertung. Insbesondere Michel

Vovelle und Pierre Chaunu benutzten Testamente, um die Bedeutung und den Wandel religiöser Sinnformen im Vorgriff auf den zu erwartenden Tod aufzuzeigen. Sie analysierten unter anderem die darin verwendeten religiösen Formeln, die Zahl der für den Verstorbenen gelesenen Heiligen Messen sowie Zahl und Umfang religiöser Stiftungen. Aus diesen statistischen Daten leiteten sie Aussagen über den Wandel religiöser Mentalitäten im Ancien Régime ab, insbesondere zur umstrittenen Frage der Säkularisierung im 18. Jahrhundert (Chaunu 1978; Vovelle 1973). Chaunu und Vovelle knüpften dabei auch an die Tradition der *sociologie religieuse* an, die in Frankreich den Weg für quantifizierende Langzeitanalysen der religiösen Entwicklung gebahnt hatte.

Gabriel Le Bras, Professor für Kanonisches Recht, hatte seit Anfang der dreißiger Jahre mit einer Forschergruppe umfangreiches Datenmaterial über die regionale Entwicklung der Entkirchlichung gesammelt. Er stützte sich dabei auf eine Typologie von vier Stufen der Kirchlichkeit. Diese unterschied unter anderem die nur an den Lebenswenden wie Hochzeit und Beerdigung praktizierenden »conformistes saisonniers«, also »saisonalen Konformisten«, von den »pratiquants« (»Praktizierenden«), die regelmäßig zur Kirche gingen und die eigentlich jedem Katholiken als Pflicht auferlegte Osterkommunion tatsächlich jedes Jahr empfingen (Le Bras 1955/56). Die Forschungen von Le Bras wiesen insbesondere mit ihrer sozialgeografischen Ausrichtung, die der regionalen Ausprägung von sozialen Phänomenen eine wichtige Rolle zuweist, eine Nähe zum Ansatz von Febvre und Bloch auf. Mit diesen hatte er nach dem Ersten Weltkrieg in Strassburg gelehrt. Die Daten der *sociologie religieuse* waren darüber hinaus ein wichtiger Bezugspunkt für die nach 1945 anhebende Debatte darüber, ob Frankreich ein weitgehend entchristlichtes »Missionsland« sei (Ziemann 2007a: 80 f., 92). Dies ist zugleich ein wichtiger Hinweis darauf, dass auch sozialhistorische Arbeiten zur Religion, trotz ihrer Distanz zu direkten kirchlichen Verwertungsinteressen, nicht in einem Vakuum, sondern oft vor dem Hintergrund religionspolitischer Kontroversen entstehen.

In Großbritannien standen seit den 1970er Jahren vor allem die Zusammenhänge zwischen sozialer Klasse und Religion im

Großbritannien

Vordergrund. Hier legte Hugh McLeod mit seinem Buch über *Class and Religion* im spätviktorianischen London eine Pionierstudie zur Sozialgeschichte der Religion vor (1974). In Fragestellung und Ansatz der Arbeit gingen verschiedene Einflüsse ein, so von François André Isambert und Émile Pin, die im Rahmen der *sociologie religieuse* die Bedeutung von Klasse als Faktor der Kirchlichkeit betont hatten. Wichtig waren auch die Befunde der seit 1945 von Edward Wickham organisierten »Industrial Mission«, die den Industriebetrieb als pastorale Problemzone erkannte und die Arbeiterschaft missionieren wollte (Bell 2006). Das Interesse von McLeod für sozialgeografische und kulturelle Unterschiede zwischen den Wohnquartieren Londons verrät den Einfluss des *survey research* von Charles Booth, der mit seinen Erhebungen über *Life and Labour of the People in London* (1902/03) zugleich eine wichtige Quelle des Buches lieferte. Mit seiner differenzierten Argumentation gelang es McLeod, von Historikern und Soziologen bis dahin oft vertretene Globalthesen über den Zusammenhang von Industrialisierung bzw. Urbanisierung und Entkirchlichung zurückzuweisen. Im Kirchgang gab es zwar immense Unterschiede zwischen den sozialen Klassen, entscheidend für die gerade innerhalb der Arbeiterklasse beobachtbaren Differenzen und den Erfolg der freikirchlichen, insbesondere baptistischen »Evangelicals« war jedoch die Frage der »respectability« (McLeod 1974: 257). Die geringere Bedeutung der Religion für das unstetig und von Notbehelfen lebende untere Segment der Arbeiterschaft reflektierte die für England typische Differenz zwischen *roughs* und den stärker kirchlich gebundenen *respectables* in der Arbeiterklasse.

Bundesrepublik In der Bundesrepublik bildete die politische Wirkung religiöser Phänomene den Anstoß für sozialgeschichtliche Arbeiten. Die Initialzündung war ein 1974 erschienener Artikel von Wolfgang Schieder über die Trierer Rockwallfahrt des Jahres 1844. Binnen weniger Wochen kamen damals rund eine halbe Million Pilger in die Bistumsstadt, um die *tunica Christi*, den angeblich von Jesus auf seinem Weg zum Kreuz getragenen Mantel, zu verehren. Die Wallfahrt stand im Kontext der ultramontanen Massenmobilisierung des Vormärz. Sie rief zugleich aber auch

Kritik am Wunderglauben und an der römischen Hierarchie auf den Plan und führte so zur Gründung der kurzlebigen Oppositionsbewegung der Deutschkatholiken. Schieder interpretierte diese Ereignisse als »soziale Bewegung«, da er »schichtenspezifische Merkmale« der Wallfahrer ausmachte, und bestimmte »kirchenpolitische Hintergründe« erkannte. Demnach instrumentalisierten Bischöfe mit der Wallfahrt die Wunderdisposition der pauperisierten katholischen Unterschichten an Rhein und Mosel für gegenrevolutionäre Zwecke (1996: 12 f.) Das war ein Stück politische Sozialgeschichte, in der die sozialen Kontexte der Wallfahrt ihre politische Stoßrichtung erklären sollten. Weitere Forschungen über Wallfahrten und andere »Kultphänomene« der Volksreligiosität schlossen sich an, »weil sich an diesen der Zusammenhang von religiösem und sozialem Verhalten am deutlichsten manifestiert« (Schieder 1977: 296; ders. 1986; van Dülmen 1980).

Die Sozialgeschichte der Religion war damit im Prinzip als ein eigenes Forschungsfeld etabliert, das bald eine Fülle von Themen wie die Sozialgeschichte der Pfarrer, konfessioneller Vereine und Milieus erschloss (als Überblicke Ziemann 2000, 2007b). Dennoch stießen weitere Forschungen zur Sozialgeschichte der Religion in Deutschland bald an konzeptionelle Grenzen, die auf die theoretischen Grundlagen der Sozialgeschichte als Disziplin verweisen. Anders als in Frankreich, Großbritannien und Italien, wo eine stärkere Pluralität von Ansätzen anzutreffen ist, war die moderne Sozialgeschichte in der Bundesrepublik lange eng mit dem Ansatz der Modernisierungstheorie verknüpft. Diese Theorie interpretiert, unter Rückgriff auf Kategorien und historische Analysen des Soziologen Max Weber, die Moderne als einen zwangsläufigen Prozess der Rationalisierung von Lebenswelten und systemischen Zusammenhängen (Ziemann 2003). Durch die Anwendung der Leitunterscheidung traditional/modern erscheint Religion als ein traditionales Relikt, das trotz aller Widerstände langfristig zum völligen Bedeutungsverlust durch Säkularisierung verurteilt ist. Dies gilt insbesondere, aber nicht nur für Urteile über den ultramontanen Katholizismus des 19. und 20. Jahrhunderts, der aus der Perspektive der Modernisierungstheo-

Modernisierungstheorie

rie – unzutreffend[2] – als autoritäre »Papstdiktatur« abgekanzelt wird (Wehler 1995: 384 ff.). Eine solche Sicht führt in der Religionsgeschichte auf Abwege, wie nicht zuletzt die Wiederkehr des religiösen Fundamentalismus gezeigt hat. Jonathan Sperber hat die Persistenz dieser simplifizierenden Modernisierungstheorie in der spöttischen Formulierung eingefangen, dass deutsche Akademiker »may not find the pope infallible, but do see Max Weber in that way« (1998: 16).

Kulturgeschichte   Gegen diese Tendenz hat sich eine modernisierungskritische, zuweilen auch fortschrittskritische Kulturgeschichte gewandt, die auf die Wiederentdeckung und Repräsentation vergangener und oftmals fremder Deutungskulturen zielt. Im Zentrum des kulturhistorischen Interesses steht die Rekonstruktion der Sinnzusammenhänge und Symbolsysteme von Menschen in der Vergangenheit (Daniel 2001). Vertreter der Sozial- und Gesellschaftsgeschichte haben diese Kritik zum Anlass genommen, in militaristischer Metaphorik von einem »Duell zwischen Sozialgeschichte und Kulturgeschichte« zu sprechen (Wehler 2001). Für sie steht mit dem kulturhistorischen Interesse am Besonderen und Partikularen die Fähigkeit des Historikers auf dem Spiel, generalisierende Thesen zu bilden. Der Fokus auf Sinnstiftungen und Symbolsysteme erscheint ihnen als selbstbezügliche *l'art pour l'art*, welche die Fähigkeit zur Gesellschaftskritik aus der Hand gibt. Mit dem »völligen Rückzug« der Kulturgeschichte auf die »Ebene des Symbolischen« drohe die Geschichtswissenschaft, die »Frage nach den [ökonomischen; BZ] Kernstrukturen der modernen Gesellschaft« aus den Augen zu verlieren (Welskopp 1998: 191).

Eine solche Formulierung ist nicht nur deshalb hochgradig problematisch, da sie eine höhere Wertigkeit der Ökonomie postuliert, die angesichts der oben geschilderten Bedeutung der *public religion* überzogen erscheint. Sie ist auch deshalb irreführend, da – ähnlich wie in manchen Äußerungen von Vertretern der Kultur-

---

2 Am Beispiel des Kultes um das Heilige Herz Jesu im 19. Jahrhundert hat Norbert Busch nachgewiesen, dass die massenwirksame Verbreitung des Kultes trotz der wichtigen Initiativen von Pius IX. und Leo XIII. das Ergebnis einer »konzertierten Aktion« war, in welcher der Papst neben Bischöfen, Jesuiten und Pfarrgeistlichen nur ein Faktor unter mehreren war (1997: 311 f.).

geschichte – Sinnformen und symbolische Repräsentationen in einen abstrakten Gegensatz zu Mustern der sozialen Strukturbildung gestellt werden. Eine solche Gegenüberstellung der Kategorien von Sinn/Symbol und Struktur übersieht jedoch, dass die wiederholte Verwendung von Symbolen selbst Strukturen ausbildet und verfestigt. Sinnhafte symbolische Kommunikation ist ohne Strukturen gar nicht zu denken. Religion ist demnach nicht eine gesonderte Ebene des Symbolischen, die den ökonomischen und politischen Strukturen der Gesellschaft gewissermaßen als Ausdrucksseite hinzugefügt wird. Religion ist vielmehr eine Form der symbolbezogenen Kommunikation in der modernen Gesellschaft, die neben anderen wie der Politik steht (vgl. Krech 1999: 15–30). Es ist eines der Anliegen und Themen der folgenden Kapitel, diese theoretischen Behauptungen an konkreten Beispielen aus der Religionsgeschichte anschaulich zu machen und damit die polemische Entgegensetzung von Sozial- versus Kulturgeschichte zu relativieren. Stattdessen gilt es, konzeptionelle Angebote für die Vermittlung und Integration beider Fragestellungen auszuloten, gerade mit Blick auf die methodische Weiterentwicklung einer sozialhistorischen Beschreibung religiöser Phänomene. In genereller Form seien hier drei solcher Angebote knapp erwähnt.

Das erste ist die von Reinhart Koselleck entwickelte Begriffsgeschichte oder historische Semantik. Diese geht von der Beobachtung aus, dass jede pragmatische und rhetorische Verwendung von Sprache in einem bestimmten Kontext auf einen historisch überlieferten Vorrat von Bedeutungen und Konnotationen zurückgreifen kann und muss. Diese Semantik von Grundbegriffen der Sprache spannt einen strukturellen Rahmen auf, den jede konkrete Sinnzuschreibung im Sprechen und Schreiben benutzt. Mit Blick auf die Religion fragt dieser Ansatz nach dem Bedeutungsgehalt von Schlüsseltermini wie Jenseits, Christentum oder Säkularisierung, mit denen religiöse Erfahrungen oder religiöser Wandel auf den Begriff gebracht werden (Hölscher 1999). Prozessbegriffe wie Säkularisation oder Verkirchlichung formen und kondensieren zudem zeitliche Erwartungsstrukturen von Theologen und religiösen Laien. Sie schreiben Erwartungen auf die baldige Erfüllung von »Verlaufsmodellen« des Glaubens fest (Hölscher

Begriffsgeschichte

2005: 15; Koselleck 2003: 177–202). Die historische Semantik religiöser Grundbegriffe ist ein erster unverzichtbarer Ansatzpunkt für die Verknüpfung von Kultur- und Sozialgeschichte.

Diskursge-schichte   Ähnliche Gedanken – jedoch in zugespitzter Form und auf der Basis gänzlich anderer theoretischer Überlegungen – verfolgt ein an Michel Foucault angelehnter diskursgeschichtlicher Ansatz. In der Religionsgeschichte vertritt ihn am entschiedensten Callum G. Brown, dessen Forschungen zur Säkularisierung wir weiter unten diskutieren werden. Er kritisiert soziologische – und hier insbesondere modernisierungstheoretische – Konzepte von Religion, da sie soziale ›Funktionen‹ von Religion verdinglichen. Jede Aussage über die soziale Bedeutung der Religion sei jedoch, so seine These, unmöglich ohne die Einbeziehung einer basalen »discursive Christianity«. Diese beruhe auf »protocols« über die in der Gesellschaft jeweils als angemessen erachtete Christlichkeit, sowohl im Verhalten (Kirchgang, Gebete sprechen) als auch in der medialen Festschreibung von moralischen Normen und Identitätsmustern wie Keuschheit oder Wohltätigkeit (Brown 2001: 12 f.). Erst im Horizont dieser diskursiven Protokolle werde festgelegt, welche gesellschaftliche Rolle Religion habe (wie zum Beispiel die Beförderung der Sittlichkeit bei den Unterschichten, Einhegung und Kontrolle der Sexualität etc.). Ähnlich wie in der historischen Semantik geht es hier um Sinnmuster, von denen aus gesellschaftliche Verständigung über die Form und Funktion von Religion überhaupt erst konzipiert werden kann.

Religion als Kom-munika-tion   Ein dritter Ansatz versteht Religion, im Anschluss an die soziologische Systemtheorie von Niklas Luhmann, als Kommunikation (Tyrell 1998). Die soziologische Tradition, insbesondere Max Weber, hatte den Sinn religiöser Handlungen als subjektiv gemeinten Sinn bestimmt und damit vornehmlich als Religiosität, als Bedeutungen, die ein Individuum religiösen Phänomenen zuschreibt. Demgegenüber vertritt Luhmann die These, dass die soziale Dimension der Religion erst dort beginnt, wo die Grenzen des einzelnen Bewusstseins und seiner Erlebnisse mit dem Transzendenten oder Heiligen überschritten werden. Das geschieht in der Kommunikation, die auf die Differenz von Mitteilung, Information und Verstehen von religiösem Sinn angelegt ist und

erst in Letzterem ihren Abschluss findet. In dieser Perspektive
kommt der Einführung und Benutzung von Schrift eine entscheidende Bedeutung für die Sozialgeschichte der Religion zu.
Denn erst Schriftgebrauch löst Religion von der Koppelung an
das Bewusstsein, das selbst in Formen ritueller Interaktion unter
in einem Raum anwesenden Personen noch maßgeblich beteiligt
ist. Eine religiöse Zeremonie läuft anders ab, wenn sie sich auf
die Autorität und Führung durch eine heilige Schrift oder einen
kirchlichen Kodex stützen kann. Erst die Einführung religiöser
Schriften ermöglicht nicht nur die Ausdifferenzierung von Religion als ein eigenständiges »Sozial-System«, sondern auch neue,
komplexe Muster der Dogmatisierung und Kanonisierung von
Glaubensformen (Hahn 1998: 353). Die historische Forschung hat
diese Überlegungen erst vereinzelt umgesetzt. Sie können jedoch
an etablierte Forschungsfelder wie die Diskussion des Zusammen-
hangs von Buchdruck und Reformation anknüpfen und diese neu
akzentuieren (Schlögl 2001; vgl. Kap. 3.3.).

1.3. Historische und soziologische Begriffe von Religion

Diese knappen Bemerkungen weisen darauf hin, dass die begriffliche Festlegung dessen, was als Religion untersucht werden soll,
weitreichende Auswirkungen auf die Forschungspraxis der Sozialgeschichte der Religion haben muss. Schon die Suche nach einem
Begriff ›der‹ Religion stößt auf das historische Phänomen, dass dieser Kollektivsingular, der alle einzelnen, empirisch beobachtbaren
Religionen zu Exemplaren eines übergreifenden Gattungsbegriffs
macht, erst relativ jungen Datums ist. Im antiken Rom meinte
religio zunächst nichts weiter als die »gewissenhafte Erfüllung von
Pflichten«, insbesondere, aber nicht einmal ausschließlich gegen
die Götter (HWPh: 8, 633). Diese Verwendungsweise zeigt bereits
an, dass unter dem Begriff ›Religion‹ in der Vormoderne vor allem
Handlungen, der richtige, praktische Vollzug von kultischen Vor-
schriften verstanden wurde. Dies ist ein Verständnis, das sich

auch mit dem Terminus Orthopraxie bezeichnen lässt. Erst in der Moderne, genauer ab dem späten 18. Jahrhundert, wird eine tiefgreifende semantische Subjektivierung der Religionsvorstellung vollzogen, die der Belohnung des äußeren, frommen Tuns die innerliche Reflexion des Individuums auf die Wahrheit, Moralität und Tugendhaftigkeit der religiösen Vorstellungen entgegenstellt. Im deutschen Sprachraum steht dafür seit 1790 der Begriff der »Religiosität« bereit (ebd.: 8, 774–780; Hölscher 1993: 208 f.).

Religio   Die vollständige Herausbildung des Kollektivsingulars ›Religion‹ vollzog sich, nach einigen Vorläufern, erst im 18. Jahrhundert. Im Mittelalter bezeichnete *religio* einen »Orden«, und ein *religiosus* war ein Mönch. Noch Luther, der den Begriff zur Bezeichnung der Einheit des christlichen Glaubens weitete, kannte diese engere Bedeutung, wenn er in einem bestimmten Zusammenhang einschränkend formulierte, dass »religio an diesem Ort nicht der Christliche Glaube, sondern Müncherei hiesse« (ebd.: 8, 637, 642). Entscheidende Anstöße erhielt die Generalisierung des Begriffs dann von den Religionskriegen des 16. und 17. Jahrhunderts in Frankreich und England, weniger indes im Heiligen Römischen Reich Deutscher Nation, wo der Begriff *confessio* (Bekenntnis zu einer Glaubensrichtung) Einheit in der Differenz signalisierte. Thomas Hobbes, der in seinem *Leviathan* (1651) den englischen Bürgerkrieg intellektuell verarbeitete, hat wohl als erster von »Religion« mit großem R im Kollektivsingular gesprochen (Bossy 1982: 7). Aufklärer wie Rousseau und Voltaire in Frankreich und Lessing in Deutschland haben die Generalisierung des Begriffs dann gerade dadurch abgeschlossen, dass sie allen einzelnen positiven Religionen die Berechtigung abstritten, sich als die allein wahre zu bezeichnen (HWPh: 8, 658, 667).

Auf-   Diese Vorgeschichte des Kollektivsingulars ›Religion‹ hat man-
gabe des   che Kritiker in den Reihen der Religionsforscher und -soziologen
Religions-   dahin geführt, diesen Begriff als ethno- bzw. eurozentristisch ab-
begriffs?   zulehnen und für seine gänzliche Aufgabe zu plädieren. Als Gattungsbegriff sei er zu stark an die kulturellen Traditionen und das Selbstverständnis des Christentums und seiner Säkularisierung in der Aufklärung gebunden, um sinnvolle Fragestellungen generieren zu können (Dubuisson 2003). Und in der Tat gibt es weder

in Indien noch in China entsprechende Begriffe. *Dharma* bedeutet auf Sanskrit vor allem »Gesetz, Sitte, Ordnung«, auch wenn es heute oft mit Religion übersetzt wird, *Jiao* im Chinesischen vornehmlich »Lehre« und »Belehrung« (HWPh: 8, 631). Einer solchen Kritik lässt sich allerdings entgegnen, dass keine theoriegeleitete sozialhistorische Forschung auf generalisierbare Begriffe verzichten kann, und dass es vor allem darauf ankommt, die damit verbundenen kulturellen Implikationen zu reflektieren und offenzulegen (Tyrell 1996: 443). Die Kritik am Religionsbegriff ist auch in historischer Perspektive als die Unmöglichkeit formuliert worden, die Fülle religiöser Phänomene unter eine »verbindliche und anerkannte Definition« zu bringen. Jeder Versuch in dieser Richtung diene deshalb nur »der hybriden Ausgrenzung oder Ablehnung von religiösen Kulturen im Namen der Wissenschaft«. Stattdessen komme es darauf an, religiöse Gemeinschaften und Kulturen »in ihrem eigenen theologischen Selbstverständnis« zu betrachten. Deshalb gelte die Maxime: »Religion ist alles, was man dafür hält« (Hölscher 1999: 45 ff.).

Bei aller oben angedeuteten Notwendigkeit und Berechtigung einer begriffsgeschichtlichen Analyse von Religionsdiskursen ist eine solche Sichtweise jedoch aus verschiedenen Gründen hoch problematisch. Sie trifft *erstens* auf den Einwand, dass ein solcher deskriptiver Zugang die Religionsgeschichte überaus stark von den *Selbst*beschreibungen bestimmter religiöser Gruppen und Gemeinschaften abhängig macht. Damit wird jedoch die Chance eines distanzierten, vergleichenden Blicks vergeben. Diesen stellt für sozialhistorische Forschungen vornehmlich die *Fremd*beschreibung der Religion durch die Religionssoziologie zur Verfügung, welche die Frage nach der sozialen Funktion von Religion stellt. Diese Frage verbindet die Religionssoziologie mit der aufgeklärten Religionskritik des 18. Jahrhunderts. In der Differenz der Antworten liegt der Übergang zu einer soziologischen Argumentation begründet, die auf ihre eigene Perspektivität reflektiert (Kieserling 2004: 152–169). Ein rein nominalistischer (das heißt den Namen für die Sache nehmender) Zugriff auf das Religiöse muss *zweitens* dort scheitern, wo nicht einzelne Phänomene oder Gruppen, sondern der Zusammenhang von Religion und gesellschaftlichem Wandel unter Begriffen wie Säkularisierung und Konfessionalisierung thematisiert wird. Für solche Fragen reicht die Selbstbeschreibung religiöser Akteure, die selber oft keine analytischen Konzepte von sozialem Wandel ausbilden, keinesfalls aus, obwohl es sich auch aus deren Perspektive unstreitig um religiösen Wandel handelt (Sheehan 2003: 1070).

Funktionaler Religionsbegriff

Diese Problematik einer zu nah am Selbstverständnis der gläubigen Akteure gebauten Thematisierung von Religion spiegelt sich nicht zuletzt in den soziologischen Debatten um die substanzielle versus funktionale Definition von Religion wider. Eine *substanzielle* Bestimmung versteht Religion im Blick auf bestimmte Merkmale wie eine Gottesvorstellung, das Konzept des Heiligen oder einen anderen transzendenten Bezugspunkt. Eine solche Konzeption schließt sich dicht an die Selbstbeschreibung bestimmter Religionen an, zumal wenn dabei die Vorstellung mitschwingt, dass eine solche Bezugsgröße unabhängig von kommunikativen Symbolisierungen besteht. Die *funktionale* Bestimmung von Religion impliziert dagegen von vornherein eine Distanz zu den Selbstbeschreibungen religiöser Akteure, mit deren eigener Sicht auf das ihnen Heilige eine solche Perspektive eben keineswegs übereinstimmen muss. Funktional heißt, dass Religion im Hinblick auf ein soziales oder gesellschaftliches Bezugsproblem analysiert wird, zu dessen Lösung es beiträgt. Dies kann wie bei Émile Durkheim, einem der Begründer der Soziologie, der symbolische Ausdruck von Sozialität sein. Damit wird Religion beinahe zu einem anderen Ausdruck für Gesellschaft und zum »fait social« schlechthin (Krech 1999: 9). Ein anderes Beispiel für eine funktionale Definition bietet Niklas Luhmann, der Religion auf das Problem der Unabgeschlossenheit und Unbestimmbarkeit von Sinn bezieht. Bei jedem Versuch, im Medium des Sinns etwas zu bestimmen, entsteht zugleich ein unbestimmter, kontingenter Raum des Möglichen. Religion thematisiert diese Kontingenz, die jedoch nicht so zu verstehen ist, dass das Schicksal für ein Individuum unberechenbar bleibt. Religion ist vielmehr dasjenige Teilsystem der Gesellschaft, das den Überschuss an Möglichkeiten thematisiert und damit eine solche die Grenzen des Wirklichen übersteigende »Transzendenz in bestimmte […] Immanenz« überführt (ebd.: 24).

> Das Bezugsproblem der Religion ist die Transzendenz (von lat. *transcendere* = überschreiten). Unter Transzendenz ist die Überschreitbarkeit jeder Grenze in Richtung auf ein Anderes zu verstehen. Dieses Andere ist im Hinblick auf seinen Gegensatz zur Immanenz, dem Anwesenden und Verfügbaren, konzipiert. Damit ist es die Aufgabe der Religion, die Differenz von Immanenz und Transzendenz zu thematisieren.

Eine solche Definition mag auf den ersten Blick übertrieben abstrakt klingen. Sie ist dies allerdings nicht mehr, wenn wir bedenken, dass die Einheit des als transzendent und immanent Unterschiedenen in den Offenbarungsreligionen unter dem Namen ›Gott‹ geführt wird (Oberdorfer 2001). Solche Abstraktion kommt dann der historischen Forschung zugute. Wie wir im Weiteren sehen werden, kann diese damit das häufige Problem vermeiden, sich mit einem zu spezifischen Begriff eine schiefe Perspektive auf religiösen Wandel einzuhandeln. Ohnehin sollten Historiker auch mit Blick auf religiöse Phänomene die »Anstrengung des Begriffs« (Georg Wilhelm Friedrich Hegel) auf sich nehmen, anstatt sich vorschnell auf eine angeblich rein ›empirische‹ Behandlung von religiösen Phänomenen zurückzuziehen. Für eine sozialhistorische Perspektive kommt es vor allem darauf an, zwei mit der Definition von Religion verbundene Probleme zu erkennen. Erstens gilt es, einen zu engen und zu weiten Begriff gleichermaßen zu vermeiden. Manche Ansätze in der Säkularisierungs- und Milieuforschung haben unter Religion im Wesentlichen die Befolgung von kirchlichen Handlungsnormen und damit Orthopraxie verstanden (vgl. Kap. 2.1). Ein solches Verständnis ist zu eng. Der Soziologe Thomas Luckmann hat diese Kritik in einer zuerst 1963 publizierten Polemik gegen die damalige Kirchensoziologie formuliert. Er definierte Religion stattdessen als eine das Individuum transzendierende Sinnform und damit, von der Gesellschaftsstruktur her betrachtet, als »unsichtbare Religion«. Als deren Bezugsproblem postulierte er die »Selbstverwirklichung« und »Selbstdarstellung« des individuellen Subjekts (Luckmann 1992 [1963]: 155). Eine solche letztlich anthropologische Definition ist jedoch zu weit und für den Historiker problematisch, weil er damit keine trennscharfen Begriffe für den Umbau und die Transformation der organisierten Religion im Übergang von der Frühen Neuzeit zur Moderne bilden kann.

Zweitens sollte die Perspektive nicht vorschnell auf globale Fragen nach den Zusammenhängen zwischen ›der‹ Gesellschaft und der als Teilsystem verstandenen Religion verengt werden, gerade wenn in sozialhistorischer Perspektive nach der Sozialform der Religion und nach der »sozialen Konstitution des Religiösen« gefragt wird (Tyrell 1996: 434). Damit ginge die Skepsis verloren, die sich ein eminenter (Religions-)Soziologe wie Max Weber gegen die Vorstellung von Gesellschaft als einer alles Soziale umgreifenden Einheit oder Ganzheit bewahrt hat. Weber sprach deshalb lieber von ›Vergesellschaftung‹ als einem offenen Prozess. Ferner gilt es, selbst bei einem Interesse für Religion als gesellschaftlichem Teilsystem nicht die darunter anzutreffenden Vergesellschaftungsformen aus dem Blick zu verlieren. Auch hier ist die Erinnerung an die Klassiker der Religionssoziologie um 1900 hilfreich. Weber und sein Freund, der protestantische Theologe und Kirchenhistoriker Ernst Troeltsch (1865–1923), haben eine Typologie der Unterscheidung von »Kirche«, »Sekte« und »Mystik« als Gruppenbildungen innerhalb des Christentums mit je unterschiedlicher Reichweite entworfen (Troeltsch 1912: 360–77; Molendijk 1996). Ungeachtet ihrer theologischen Hintergründe und Implikationen bleibt dies eine Unterscheidung, an die neuere Überlegungen zu Problemen der Kirche als Organisation anknüpfen können. Zugleich erinnert sie daran, dass das ›Soziale‹ der Religion nicht erst auf der Ebene der Gesellschaft beginnt (vgl. Kap. 2.3).

2. Prozesse religiösen Wandels

Die Analyse von Prozessen religiösen Wandels ist in den letzten beiden Jahrzehnten massiv in die Kritik geraten. Kritiker haben zunächst und vor allem mit Blick auf Säkularisierung, später auch auf Konfessionalisierung moniert, dass solche Prozessbegriffe historische Erkenntnis nicht befördern, sondern blockieren. Dabei ging es zunächst um Widersprüche, die zwischen übergreifenden Verlaufsmodellen gesellschaftlichen Wandels und verschiedenen empirischen Befunden entstanden, zumal dann, wenn im Modell ein unwiderruflicher Wandel hin zu einer völlig säkularen Gesellschaft unterstellt wurde. In jüngster Zeit setzt die Kritik noch grundsätzlicher an. Im Zuge der Diskussion um die Postmoderne wird nun vor allem am Beispiel der Säkularisierung das Ende der Meisterzählungen verkündet. Mit diesem Begriff hat der Philosoph Jean-François Lyotard 1979 jene großen, übergreifenden Deutungsmuster der Geschichte wie die Idee des Fortschritts bezeichnet, die in der Selbstbeschreibung der Moderne als erzählerische Stützpfeiler fungieren. Erst der Abschied von den Meistererzählungen, so das Argument postmodernistisch argumentierender Kulturhistoriker, kann der Religionsgeschichte jene Offenheit wiedergeben, die in deren Prokrustesbett erstickt worden ist (Nash 2004).

Die Kritik an Prozessbegriffen religiösen Wandels löste eine lebhafte und ertragreiche Debatte aus, die zur Selbstreflexivität der Religionsgeschichte beigetragen hat (Hellemans 2005; Cox 2003). Die Position der radikalen Kritiker hat sich dabei nicht durchgesetzt, und zwar aus drei Gründen. Erstens ist die postmoderne Redeweise vom Ende der Meisterzählungen in sich selbst widersprüchlich. Streng genommen muss sie sich selbst einschließen, und dann wird erkennbar, dass ihre Richtigkeit ihre Falschheit impliziert: die Rede vom Ende der Meistererzählungen ist selbst eine Meistererzählung! Zweitens sind unter dem Einfluss empirischer Kritik allzu simple Modelle durch komplexere ersetzt worden, was eine pauschale Ablehnung problematisch macht. Drittens macht gerade die lange Geschichte und Widersprüchlichkeit der verschiedenen Versionen von Prozessbegriffen wie Säkularisierung, Assimilation oder Konfessionalisierung diese zu einem unabdingbaren Bestandteil der Religionsgeschichte. Ihre Aufgabe würde zu begrifflicher Verarmung führen, da damit auch die Erinnerung an die in ihnen gespeicherte Komplexität verloren ginge (Casanova 1994: 12).

2.1. Funktionswandel der Religion: Säkularisierung

Säkularisation als rechtlicher Begriff

Der Begriff Säkularisierung ist historisch durch die semantische Nähe und zugleich Differenz zum Terminus Säkularisation geprägt. Dieser verweist als *saecularisatio* seit dem Ende des 16. Jahrhunderts auf den Übergang von der Ordens- zur Weltgeistlichkeit und damit auf die Möglichkeit einer Verweltlichung der Geistlichen. Als rechtlich-politischen Begriff gibt es ihn seit den Verhandlungen zum Westfälischen Frieden. Dort sprach ein französischer Gesandter 1646 von *séculariser*, um den von den Protestanten angestrebten (und in der englischen Reformation im 16. Jahrhundert praktizierten) Entzug geistlicher Güter als eine anti-katholische Maßnahme zu verurteilen. Im Gebiet des Alten Reiches war es dann der Reichsdeputations-Hauptschluss von 1803, der mit der Säkularisation der Klöster und geistlichen Fürstentümer diese Begriffsverwendung festschrieb (HWPh: 8, 1134; Conze u. a. 1984: 798–807).

Bereits wenige Jahre nach der Säkularisation von 1803 lässt sich dann im deutschen Sprachraum die Übertragung des rechtlich-politischen Terminus in einen geschichtsphilosophischen Prozessbegriff beobachten, der die Verweltlichung des kirchlichen Eigentums durchgängig als Indiz und Faktor einer Verweltlichung von

Kultur und Gesellschaft interpretiert, sie dabei allerdings unterschiedlich bewertet. Während der Romantiker Joseph v. Eichendorff diesen Prozess als »Verfall« der christlichen Kultur beklagte, interpretierten Ludwig Feuerbach und Karl Marx die »Verweltlichung« von Staat und Denken als historisch notwendigen Schritt zur Emanzipation des Menschen. Protestantische Theologen wie Franz Overbeck sahen darin ein Anzeichen für das »Ende des Christentums« (Conze u. a. 1984: 811–816). Mit seiner zuerst 1905 erschienenen Abhandlung *Die protestantische Ethik und der Geist des Kapitalismus* versuchte Max Weber, diese kontroverse Wertladung des Begriffs zu neutralisieren. In einer epochemachenden Formulierung sprach er davon, dass »jener große religionsgeschichtliche Prozess der Entzauberung der Welt« bereits mit der altjüdischen Prophetie eingesetzt, aber erst im englischen Puritanismus des 17. Jahrhunderts seinen Höhepunkt erreicht habe (Weber 1988: 94).

Es ist hier nicht der Ort, diese von vielen Deutungskontroversen überlagerte Kernthese der *Protestantischen Ethik* Max Webers in all ihren Verästelungen nachzuzeichnen (vgl. Tyrell 1990). Hier interessiert nur, wie und warum dieser Text – positiv wie negativ – zum zentralen Bezugspunkt der Säkularisierungsdiskussion avancierte. Weber selbst, der Religion nie explizit definiert hat, war es vor allem um die Unterscheidung von Magie und Religion zu tun: Jene kennt zwar Verbote, aber keine Pflichten (wie im Dekalog), Orakelsprüche, aber keine Lehren, Zwang und Bestechung, aber kein im Ritual vollzogenes Opfer (Schluchter 1988: 127ff.). Je größere Macht die judäo-christliche Tradition aber in die Hand des durch Magie nicht umstimmbaren Gottes legte, desto mehr entwickelte sich die Bestimmung der von diesem allmächtigen Gott bestimmten Vorsehung zu einem Problem.[1] Der Genfer Reformator Jean Calvin (1509–1564) und die englischen Puritaner des 16. und 17. Jahrhunderts, welche die Unergründlichkeit der

Max Weber: »Entzauberung der Welt«

---

1 Daneben ergibt sich, gerade in Krisen- und Umbruchszeiten, aus der Macht des Erlösergottes auch die Frage der Theodizee, oder, in den Worten von Max Weber, »das Problem: wie die ungeheure Machtsteigerung eines solchen Gottes mit der Tatsache der Unvollkommenheit der Welt vereinbart werden könne, die er geschaffen hat und regiert« (Weber 1964: 405).

Vorsehung postulierten, waren deshalb laut Weber gezwungen, ihr Heil in der innerweltlichen Bewährung zu suchen, und das hieß praktisch: in der rastlosen, systematischen Berufsarbeit (Tyrell 1993a). Für Weber, der noch den katholischen Priester als »Magier« bezeichnete, da er in der Messe das »Wunder der Wandlung« von Brot in den Leib Jesu vollbrachte, war der Puritanismus die Aufgipfelung des reformatorischen Impulses der Rationalisierung und der Zurückdrängung magischer Elemente der Religion. Den »Gott des Calvinismus« konnte man deshalb auch nicht durch »einzelne ›gute Werke‹« wie die Beichte oder Gebete beeinflussen. Er verlangte vielmehr eine »zum System gesteigerte Werkheiligkeit« (Weber 1988: 114).

Die historische Forschung hat Widersprüche und Fehler in Webers Bild des Puritanismus nachgewiesen, die uns hier nicht weiter zu interessieren brauchen (Schröder 1995; Lehmann 1996). Entscheidend ist vielmehr, zwei Implikationen dieses Konzepts von Säkularisierung zu verstehen. Die erste besteht darin, dass die »Entzauberung der Welt« von Weber als eine Leistung des (protestantischen) Christentums selbst konzipiert wird. Dieses vollendet im Puritanismus gewissermaßen seine eigene Bestimmung, indem es neben der Magie auch die rituellen Momente des Kultus im Gottesdienst soweit als möglich zurückdrängt und rationalisiert. Die immanente Rationalisierung des Christentums führt zweitens zur Säkularisierung der modernen Welt dadurch, dass deren bestimmende Lebensmächte – kapitalistische Wirtschaft und rationale Wissenschaft – religiöse Heilsprämien vollends unplausibel machen. Religiöse Motive lassen sich vom Individuum in der Moderne nur noch in Form der weltlichen Berufsarbeit artikulieren (Schlögl 2005: 38). Weber konzipierte Säkularisierung damit, wie später andere soziologische Vertreter dieses Konzepts auch, als eine Folge sozialer Differenzierung. In den funktional definierten Sphären der Wirtschaft und Wissenschaft religiösen Sinn zur Geltung bringen zu wollen, ist demnach vergeblich, denn diese gehorchen ihren eigenen Rationalitätskriterien, der Akkumulation von Profit bzw. Wahrheit (Krech 1999: 61–66).

Positiv wie negativ hat die sozialhistorische Forschung die These der »Entzauberung der Welt« als zentralen Bezugspunkt für Arbeiten zur Säkularisierung akzeptiert. In den Blick kam dabei vor allem das 19. Jahrhundert als jene Epoche, in der sich der Übergang von der traditionalen Agrar- und Ständegesellschaft zur modernen Gesellschaft vollzog. Dieses modernisierungstheoretische Schema, demzufolge Religion als ein traditionaler Überhang in der Moderne säkularisiert und abgeschmolzen wurde, berief sich maßgeblich auf Weber als Theoretiker sozialen Wandels (McLeod 2000: 1–12). Die differenzierungstheoretische Anlage seines Arguments wurde dabei ebenso vergessen wie dessen Pointe, nach der christliche Religion gerade in einer modernen, säkularisierten Form zu sich selbst findet. Die Geschichte der sozialhistorischen Auseinandersetzung mit der These von der »Entzauberung der Welt« ist also geprägt durch eine bestenfalls aspekthafte und zum Teil entstellende Bezugnahme auf Webers ursprüngliches Argument.

In empirischer Hinsicht gibt es schließlich gute Gründe, die These der »Entzauberung der Welt« gerade für das 19. Jahrhundert, an dessen Ende Weber seine Thesen formulierte, zu bezweifeln. Denn in diesem Zeitraum gab es eine Fülle verschiedenster Formen und Praktiken abergläubischer und magischer Religiosität, die bereits von den Zeitgenossen intensiv diskutiert wurden. Die bei wechselnden Konjunkturen und Höhepunkten des Interesses ungebrochene Kontinuität dieser Phänomene verbietet es auch, von einer »Wiederverzauberung« der Welt zu sprechen (Freytag 2003: 16). Phänomene des Aberglaubens standen im Visier der liberalen Kritik sowohl dort, wo diese die ultramontane Massenreligiosität der Katholiken als rückständig kritisierte, als auch im Kontext der Zurückdrängung von Laientherapeuten und Wunderheilern. Zur breiten Palette abergläubischer Praktiken gehörten Magnetismus, Hypnose und Spiritismus. Anhand der »Blutschwitzerin« Elisabeth Flesch, die von 1873 bis 1877 in der rheinischen Ortschaft Eppelborn die Gemüter erregte, und anderen Beispielen lässt sich zeigen, dass Aberglauben – so der pejorative Begriff der zeitgenössischen Kritiker – keineswegs das Produkt einer rück- und eigenständigen Volkskultur war (siehe hierzu auch Quelle Nr. 1 im Internet). Denn hier wie andernorts garantierten erst akademisch gebildete Vermittler, unter ihnen oft auch der örtliche Geistliche, solchen Phänomenen mit ihren Interventionen eine breite Aufmerksamkeit (ebd.: 351).

Der Spiritismus fand ohnehin die meisten Anhänger in den städtischen Mittelschichten. Seit 1810 standen diese Praktiken unter dem Einfluss der Hypnosetechniken des Mesmerismus. Ungeachtet des nach zeitgenössischem Verständnis sphärischen oder feinstofflichen Charakters der Geister der Verstorbenen, deren Seelen sich laut Luther in einem »schlafähnlichen Zwischenzustand« befanden, war Spiritismus eine Form der religiösen Kommunikation. Denn er war um das interaktiv erfahrbare Medium – im doppelten Wortsinne – der zumeist weiblichen Somnambulen aufgebaut, über die man mit den Geistern in Kontakt treten konnte (Sawicki 2002: 63). In der Konjunktur des Spiritismus zeigt sich ein Formwandel des Religiösen, der Transzendenzerwartungen in neuen, von den christlichen Kirchen nicht gedeckten Formen thematisieren konnte. Noch Anfang 1900 sah sich der ehemalige Hofprediger der Hohenzollern, Adolf Stoecker, deshalb in gut besuchten Veranstaltungen in Berlin dazu gezwungen, gegen den »Schwindel« des Spiritismus zu wettern (ebd: 350).

Kirchlich-keit als Messgröße Für die empirische Erforschung der Säkularisierung im 19. und 20. Jahrhundert kamen Phänomene des Aberglaubens kaum in Betracht. Sozialhistoriker haben sich hierfür vornehmlich auf Daten über Formen der Kirchlichkeit gestützt. In kirchlichen Handlungen wie der Teilnahme am Abendmahl oder der Osterkommunion und dem Kirchgang spiegelt sich, so die Annahme, die soziale Verbindlichkeit religiöser Bindungen. Welchen Sinn ein Individuum der Teilnahme am Gottesdienst beimaß, lässt sich – wenn überhaupt – nur im Einzelfall klären. Die Analyse von statistischen Daten über die Kirchlichkeit soll aber Einblicke in die soziale Reichweite der kirchlich verfassten Religion vermitteln. Über längere Zeiträume vorhandene Daten ermöglichen Trendaussagen, während räumliche Differenzen Vergleiche zwischen verschiedenen Regionen erlauben. Damit verbindet sich nicht zuletzt die Hoffnung, über den Abgleich mit den sozialstrukturellen Charakteristika bestimmter Gebiete Aussagen über den Zusammenhang von sozialen Lagen und Kirchlichkeit treffen zu können.

Für die gut untersuchten protestantischen Kirchen Deutschlands im 19. Jahrhundert wird in erster Linie die Abendmahlsbeteiligung als Indiz für Säkularisierungsprozesse verwendet. Als Prozentzahl zeigt sie an, wie viele Oblaten pro 100 evangelische Bewohner während eines Jahres in einer Region ausgeteilt wurden. Vereinzelt vorliegende Daten verdeutlichen, dass der Rückgang der Abendmahlbeteiligung schon im 18. Jahrhundert einsetzte. In Schlesien war die Quote von 200 Prozent in der Mitte des 18. Jahrhunderts auf knapp über 100 Prozent zu Beginn des 19. Jahrhunderts abgesunken (Hölscher 1989: 142). Einmalig für 1862 und für den Zeitraum seit 1880 dann jährlich liegen Datenreihen vor, die auf Erhebungen der evangelischen Landeskirchen basieren. Sie zeigen im regionalen Vergleich zunächst ein deutliches Süd-Nord-Gefälle. Dieses verweist vor allem auf die geringere Bedeutung des Abendmahls in der Frömmigkeitskultur der reformierten Gemeinden in Nordwestdeutschland, da für reformierte Protestanten im Unterschied zu Lutheranern der Kultus einen geringeren Stellenwert hatte. Besonders in Württemberg hatte zudem der Pietismus für eine traditionell höhere Abendmahlquote gesorgt. Vor allem unter dem Einfluss der Urbanisierung glichen sich diese Unterschiede dann aber bis zum Vorabend des Ersten Weltkrieges weitgehend aus. In Berlin, mit 17 Prozent Abendmahlquote schon 1862 eine weitgehend entchristlichte Stadt, sank die Quote bis 1913 auf 14 Prozent ab. In diesem Jahr erreichte aber auch das ländliche Oldenburg nur noch 15 Prozent. Ein gravierender Faktor war nicht zuletzt die pastorale Unterversorgung in den rasch wachsenden Industriestädten des Reiches. In Berlin war 1890 ein Geistlicher für fast 10.000 Protestanten zuständig (ebd.: 143–154).

Vergleichbare Langzeitanalysen lassen sich für die deutschen Katholiken nicht anstellen. Denn hier liegen systematische Erhebungen über die Zahl der Osterkommunikanten und Kirchenbesucher sowie der jährlich ausgeteilten Kommunionen erst seit 1915 vor, als die Zentralstelle für kirchliche Statistik im katholischen Deutschland in Köln ihre Arbeit aufnahm. Die Analyse der vorhandenen Daten macht aber deutlich, dass selbst in einer industriellen Großstadt wie Bochum auch für die Zeit seit 1915 noch nicht von einer kontinuierlichen Abnahme kirchlicher Bindungen unter den Katholiken gesprochen werden kann. Im Gegenteil nahm der Anteil der Osterkommunikanten vom Tiefpunkt 1917 bis zum Höhepunkt 1935 um beinahe 20 Prozent zu. Dieser Aufschwung lässt sich unter anderem als eine Folge von periodisch durchgeführten Volksmissionen und einer Verdichtung des kirchlichen Vereinswesens verstehen (Liedhegener 1997: 470–482). Er spiegelt zudem die Erfolge der Eucharistischen Bewegung wider. Diese bemühte sich um eine Fokussierung der katholischen Frömmigkeit auf den Kult der Eucharistie. Aus diesem Grund stieg in vielen Gegenden Deutschlands die Zahl der jährlich ausgeteilten Kommunionen seit Beginn der Erhebungen längerfristig an, im Bistum Münster bis 1969 (Damberg 1997: 619).

Die Eucharistie (von griech. *eucharistia* = Danksagung) ist in der römisch-katholischen Kirche eines der sieben Sakramente. In der Messfeier vollzieht der Priester mit dem Sprechen der Einsetzungsworte (»Das ist mein Leib«, »Das ist mein Blut«, Mk. 14, 22; Mt. 26, 26) die Wandlung (lat. = *Transsubstantiation*) der geweihten Hostie und des Messweins in Leib und Blut Christi. Die Eucharistie ist damit *memoria* (Gedächtnis) des Opfertodes Christi und zugleich Dankopfer im Zeichen des Mahles.

Verlässlichkeit der Daten
Der reformierte Theologe Karl Barth warf bereits in den 1920er Jahren die Frage auf, ob die Abendmahlstatistik nicht auf ungebührliche Weise eine am kirchlichen Ritus orientierte Form protestantischer Frömmigkeit privilegiert, und bestritt damit die Relevanz und Aussagekraft der Zahlen (Hölscher 1990: 39). Für die katholische Kirche lässt sich dieser Einwand vernachlässigen. Denn vom 17. Jahrhundert bis zum Zweiten Vatikanischen Konzil (1962–1965) war für jeden Katholiken klar, dass ungeachtet der Motive für die Teilnahme am Gottesdienst katholische Frömmigkeit nicht unbedingt in regelmäßiger kirchlicher Praxis aufging, aber ohne sie undenkbar war. Kritische Anfragen an die Verlässlichkeit und damit auch Aussagekraft des statistischen Materials über kirchliche Bindungen sind allerdings unabweislich, wenn man sich die Genese dieser Daten vergegenwärtigt. Bei Protestanten wie Katholiken oblag die Pflicht zur Erhebung der Daten dem Gemeindepfarrer, der darüber jährlich an seine vorgesetzte

Kirchenbehörde zu berichten hatte. Das zog zum einen praktische Probleme nach sich, da der Pfarrer die Menge der ausgeteilten Oblaten oft nur schätzen konnte, ebenso wie die tatsächliche Anzahl der rasch hintereinander in die Kirche drängenden Gottesdienstbesucher. Zudem besaßen die Pfarrer starke »Motive für eine Verfälschung der Daten«, da sie annehmen mussten, dass die gemeldeten Zahlen von der Bistumsverwaltung als Indikator für die Qualität der pastoralen Arbeit vor Ort gelesen wurden. Aus diesem Grund »erhöhten sie absichtlich ihre Zahlen, um ihren Stolz über eine aktive Gemeinde auszudrücken« (Dietrich 2004: 188 f.; vgl. Ziemann 2007a: 53 f.).

Solche praktisch-administrativen Zusammenhänge prägten auch den religiösen Zensus, der in England im März 1851 unmittelbar vor dem amtlichen Zensus durchgeführt wurde. Der Zensus erfasste neben der Zahl der Gottesdienstbesucher an einem bestimmten Sonntag auch Angaben über die Zahl und Kapazität der Kirchen der Religionsgemeinschaften. Unzuverlässigkeiten in der Datenerhebung haben zeitgenössische Kritiker auf den Plan gerufen und die Sekundärauswertung der Daten durch Sozialhistoriker erschwert (Pickering 1967). Für ein zureichendes Verständnis der zu dieser Zeit in Europa einzigartigen und später nie wiederholten Erhebung ist allerdings der Kontext wichtig. Er war vor allem durch die zunehmende Konkurrenzsituation geprägt, die zwischen der etablierten anglikanischen Staatskirche und den rasch wachsenden *nonconformist denominations* wie vor allem den Methodisten bestand.

Englischer Religionszensus 1851

Einblick in weitere Zusammenhänge vermittelt der offizielle Bericht, den Horace Mann, ein mit der Durchführung des Zensus beauftragter Rechtsanwalt, nach Abschluss seiner Arbeiten 1851 erstattete:

»The most important fact which this investigation as to attendance brings before us is, unquestionably, the alarming number of the non-attendants. Even in the least unfavourable aspect of the figures just presented, and assuming (as no doubt is right) that the 5,288,294 absent every Sunday are not always the same individuals, it must be apparent that a sadly formidable portion of the English people are habitual neglecters of the public ordinances of religion.

Nor is it difficult to indicate to what particular class of the community this portion in the main belongs. The middle classes have augmented rather than diminished that devotional sentiment and strictness of attention to religious services by which, for several centuries, they have so eminently been distinguished. With the upper classes, too, the subject of religion has obtained of late a marked degree of notice, and a regular church-attendance is now ranked among the recognised proprieties of life. It is to satisfy the wants of these two classes that the number of religious structures had of late years so increased. But while the *labouring* myriads of our country have been multiplying with our multiplied material prosperity, it cannot, it is feared, be stated that a corresponding increase has occurred in the attendance of this class in our religious edifices. More especially in cities and large towns it is observable how absolutely insignificant a portion of the congregations is composed of artisans. [...] They [the masses of our working population] are *unconscious Secularists* – engrossed by the demands, the trials, or the pleasures of the passing hour, and ignorant or careless of a future. These are never or but seldom seen in our religious congregations; and the melancholy fact is thus impressed upon our notice that the classes which are most in need of the restraints and consolations of religion are the classes which are most without them.«

 (Horace Mann, Report on the Religious Census *[1851], zit. nach Golby 1986: 40 f.)*

Dieser Bericht zeigt anschaulich den kategorialen Apparat auf, in den die Zahlen mit gewisser Folgerichtigkeit eingeordnet wurden. Auffällig ist zunächst, dass Mann die Befunde über die kirchliche Abständigkeit von mehr als fünf Millionen Engländern umstandslos in ein dreigliederiges Schema sozialer Klassen einordnet. Dies war keine im Datenmaterial liegende Folgerung, sondern ergab sich aus der Anwendung des eingespielten Schemas, nach dem sich die britische Gesellschaft mit der Trias von *upper class*, *middle class* (Bürgertum) und *labouring classes* selbst beschrieb. Sekundäranalysen des Materials legen demgegenüber die Schlussfolgerung nahe, dass die Kirchlichkeit der Arbeiterklasse erheblich stärker war als von Horace Mann angenommen. Gleichwohl hat das Klassenschema nachhaltige Spuren in der britischen Forschung zur Sozialgeschichte der Entkirchlichung hinterlassen (McLeod 1996a: 65 ff.). Mit dem Begriff der »unconscious Secularists« rückte Mann die Arbeiterschaft zudem in die Nähe der organisierten Atheisten und Religionskritiker, für welche die kritische Fremdbezeichnung *secularists* in Gebrauch war (ebd.: 47–51). Aufschlussreich ist schließlich die wichtigste Funktion, die Mann der praktizierten Kirchlichkeit für die Arbeiterklasse zuwies. Sie sollte zu einer über den Tag hinausblickenden Lebensweise und zum Maßhalten anleiten und Trost in bedrängter Lebenslage vermitteln.

Der Bericht von Horace Mann schrieb sich umstandslos in einen für das viktorianische England charakteristischen Diskurs ein, der Religion in erster Linie als ein strammes Korsett zur moralischen Disziplinierung und Erziehung der als moralisch zügellos und ungesittet wahrgenommenen Unterschichten schätzte. So gesehen war weniger der quantitative Befund des Zensus aussagekräftig als vielmehr die Deutungen, in die das Zahlenmaterial eingebettet wurde. Die hier beispielhaft aufgezeigten Elemente der diskursiven Situierung des Zensus – der willkürliche Gebrauch des Klassenschemas, die semantische Gleichsetzung von Entkirchlichung und Säkularismus sowie die der Frömmigkeit zugewiesene Erziehungsfunktion – führen zu einer substantiellen Kritik an der Aussagekraft von Statistiken über kirchliche Handlungen für die Analyse von Säkularisierungsprozessen. Demnach sind solche Statistiken keine neutralen Messinstrumente, obwohl viele Sozialhistoriker dies in ihren Sekundärauswertungen unausgesprochen unterstellt haben. Sie waren vielmehr ein wichtiges Mittel, um die Ordnung und Kohärenz des religiösen Feldes zu vergrößern und damit bestimmten religionspolitischen Positionen Einfluss zu verschaffen. So diente der staatliche Zensus des Jahres 1851 dazu, die Stärke Großbritanniens als christlicher Nation für die imperiale Mission zu beweisen und zugleich die Dominanz des Anglikanismus zu beglaubigen. Diese und vergleichbare Statistiken waren deshalb in erster Linie »discourses on ecclesiastical machismo, national righteousness, class commentary or moral judgement [...] and require to be treated as such«. Werde dies nicht berücksichtigt, bestehe die Gefahr, dass die mit den Zahlen erzeugten normativen Effekte unreflektiert in die sozialhistorische Analyse der Religion einflössen (Brown 2003: 42 f.).

Damit ist eine entschiedene Kritik an der Aussagekraft religiöser Statistiken für die Analyse von Säkularisierungsprozes-

Kirchenstatistik als ›kirchlicher Machismo‹

sen formuliert, die fruchtbare Perspektiven eröffnet. Auch an einem anderen Beispiel – der katholischen Kirche in der Bundesrepublik – lässt sich feststellen, dass die mit dem Rückgang der Kirchenbesucherzahlen suggerierte Säkularisierungsthese in erster Linie eine selbsterzeugte Enttäuschung war. Sie entstand im Kontext der innerkichlichen Fixierung auf das mit der Statistik erzeugte Bild der quantitativ bestimmbaren Kirchlichkeit, mit dem Bischöfe und Priester den Erfolg pastoralen Handelns primär beurteilten (Ziemann 2007a: 59–75). Eine solche Kritik von Statistiken in der Säkularisierungsforschung bedeutet gewiss nicht, dass quantitative Daten über die Entwicklung der kirchlichen Praxis ohne jeden Wert sind. Skepsis ist allerdings gegenüber reduktionistischen Annahmen geboten, die Unterschiede und Tendenzen im Zahlenmaterial auf den Einfluss von sozialen Lagen, insbesondere der Klassenlage, zurückführen wollen. Das aus der Sozialgeschichte der 1960er Jahre stammende Ideal der Objektivierung durch Quantifizierung stößt hier an klare Grenzen (Brown 2003). Eine unkritische Nutzung von kirchlichen Statistiken, die auf eine gründliche Einbettung der Zahlen und ihrer Genese in den zeitgenössischen kirchlichen und religionspolitischen Kontext verzichtet, sollte sich daher für die Sozialgeschichte der Religion verbieten. Dann wird deutlich, dass Säkularisierung nicht nur eine von Historikern entworfene Meistererzählung ist, die der Religionsgeschichte von außen aufgepfropft wird, sondern dass es sich stets auch um eine innerkirchliche Debatte über die Möglichkeiten und Grenzen religiöser Sinnstiftung und pastoralen Engagements handelt.

Erosion des moralischen Diskurses Eine alternative Lesart der Säkularisierung in Großbritannien seit 1800, in der religiöse Statistiken eine nur dienende Funktion haben, hat Callum Brown in seinem kontrovers diskutierten Buch *The Death of Christian Britain* vorgeschlagen (2001; vgl. Morris 2003). Er nutzt dabei selbst Statistiken für eine Spätdatierung des unwiderruflichen Niedergangs der organisierten Kirchlichkeit auf die 1960er Jahre. Aber das entscheidende Element von Säkularisierung ist hier nicht die im Zahlenbild statistisch verdichtete Krise, sondern die schwindende Geltungskraft eines religiösen Diskurses, welcher der Lebensgeschichte und dem moralischen Kosmos der Individuen bis dahin Ordnung und Kohärenz verliehen habe.

Ein anschauliches Beispiel dafür sind die autobiographischen Erinnerungen von Albert Bradwell, einem Methodisten und Geschäftsmann aus Sheffield. Er beschreibt darin 1844 den Moment seiner Wiedergeburt als erretteter Christ, als ihn ein methodistischer Prediger in einer überfüllten Kapelle nach vorne rief und aufforderte seine Seele zu retten. Dieser Auszug macht die Elemente eines Diskurses deutlich, der dem Individuum das Bemühen um Errettung von seinen Sünden in der Begegnung mit Gott als eigene Verantwortung auferlegte. Bradwell nahm diese Verantwortung wahr, was sich sogleich darin zeigte, dass ihm der Mund mit religiöser Kommunikation in der Anrufung des Herrn überlief. Für eine spirituelle Wiedergeburt war allerdings mehr als nur der Gottesdienstbesuch verlangt, nämlich eine Ausrichtung des ganzen Lebens an der Kultur des evangelikalen Christentums. Vielfältige Medien wie religiöse Traktate, Nachrufe und populäre Zeitschriften trugen und propagierten diesen Diskurs. Evangelikal meint dabei im Kern die verschiedenen auf moralische Erweckung und Wiedergeburt zielenden Strömungen innerhalb des nonkonformen und anglikanischen Protestantismus. Das Ziel all dieser Bemühungen war die systematische Maximierung der individuellen Heilsgüter, von Bradwell als »salvation economy« bündig auf den Begriff gebracht:

»I began to reflect on the economy of salvation, and concluded that ecstasy, or feeling of any character, was not salvation, but only an evidence of it; and so again I threw myself upon Christ, and said, ›I know my sins are forgiven‹, and that moment such a flood of joy rushed in my heart, that every vein in my body tingled, and my tongue found utterance, and shouted – ›Glory! Glory! Glory be to God!‹ My Lord has smiled upon me; I was indeed a sinner saved by grace, and I lifted up my heart, and said, ›ABBA, FATHER! MY LORD, AND MY GOD‹.«

(A. T. Bradwell, Autobiography of a Converted Infidel *[1844], zit. nach Brown 2001: 35)*

Ein wichtiges Moment dieses Diskurses war seine geschlechterspezifische Auffächerung. Während Frauen seit 1800 beinahe durchgängig als Verkörperung idealer Religiosität und Moralität stilisiert wurden, galten Männer in religiöser Hinsicht als defizient und problematisch. Diese über beinahe 150 Jahre hinweg weitgehend stabile evangelikale Verknüpfung von Pietät, Domestizität und Weiblichkeit brach in den 1960er Jahren schlagartig zusammen, als die sexuelle Revolution und die populäre Massenkultur der Beatles hergebrachte Geschlechterrollen aufsprengte. Folgt man dieser Deutung von Brown, so erweisen sich die *swinging sixties* als eine wichtige Zäsur in der Religionsgeschichte Westeuropas (vgl. McLeod 2007; Pasture 2004).

Gegen diese These von Callum Brown sind wichtige Einwände vorgebracht worden. So hat vor allem Hugh McLeod die überzogene Relevanz kritisiert, die dem Wandel von Geschlechterrollen als Faktor für die Säkularisierung in den sechziger Jahren zugewiesen wird. Anstelle einer einzelnen Ursache sei von einem multikausalen Prozess auszugehen, in dem die tradierten Wertnormen und Rollenmodelle des organisierten Christentums an Verbindlichkeit einbüßten (McLeod 2007). Dabei ist McLeod zufolge unter anderem auf die Folgen des Massenkonsums und des zunehmenden Wohlstands zu verweisen, der nicht nur die traditionellen Lebensformen in ländlichen Gegenden aufbrach, sondern auch in den Städten zu einem Nachlassen nachbarschaftlicher Bindungen und zu einem Rückzug in die private Häuslichkeit führte. Diese These scheint jedoch problematisch, denn sie reproduziert Muster eines kulturkritischen Diskurses, den konservative Anglikaner, Lutheraner und Katholiken bereits in den 1950er Jahren verwandten, um das Nachlassen kirchlicher Bindungen mit einem Schwund asketischer Grundhaltungen zu erklären. Wichtig und weiterführend scheint dagegen der Hinweis von McLeod auf die Folgen der politischen und theologischen Umbrüche in den christlichen Kirchen von England und anderen Ländern Westeuropas seit 1968. Denn die Herausforderung durch studentische Protestbewegungen und neuartige Formen religiöser Vergesellschaftung in den Basisgemeinden führte nicht nur zu einem Traditionsabbruch, sondern auch zu vielen pluralen Versuchen einer Neudefinition christlicher Lebensformen.

Säkularisierung ist für Callum Brown aber nicht gleichbedeutend mit dem Rückgang der Kirchlichkeit seit Mitte der 1960er Jahre. Entscheidend war vielmehr die nachlassende Geltung des

Diskurses der *salvation economy*, welcher der religiösen Sinnorientierung des Einzelnen einen Ort gab und es ihm damit erlaubte, sein Selbst authentisch auszudrücken. Diese Aufgabe übernahmen nunmehr die ubiquitär verbreiteten Konsumartikel und kulturellen Versatzstücke der Popkultur (am Beispiel der Niederlande vgl. van Rooden 2004).

Die semantische und sozialstrukturelle Ausgangslage für die Analyse von Prozessen der Säkularisierung in Frankreich ist komplex. Einen wichtigen Unterschied zu anderen europäischen Ländern markiert bereits die Benutzung eines anderen Leitbegriffs. Félix Antoine Philibert Dupanloup (1802–1878), der Bischof von Orléans, sprach 1868 erstmals von *déchristianisation*, um die voranschreitende Entkirchlichung breiter Bevölkerungsschichten bei gleichzeitigen Aufwallungen eines populären Wunderglaubens zu beschreiben. Als Gegenmittel forderte Dupanloup in einem Brief an Papst Pius IX. die Heiligsprechung von Jeanne d'Arc, die ihm als Zentrum einer patriotischen und zugleich klerikal disziplinierten Massenreligiosität tauglich schien. Als analytisches Konzept der Religionsgeschichte deckt Dechristianisierung zwar ähnliche Phänomene ab wie der Säkularisierungsbegriff, dieser hält allerdings mit der Konnotation der Verweltlichung die Möglichkeit einer Weiterführung religiöser Themen und Motive in anderer Form explizit offen. Zudem weisen viele Varianten des Säkularisierungskonzepts – wie oben am Beispiel Max Webers angedeutet und gleich weiter auszuführen – eine differenzierungstheoretische Anlage auf. Demnach kann gerade eine zum Teilbereich der Gesellschaft degradierte Religion zu ihrer eigentlichen Bestimmung finden. Demgegenüber akzentuiert Dechristianisierung unmissverständlich das Moment des unabweislichen Niederganges der Kenntnis und Akzeptanz christlicher Traditionen und Werte in der Gesellschaft.

Dechristianisierung in Frankreich

In diesem Sinne ist aus dem langfristigen und irreversiblen Rückgang verschiedener quantitativer Indikatoren auf eine tiefgreifende Dechristianisierung in der südfranzösischen Provence geschlossen worden, die sich seit der Mitte des 18. Jahrhunderts beschleunigte. Als quantitatives Indiz für diese These wird unter anderem die Zahl der Berufungen zum Geistlichen genutzt. Besondere Aussagekraft kommt ferner testamentarischen Formeln und Bestimmungen zu, die sich dank des massenhaften Vorhandenseins dieser Quelle seriell auswerten lassen. Dabei geht es zum einen um Formeln, in denen der Erblasser seine Seele nach dem Tod der Barmherzigkeit Gottes, Jesu oder anderer himmlischer Fürsprecher empfiehlt.

Der folgende Auszug aus dem Testament eines adeligen Ritters aus Marseille zeigt einige der rhetorischen Formeln des letzten Willens barockfrommer Katholiken. Der Verfasser bekennt seine Sünden in der Hoffnung auf Erlösung und nimmt damit die derart gezähmte Todesstunde antizipierend in den Blick.

»[Mein Herrgott], ich akzeptiere schon jetzt mit vollkommener Unterwerfung die Stunde, die Art und die Umstände meines Todes, so wie Ihre mit Weisheit und Barmherzigkeit angefüllte Vorsehung sie markiert hat. Die Zeit, die Sie mir gegeben hatten, um Ihnen zu dienen und um mich zu erlösen, habe ich leider verwendet, um Sie zu beleidigen und mich zu Fall zu bringen. Ich kann nicht zuviel Schmerz empfinden, kann mich nicht mehr erniedrigen, mich flehend niederwerfen, zittern; obendrein ist es so: je mehr ich sündige, umso mehr wird die Gerechtigkeit mir ein begründetes und heiliges Urteil bereiten; je mehr ich mich arm finde, desto mehr ist es mir erlaubt, auf den unendlichen Schatz der Gnade Jesu Christi zurückzugreifen.«

 (Testament des François Delanne, 25. Februar 1762, zit. nach Vovelle 1973: 673)

Testamente als Quellen Ein zweites wichtiges Element der Sorge für das Jenseits, das sich in Testamenten provençalischer Katholiken des 18. Jahrhunderts findet, war die Bestellung von Seelenmessen. Diese sollten nach dem Willen des Testierenden zwischen dessen Ableben und seiner Beerdigung gelesen werden. Ihr Zweck war es, der Seele des Verstorbenen den Aufenthalt im Fegefeuer zu erleichtern, während dessen diese vor dem endgültigen Eintritt in den Himmel von zeitlichen Sündenstrafen befreit wurde. Noch 1750 machten 80 Prozent der Testierenden in der Provence von dieser Möglichkeit Gebrauch, am Vorabend der Revolution von 1789 dann allerdings nur noch etwas mehr als die Hälfte. Zugleich sank die Zahl der pro Testat durchschnittlich bestellten Messen von etwa 400 am Beginn des 18. Jahrhunderts auf knapp über 100 kurz vor der Revolution (ebd.: 122 ff.). Dabei lassen sich signifikante soziale Unterschiede beobachten: Adelige stifteten kontinuierlich eine weit überdurchschnittliche Zahl an Messen, während Kaufleute und bürgerliche Beamte, Richter und Rechtsanwälte niedrigere Werte zeigten (ebd.: 140 ff.).

Doch sind dies auch Belege dafür, dass sich in Frankreich, seit 1750 von den bürgerlichen Mittelschichten ausgehend, bereits vor der Revolution ein fundamentaler Traditionsbruch abzeichnete, der als Dechristianisierung bezeichnet werden kann (ebd.: 610 ff.)? Dagegen lassen sich empirische Einwände formulieren. So ist die Abnahme der gestifteten Seelenmessen zumindest teilweise auf den Einfluss zurückzuführen, den die innerkatholische Oppositionsbewegung des Jansenismus auch nach ihrem offiziellen päpstlichen Verbot in der Bulle *Unigenitus* (1703) in Teilen der städtischen Oberschichten genoss. In ihrer generellen Kritik an dem mechanistischen Frömmigkeitskonzept der Jesuiten äußerten die Jansenisten auch Bedenken gegen die Seelenmessen. Zudem traten offenbar barmherzige Stiftungen zugunsten der Armen an die Stelle von gestifteten Messen. Dies sind Belege dafür, dass gerade bei bürgerlichen Berufsgruppen die Zuversicht darin nachließ, die im Jenseits erwartete Wirkung der Messen mit der Vergrößerung ihrer Zahl zu vervielfältigen. Damit aber geriet nicht das katholische Christentum per se außer Kurs, sondern nur seine barockfromme Variante, welche die Rechtfertigung der Seele nach dem Tode ganz von der Erlösung durch Christus abhängig machte. Auch theologische und praktische Einwände sprachen dafür, diese Inflationierung des Gnadenschatzes der Kirche zurückzudrängen und die im Testament verschriftlichte Begegnung von Diesseits und Jenseits neu zu formulieren (McManners 1998: 111 ff.).

Es sprechen also gute Gründe dafür, den Begriff der Dechristianisierung nur für jenen Prozess der Zurückdrängung kirchlichen Einflusses und der abrupten Entchristlichung der öffentlichen Institutionen zu verwenden, den die Revolution von 1789 einleitete. Den

Dechristianisierung im Jahr II

Beginn markierten die entschädigungslose Aufhebung des Zehnten und die Verstaatlichung kirchlichen Eigentums im August bzw. November 1789. Die im Juli 1790 verabschiedete Zivilkonstitution des Klerus machte die Geistlichen zu staatlich besoldeten Funktionären und beschnitt den Einfluss Roms auf die Kirche in Frankreich auf ein Minimum. Entscheidend war schließlich das Dekret der Nationalversammlung vom 27. November 1790, das von allen Geistlichen den Eid auf die Verfassung – und damit auch auf die Zivilkonstitution – verlangte, und seine postwendende scharfe Verurteilung durch Pius VI. im Frühjahr 1791 (Vovelle 1991: 12–24). Beides waren kontingente, dass heißt weder gänzlich zufällige noch strikt notwendige Entscheidungen. Sie zementierten die Aufspaltung des Klerus in die Gruppe der Konstitutionalisten und die 45 Prozent der Priesterschaft umfassenden Eidverweigerer. Damit hatten diese Entscheidungen nachhaltigen Einfluss auf das Verhältnis von Religion und Gesellschaft in Frankreich (van Kley 2003: 1097).

Denn der öffentliche Eid des Priesters auf die Konstitution war in vielen Orten eine wichtiges Vorspiel zur sozialen Dynamik der aggressiven und zuweilen gewaltsamen Dechristianisierung im Jahr II der Revolution.[2] Diese Kampagne fand in dem von den Jakobinern arrangierten Fest der Vernunft am 20. Brumaire des Jahres II (10. November 1793) und dem Fest des Höchsten Wesens am 8. Juni 1794 ihren Höhepunkt (Ozouf 1989: 25 f.; Vovelle 1991: 98 ff.). Aber es handelte sich nicht nur um einen von oben gesteuerten politischen Akt. Die Dechristianisierung des Jahres II war vielmehr ein sehr vielgestaltiger sozialer Prozess mit einer charakteristischen regionalen Verteilung. Das lässt auf die lokale Interaktion und Übereinstimmung zwischen den die Revolution unterstützenden Priestern und ihren Gemeinden schließen. Hinweise darauf bietet jenes Sechstel der Priesterschaft, das sein Amt im Jahr II ganz niederlegte und zum Teil sogleich heiratete. Aufschlussreich ist auch die Verteilung jener Orte, in denen eine aufgebrachte Volksmenge – nicht zuletzt wegen seines Materialwer-

---

2 Diese Datierung folgt der – später nochmals revidierten –, mit der Proklamation der Republik am 22. September 1792 einsetzenden säkularen Zeitrechnung des Revolutionskalenders.

tes – das zur Aufbewahrung der geweihten Hostien verwendete Ziborium aus der Kirche entwendete oder Heiligenbilder zerstörte (ebd.: 49 ff., 64 ff., 142).

Die Ereignisse des Jahres II setzten den tiefen Konflikt zwischen einem säkularen, republikanischen und einem katholischen Frankreich frei. Zu dessen Langzeitfolgen ist noch die 1905 durchgeführte vollständige Trennung von Staat und Kirche zu zählen (McLeod 2000: 59–67). Darüber hinaus weist die geografische Verteilung der verschiedenen Vorfälle des Jahres II eine erstaunliche Ähnlichkeit mit der Karte der Zonen niedriger kirchlicher Praxis auf, die Gabriel Le Bras für die Jahrzehnte nach 1945 erstellt hat (Ozouf 1989: 29). Dies ist ein weiteres Indiz dafür, dass erst die Revolution, und nicht schon die Aushöhlung der Barockfrömmigkeit vor 1789, den Verlauf der Säkularisierung in Frankreich nachhaltig bestimmte. Insbesondere mit dem 1790 geforderten Eid auf die Verfassung hat die revolutionäre Bewegung das Muster der Entchristlichung weiter Teile Frankreichs mit fast bis in die Gegenwart reichenden Langzeitfolgen bestimmt.

Langzeit-folgen der Dechristia-nisierung

Manche anhand der Testamente gewonnene Befunde zur Säkularisierung in Frankreich lassen sich einordnen und sozialtheoretisch präzisieren, wenn man sie mit religiösen Formeln in Testamenten und Totenzetteln der Bürger in rheinischen Städten wie Köln und Aachen im 18. und frühen 19. Jahrhundert vergleicht (Schlögl 1995). Dabei wird erkennbar, dass der Plausibilitätsverlust der barockfrommen Jenseitsvorstellungen hier schon seit 1750 einsetzte. Die Säkularisation des Jahres 1803, die der Kirche mit der Trennung von staatlichen Einrichtungen neue Integrationsleistungen abverlangte, hatte »in der Säkularisierung eine lange Vorgeschichte« (ebd.: 327). Es wäre aber verfehlt, diesen lange vorbereiteten Plausibilitätsverlust einer mechanistischen Heilsökonomie mit dem unwiderruflichen Schwund von Religiosität gleichzusetzen. In die Krise geriet vielmehr eine Frömmigkeitsform, die in der hierarchisch differenzierten Ständegesellschaft jedem Menschen eine mit dem sozialen Rang korrespondierende »religiöse Wertigkeit« zugeschrieben hatte (ebd.: 288). Aus diesem Grund hielten Adelige auch dann noch an den traditionellen Mustern der Frömmigkeit fest, als diese nur noch ein symbolisches Mo-

Säkulari-sation im Rheinland

ment der Statussicherung waren. Für Angehörige der bürgerlichen Mittelschichten war es dagegen unmöglich, die barockfrommen Sinnmuster in den Kontexten jener sich rapide ausdifferenzierenden Rollenanforderungen zur Geltung zu bringen, die sich in Berufsarbeit, staatsbürgerlicher Betätigung und geselliger Freizeitgestaltung auftaten.

In dieser Situation waren neue Muster religiöser Sinnstiftung plausibler, die sich auf den privaten Binnenraum der Familie konzentrierten und diesen durch Sinnsprüche und gemeinsame Gebete religiös aufwerteten. Denn in der Familie war jedes Individuum als ganzer Mensch eingebunden, jenseits der Rollenzersplitterung durch Berufsarbeit und politische Betätigung. Eine Moralisierung und Privatisierung der bürgerlichen Religion war die Folge (siehe hierzu Quelle Nr. 5 im Internet). Zugleich ergab sich daraus eine fundamentale Umwertung der geschlechtsspezifischen Codierung des Religiösen. Während die zölibatäre Lebensform des Priesters vor 1800 noch mit höchster Wertigkeit ausgestattet war, avancierte nun die Ehefrau und Mutter zum positiven Inbegriff der neuen, im Binnenraum der Familie aufgespannten Religiosität und zur Garantin einer bruchlosen Verknüpfung von Tugend und Religion. Das »fromme Weib« sicherte die Fortsetzung einer Religiosität, die in den ausdifferenzierten Sphären der modernen Wissenschaft, Politik und Ökonomie keine Resonanz mehr fand (ebd.: 316 ff.; Tyrell 1993b; vgl. Kap. 3.2). Eine solche Deutung interpretiert das Verschwinden jenseitsbezogener Formeln aus den Testamenten nicht als Verlustgeschichte der Entchristlichung, sondern vielmehr als einen Formwandel in den sozialen Konfigurationen, die den Bezug auf Transzendenz trugen. Religiöser Sinn stand nicht mehr im Zentrum des Lebens und der Gesellschaft, sondern war zu einer abgeteilten, für sich bestehenden Sinnprovinz neben anderen herabgesunken.

Säkularisierung und funktionale Differenzierung

Im Lichte dieser Ergebnisse gewinnt das bereits bei vielen Klassikern der soziologischen Säkularisierungsforschung wie Max Weber und Thomas Luckmann angelegte Differenzierungskonzept neue Aktualität. Säkularisierung lässt sich so in historischer Perspektive als ein fundamentaler Formwandel der religiösen Vergesellschaftung verstehen, der sich seit dem späten 18. Jahrhundert vollzog. Sie war eine Reaktion auf das Vordringen funktionaler Differenzierung in der Gesellschaft, also die Entstehung differenter sozialer Felder in Politik, Wissenschaft und Ökonomie, später auch Sport und Massenmedien (Hahn 1997). Wichtig ist es dabei, diesen Prozess in allen sozialen Konfigurationen der Religion zu verfolgen: in den neuen Mustern der Beteiligung und Interaktion in frommen Aktivitäten, die den Individuen offen standen, da sie nun über ihre religiöse Betätigung selbst im privaten Bereich entschieden; in den Kirchen als Organisationen und ihren veränderten Strategien für die Ausbildung von Geistlichen und die Seelsorge, mit denen sie sich an die neuen Strukturen anpassten; schließlich im Blick auf den Sitz der Religion im Gesamtgefüge der Gesellschaft.

Für das 20. Jahrhundert scheint es zudem sinnvoll, Säkularisierung noch stärker als eine beobachterrelative Kategorie zu konzipieren. Denn die voranschreitende Differenzierung von Wissenschaft, Politik und Massenmedien mit ihren je eigenen Rationalitätskriterien führte nicht zwangsläufig zu einer Zurückdrängung der Religion aus der Gesellschaft. Vieles hing davon ab, wie die Kirchen auf diese Prozesse reagierten, mehr noch, ob und in welcher Form sie diese überhaupt wahrnahmen und diskutierten. An diesem Punkt setzte vor allem in der Zeit seit 1945 nicht nur in der katholischen Kirche der Bundesrepublik eine systematische Rezeption von empirischen Konzepten aus den Sozialwissenschaften ein. Methoden wie die soziale Schichtung der Kirchenbesucher mit Hilfe der Soziografie oder die Erfassung von religiösen Einstellungen mit der Demoskopie versprachen nach Ansicht vieler Theologen und kirchlicher Mitarbeiter, Einsicht in Differenzierungsprozesse zu vermitteln und über angemessene Reaktionen zu informieren. Sie ließen sich, metaphorisch gesprochen, als ein Fernglas nutzen, mit dem die Kirche komplexe soziale Prozesse mit hoher Auflösung beobachten konnte (Ziemann 2007a).

An diesem Beispiel lässt sich zugleich eine Ambivalenz des Differenzierungskonzeptes diskutieren. Denn fraglich ist, ob die im Zuge funktionaler Differenzierung erlittenen Funktionsverluste der Religion, die nun beispielsweise nicht mehr gerechte Löhne und Preise vorschreibt oder eine ›gute‹ – das heißt christliche – Presse

Funktionsverlust oder Spezifizierung?

fördert, wirklich als »Entlastungen« beschrieben werden können. Hat Religion mit der Säkularisierung also ihr »Proprium« oder ihre eigentliche Bestimmung gefunden, wenn sie nicht mehr für staatsbürgerliche Erziehung oder Modelle einer gerechten Ökonomie zuständig ist? Oder ist der vorherrschende Eindruck mit Blick auf die christlichen Kirchen Westeuropas seit den 1960er Jahren nicht vielmehr der von »zunehmender Unbestimmtheit und Auszehrung« (Tyrell 1996: 447)? Ohne dies zu leugnen, lässt sich beim Blick auf die Anwendung pastoralpsychologischer und therapeutischer Methoden, die sich – nicht nur – in der katholischen Kirche seit Mitte der sechziger Jahre auf breiter Front vollzog, allerdings auch das andere Moment akzentuieren. Davon zeugt das rhetorische Pathos, mit dem Theologen und Pastoralpsychologen die therapeutische Zuwendung und Hilfe für den Menschen als das »Proprium« eines wahrhaften Christentums gedeutet haben. In der Erfolgsgeschichte dieser psychologisch informierten »heilenden Seelsorge«, die sich gerade angesichts funktionaler Differenzierung um den »ganzen Menschen« kümmerte, scheint die katholische Kirche zu ihrer eigentlichen Bestimmung gefunden zu haben. Säkularisierung kann hier als ein Wiedergewinn an genuin religiösen Kompetenzen gedeutet werden (Ziemann 2007a: 310 ff.).

Jüdische Assimilation Verlusterfahrung oder Gewinn – unter diesem Vorzeichen steht auch die Diskussion um den Begriff der Assimilation, der mit Blick auf die jüdische Religionsgemeinschaft vergleichbare Fragen und Phänomene thematisiert wie jener der Säkularisierung. In der frühmodernen Gesellschaft waren die Juden eine soziale Gruppe, der durch zahlreiche rechtliche Bestimmungen, die ihre ökonomische, rechtliche und religiöse Betätigung regulierten und einschränkten, eine Stellung außerhalb der christlich definierten Gesellschaft zugewiesen war. Erst die von der Aufklärung angedachte und im Gefolge der französischen Revolution durchgeführte Emanzipation, das heißt die rechtlich-politische Gleichstellung der Juden, beendete diesen Zustand. Den Anfang machte die französische Nationalversammlung, die 1791 die uneingeschränkte Gleichstellung der Juden beschloss, welche auch Napoleon nicht wieder aufhob. Das im Gefolge der napoleonischen Eroberungen geschaffene Königreich Westfalen erließ deshalb 1808 eine entsprechende Regelung. Liberale Emanzipationsedikte gab es auch 1809 im Großherzogtum Baden und 1812 in Preußen. Der von zahlreichen kritischen Stimmen und politischen Rückschlägen gekennzeichnete Emanzipationsprozess war rechts des Rheins allerdings erst mit der Gründung des Deutschen Reiches 1871 vollständig abgeschlossen. Die rechtliche Gleichstellung führte zugleich zu einer »Neudefinition« des Judentums »als bloße«, mit den christlichen Kirchen vergleichbare »Konfession« (Meyer 2000: Bd. II, 10, 26 ff., 298 ff.).

Der Diskussion über die Emanzipation der Juden lag von Beginn an die Erwartung zugrunde, dass diese danach die überkommenen Merkmale ihrer gruppenbezogenen religiösen Identität abstreifen und sich der christlichen Mehrheitsgesellschaft in kultureller und religiöser Hinsicht öffnen und angleichen würden. Zunächst waren dafür Begriffe wie »Annäherung«, »Eingliederung« oder »Aufgehen« in Gebrauch, die allesamt eine positive Konnotation hatten. Erst im letzten Drittel des 19. Jahrhunderts fand der Begriff »Assimilation« häufiger Verwendung, geriet aber alsbald in den Sog innerjüdischer Kontroversen. Auf der einen Seite stand der 1893 gegründete »Centralverein deutscher Staatsbürger jüdischen Glaubens«, der schon in seinem Namen anzeigte, dass ›jüdisch‹ hier nur als Konfession konzipiert und eine positive Verbindung von Deutschtum und Judentum beabsichtigt war. Kritik kam von zionistischen Juden, die seit der Publikation des Buches *Der Judenstaat* von Theodor Herzl (1896) die nationalistische Option einer Ansiedlung in Palästina vertraten (Volkov 2006: 177, 202). Sie diffamierten die Mitglieder des Centralvereins als »Assimilanten« (Maurer 1992: 171). Diese Kontroverse erreichte im Umfeld der nationalsozialistischen Machtergreifung 1933 ihren Höhepunkt. Der Triumph des Antisemitismus legte nun für viele jüdische Beobachter die Schlussfolgerung nahe, dass Assimilation weder ein unausweisliches Schicksal noch der Königsweg zu einer kulturellen Synthese war, sondern ein Verrat am jüdischen Volk (van Rahden 2005). Nicht nur aufgrund dieser hohen Wertladung wird der Begriff der Assimilation in der Forschung kaum noch benutzt. Denn problematisch ist auch, dass er die Differenz zwischen einem Prozess und dessen erwartetem Ergebnis, der Angleichung der Juden, verwischt (Volkov 1983: 333).

Aus diesen Gründen wird heute der Begriff der Akkulturation bevorzugt. Er richtet das Augenmerk auf die Interaktion von differierenden Kulturmustern und vermeidet es, das Aufgehen in der Mehrheitskultur zentral zu stellen oder gar normativ zu bewerten. Vielmehr rückt die Frage nach den Rückwirkungen des »Kulturkontakts« der Juden mit Nichtjuden in den Vordergrund (Maurer 1992: 179). Dabei geht es nicht nur um die bekannten Leistungen namhafter jüdischer Wissenschaftler und Intellektueller in Kaiserreich und Weimarer Republik (Volkov 2006: 224 ff.). Zu fragen ist vielmehr nach den alltäglichen sozialen Kontakten und kulturellen Begegnungen, die Juden und Nichtjuden pflegten.

Diese Frage lässt sich nur in lokalen Fallstudien beantworten, zumal im Kaiserreich die große Mehrzahl der deutschen Juden in Großstädten lebte und damit zugleich mehr als die Hälfte von ihnen in jüdischen Gemeinden mit mehr als 1.000 Mitgliedern (Volkov 1983: 336). Für Breslau, nach Berlin und Frankfurt die Stadt mit der drittgrößten jüdischen Gemeinde, und für das von liberalen Traditionen geprägte ostpreußische Königsberg ergibt sich das Bild einer breiten Zone sozialer Kontakte. Insbesondere die zahlreichen Vereine standen den Juden in beiden Städten offen, die aber zugleich ihre kollektive Identität in separaten jüdischen Vereinen pflegten. Diese gleichzeitig von »Geschlossenheit und Offenheit« geprägte Gruppenbildung der Juden lässt sich als »situative Ethnizität« bezeichnen (van Rahden 2000: 20, 133 f.). Enge Freundschaften zwischen Juden und Christen blieben aber selten und selbst dann von Vorbehalten belastet. Eine Ausnahme war es zudem, wenn ein Christ die Partikularität seines eigenen Glaubens demonstrativ anerkannte. Dies tat der protestantische Theologe Max Löhr, der an hohen jüdischen Festtagen die Synagoge des mit ihm befreundeten Rabbi Felix Perles in Königsberg aufsuchte (Schüler-Springorum 1999: 110 f.). In ländlichen Regionen wie in Baden und Franken gab es Konflikte, da die meist im Handel mit Vieh oder Agrarprodukten tätigen Juden gerade auch am Sonntag arbeiteten. Zugleich waren katholische Bauern und jüdische Viehhändler in den Dörfern aber durch eine »symbiotische ökonomische Beziehung« miteinander verbunden (Baumann 2001: 299).

In religiöser Hinsicht spaltete sich das Judentum seit Beginn der Emanzipation in das liberale Reformjudentum und die Orthodoxie. Jenes, dem im Kaiserreich circa drei Viertel der deutschen Juden angehörten, zog die Konsequenzen aus der Aufsprengung der korporativen Geschlossenheit der Gemeinden mit ihrer »traditionellen Einheit von Religion und Alltag« (Hopp 1996: 436; van Rahden 1996: 415 ff.). Das Reformjudentum schaffte überkommene Rituale ab oder veränderte sie. Die Einführung der Orgel und der Predigt in deutscher Sprache im Gottesdienst sollte die Gemeinden an soziale Muster des protestantischen Bürgertums heranführen. Zugleich reagierte die Reform mit einer Subjektivierung und Individualisierung des Glaubens auf die neue, durch funktionale Differenzierung geprägte gesellschaftliche Umwelt der Gemeinden. Reformierte jüdische Prediger hörten deshalb oft die Predigten von Friedrich Daniel Schleiermacher (1768–1834), der als protestantischer Theologe die Konsequenzen der Subjektivierung des Glaubens intensiv reflektierte (Volkov 2006: 191). Diese Individualisierung implizierte eine Relativierung und auch Historisierung des jüdischen Religionsgesetzes, der *Halacha*, die das Leben der Juden traditionell bestimmt hatte. Dem widersprach die Orthodoxie, für die nicht der Glaube des Einzelnen, sondern die rituelle Befolgung der *Halacha* die jüdische Identität bestimmte (van Rahden 1996).

Subjektivierung jüdischer Religion

Halacha bezeichnet die jeweils gültige Norm der Tora-Praxis mit ihren rituellen und lebenspraktischen Regeln. Diese zeichnen das Judentum als Gesetzesreligion aus, die dem von Gott am Berge Sinai geoffenbarten Wort folgt. Die *Halacha* wird jeweils durch die Autorität des Rabbiners gesetzt, der sich dabei auf die wichtigsten der seit dem Mittelalter entstandenen Kodifizierungen und Kommentare durch Maimonides (*Mishneh Torah*) oder Josef Karo (*Schulchan Aruk*) stützen kann. Im weitesten Sinne bezeichnet *Halacha* die gesamte gesetzliche Überlieferung des Judentums, im Gegensatz zur nichtgesetzlichen Literatur der *Haggada*.

Die Dominanz des Reformjudentums und die Akkulturation an die Verkehrsformen des protestantischen Bürgertums führten dazu, dass die Säkularisierung bei den deutschen Juden um 1900 weit vorangeschritten war. Die Präsenz eines Weihnachtsbaumes in vielen Wohnzimmern, die Nichtbefolgung der Speisegesetze und die geringen Besucherzahlen der Synagogen waren wichtige Indizien hierfür (van Rahden 1996: 417). So spottete die orthodoxe Gruppe Adass Isroel 1900 in Königsberg über den liberalen Rabbi Hermann Vogelstein, dass auch die von ihm betriebene Einführung der Orgel die Synagoge am Sabbat nicht gefüllt habe (Schüler-Springorum 1999: 114). Aus der Säkularisierung folgte aber keine Auflösung der »situativen Ethnizität« der Juden. Die rasante Zunahme der Mischehen im 19. Jahrhundert zum Beispiel, die oft als »Absage an das Judentum« interpretiert worden ist, muss vielmehr als partielle Abkehr von den an Stand und Vermögen orientierten Strategien der Eheanbahnung im jüdischen Bürgertum interpretiert werden. Die Zunahme weiblicher Unabhängigkeit führte seit Beginn des 20. Jahrhunderts auch Töchter aus gut situierten jüdischen Familien zur Heirat eines Christen, ohne dass dem die Konversion folgen musste (van Rahden 2000: 170 ff.). Ein anderes Bild als in Deutschland zeigte sich im Elsass, wo zusammen mit dem benachbarten Lothringen bis zur deutschen Annexion 1871 fast alle der etwa 50.000 französischen Juden lebten. Die zerstreute Siedlung in kleinen Gemeinden und die Persistenz der traditionellen ökonomischen Betätigung in Handel und Geldverleih führte dazu, dass sich die am Ritual orientierte Struktur der Gemeinden auch nach der Emanzipation von 1791 kaum änderte. Erst die von liberalen Reformjuden unterstützte Einführung einer säkularen Schulerziehung bewirkte seit 1850 eine stärkere bürgerliche Akkulturation der elsässischen Juden und eine Akzeptanz des französischen Staatsbürgerkonzepts (Hyman 1991: 98 ff.).

2.2. Konkurrenz zwischen den Kirchen: Konfessionalisierung

Der Begriff der Konfessionalisierung geht nicht auf das englische *confession* (Beichte, Geständnis) zurück, sondern auf den Terminus *confessio*. Diesen führte 1530 erstmals die *Confessio Augustana* in den deutschen Sprachraum ein, welche die Grundsätze der lutherischen Reformation zusammenfasste und als Bestandteil des Augsburger Religionsfriedens von 1555 reichsrechtliche Bedeutung erlangte. Fortan bezeichnete der Begriff weniger das individuelle Bekenntnis des Gläubigen als vielmehr die »Gesamtheit derer, die sich zur gleichen Ausprägung des christlichen Glaubens und der gottesdienstlichen Formen bekennen« (RGG: 3, 1746). Andere Konfessionen folgten in der Codifizierung ihrer Glaubensartikel, wie die Reformierten in den *Confessiones Helveticae* (1536 und 1566) oder die Katholiken mit der auf dem Tridentinum erlassenen *professio fidei Tridentina* (1564). Wort und Begriff Konfession spiegeln damit eine Grundtatsache der europäischen Religionsgeschichte seit der Reformation wider: die endgültige Spaltung der Einheit der lateinischen »Christenheit« – womit bis dahin nicht nur der Glaube, sondern die Bevölkerung und Zivilisation als Ganzes gemeint war – in voneinander abgegrenzte und doch aufeinander bezogene Kirchen (Rendtorff 1972: 773 f.).

Der Prozessbegriff Konfessionalisierung knüpft an diese Begriffsverwendung an, ist als solcher aber, anders als Säkularisierung, jüngeren Datums. Er ist zudem eine rein forschungsbezogene Konstruktion von zwei Historikern. Heinz Schilling und Wolfgang Reinhard haben ihn unabhängig voneinander fast zeitgleich um 1980 geprägt. Dabei konnten sie an einen Begriff des katholischen Kirchenhistorikers Ernst Walter Zeeden anknüpfen, der mit Blick auf das 17. Jahrhundert von einer »Konfessionsbildung« im »Zeitalter der Glaubenskämpfe« gesprochen hatte (Klueting 2003: 316). Anders als Zeeden ging es Schilling und Reinhard allerdings nicht mehr vordringlich um den Konflikt zwischen den drei Konfessionen der Katholiken, Lutheraner und Reformierten bzw. Calvinisten. Sie interessierten sich vielmehr für die innerhalb der Konfessionen parallel ablaufenden sozialgeschichtlichen Prozesse der Formalisierung, Zentralisierung und Bürokratisierung des Religiösen und der Disziplinierung der Gläubigen. Zugleich implizierte dies, dass Religion und Kirche anders als in der Moderne keine ausdifferenzierten Teile der Gesellschaft waren, sondern vielmehr deren »zentrale Achsen« bildeten (Schilling 1988: 5).

Konfessionalisierungsbegriff

Der Terminus Konfessionalisierung bezeichnet »einen gesellschaftlichen Fundamentalvorgang, der das öffentliche und private Leben in Europa tiefgreifend umpflügte, und zwar in meist gleichlaufender, bisweilen auch gegenläufiger Verzahnung mit der Herausbildung des frühmodernen Staates und mit der Formierung einer neuzeitlich disziplinierten Untertanengesellschaft, die anders als die mittelalterliche Gesellschaft nicht personal und fragmentiert, sondern institutionell und flächenmäßig organisiert war« (ebd: 6).

Diese komplexe und detaillierte Aufzählung zeigt bereits, dass das Konfessionalisierungskonzept nicht nur für die sozialhistorische Forschung zur Religion relevant ist. Es hat vielmehr die internationale Forschung zur Geschichte der Frühen Neuzeit seit 1980 intensiv geprägt und maßgeblich dazu beigetragen, dass diese Zeit zwischen Reformation und französischer Revolution stärker als zuvor als eine eigenständige Epoche wahrgenommen wird. Aus einer weit verzweigten und anhaltenden Debatte können hier nur einige Aspekte diskutiert werden, die für das Thema unseres Bandes besonders wichtig sind.[3] Methodisch ist darauf zu verweisen, dass dieser Ansatz das Selbstverständnis und die theologische Dogmatik der Konfessionen außer Acht lässt. Lutheraner, Reformierte und Katholiken waren im 16. Jahrhundert in einen intensiven Streit um theologische Wahrheiten verstrickt, die sie in Abgrenzung von den je anderen Konfessionen formulierten. Historisch ging es dabei vor allem um die unterschiedliche Interpretation des Abendmahls als Messopfer (Katholiken) bzw. als Mahlfeier der Gemeinde (Protestanten) und um die Diskrepanzen zwischen Lutheranern und Reformierten in der Frage der Realpräsenz Christi in Wein und Brot. Der Konfessionalisierungsansatz sieht von jenen dogmatischen Differenzen allerdings bewusst ab. Ihm liegt, ungeachtet der Einwände von konfessionell gebundenen Theologen und Kirchenhistorikern, der oben in der Einleitung angesprochene funktionalistische

---

3 Als Forschungsüberblicke vgl. Schmidt 1992; Harrington/Smith 1997; Klueting 2003; Zusammenfassung kritischer Einwände bei Lotz-Heumann 2001; Schnabel-Schüle 2002; umfangreiche Literaturangaben bei Schilling 1995, 1999; Reinhard 1995.

Religionsbegriff zugrunde. Demzufolge geht es nicht um die Rekonstruktion des subjektiven Sinns, also jener konfessionellen Binnenperspektive, die zu einer je bestimmten Antwort auf die »Wahrheitsfrage« führt (Klueting 2003: 333 ff.). Vielmehr richtet sich das Interesse darauf, welche sozialen Folgen die je verschiedenen Wege zur Suche nach dem Heil und zur Erlösung von der Sünde nach sich zogen.

Der Konfessionalisierungsprozess wurde durch die zwischen den Kirchen bestehende Konkurrenzsituation vorangetrieben. Er führte dabei aber zu vergleichbaren Verlaufsmustern und Ergebnissen, die über das für Reformen ursprünglich leitende Moment der Abwehr dieser Konkurenz hinauswiesen. Aus diesem Grund werden die früher gebräuchlichen Ausdrücke »Gegenreformation« (für die tridentinischen Reformen) und »zweite Reformation« (als Bezeichnung für den seit 1555 erfolgenden Übergang von Territorien des Alten Reiches zum Calvinismus) kaum noch benutzt (v. Greyerz 2000: 55 ff., 110 ff.). An deren Stelle tritt Konfessionalisierung als Bezeichnung für den Übergang zu einer »sozial generalisierten«, das heißt die lokale Gemeinschaft überschreitenden Sozialform der Einübung von Glaubenswissen, wie es die »Verehrung partikularer Heiliger« in der katholischen Kirche zeigte (Pfister 2002: 118 f.). Dieser Prozess manifestierte sich in verschiedenen Phänomenen. Zu ihnen zählte unter anderem die Verkündung und Durchsetzung eines »klaren Glaubensbekenntnisses«; für dessen Einübung benutzten alle Konfessionen Katechismen, die Kindern und Jugendlichen in der Katechese bei der Einübung des rechten Kirchenglaubens helfen sollten. Weitere wichtige Formen waren: die Schaffung eines Stammes von geeigneten »Multiplikatoren« durch die intensive Schulung und Prüfung der Geistlichen; die konfessionelle »Propaganda« in Kontroverstheologie und Predigten; die »Monopolisierung der Bildung«; die »Entfernung von Dissidenten« und schließlich die »Betonung von Unterscheidungsriten« (Reinhard 1995: 426).

Alle diese Formen der Durchsetzung eines generalisierten Glaubenswissens zielten darauf, »konfessionell korrektes Verhalten« zu erzeugen (ebd.: 427). Über die Einübung, Verfestigung und

Orthopraxie

Kontrolle von klar definierten Glaubenswahrheiten hinaus, also die Orthodoxie, wurde damit auch die Orthopraxie, also die Erfüllung kirchlich vorgeschriebener Handlungen, zu einem wichtigen, von den Kirchenleitungen selbst angelegten Maßstab für die erfolgreiche Durchsetzung der Konfessionalisierung. Das Augenmerk galt dabei vor allem dem sonntäglichen Gottesdienst, bei dem nun die persönliche Teilnahme des gesamten Kirchenvolkes zwingend vorausgesetzt war.

Das war ein Bruch mit der vorreformatorischen Praxis der heiligen Messe, welche als eine »Gedächtnisfeier auf den Tod Christi« die Anwesenheit der Gläubigen nicht unbedingt erforderte, sondern ihr Gelingen allein der gültigen Messlesung als einer magischen Handlung verdankte (van Dülmen 1994: 61). In der katholischen Kirche zählten der sonntägliche Messbesuch und die anhand von ausgegebenen Beichtzetteln kontrollierte Osterkommunion nun zu den fünf Kirchengeboten, in deren öffentlich sichtbarer Erfüllung sich das tridentinische Frömmigkeitsideal manifestierte. Damit war ein hoher normativer Maßstab gesetzt. Um ihn durchzusetzen, bedurfte es umso mehr einer auf lange Sicht ausgeübten Kontrolle und Disziplinierung, als die Konzentration auf das passive »Hören« und »Zuschauen« in der Messe aus der Sicht der Gemeinde oft »keinen zwingenden Grund für disziplinierte und vollständige Anwesenheit« ergab (Holzem 2000: 393).

Protestantische Kirchen- und Sittenzucht

Die Durchsetzung der regelmäßigen Teilnahme am Gottesdienst war auch ein wichtiger Bestandteil der protestantischen Kirchenzucht – der oben diskutierte Rückgang der Abendmahlsziffern seit dem 18. Jahrhundert spiegelt ihren Verfall wider. In reformierten Territorien übten lokale Sittengerichte die Kirchenzucht aus, welche die Presbyterien und Konsistorien einrichteten (Schilling 1986). Diese Gerichte konnten abgestufte Kirchenbußen verhängen, die von der öffentlichen Vermahnung in der Gemeinde bis zum Ausschluss vom Abendmahl reichten. Entsprechende Funktionen übernahmen im lutherischen Württemberg die Kirchenkonvente. Beide Institutionen widmeten sich darüber hinaus der Sittenzucht, also der Disziplinierung der Lebensweise der zumeist dörflichen Bevölkerung. Im Zentrum stand dabei die

Einhegung der außerehelichen Sexualität junger Erwachsener und die Eindämmung ihres sichtbaren Ergebnisses, illegitimer Geburten. Dabei ging es vor allem um die obrigkeitliche Kontrolle des Lebenswandels der ländlichen Unterschicht. Denn die Delinquenten mussten vor dem Kirchenkonvent ein Sündenbekenntnis ablegen (Maisch 2002: 287).

Kritik am Konfessionalisierungsparadigma hat weniger an dieser Auffächerung des Formenwandels hin zu einer Generalisierung und Verkirchlichung des Glaubens noch an der Bestimmung des normgerechten konfessionellen Verhaltens als Ziel eingesetzt. Zur Debatte steht vielmehr die Frage, ob die dem Konfessionalisierungsansatz eigene Perspektive ›von oben‹, aus der Sicht des die Sozialdisziplinierung vorantreibenden konfessionellen Territorialstaates, der Wirklichkeit des religiösen Lebens gerecht werde. Der Konfessionalisierungsansatz ist deshalb als »Etatismus« kritisiert worden (Schmidt 1997: 648ff.). Er überschätze nicht nur die aktiv vorantreibende Rolle des Staates, sondern zugleich die innere Kohärenz und Geschlossenheit des Ergebnisses, des konfessionell disziplinierten Verhaltens. Empirisch ist diese Kritik vor allem mit Blick auf die kommunale Selbstdisziplinierung in den Presbyterien der schweizerischen Zwinglianer und Calvinisten ausgearbeitet worden. Dort zeige sich, so die Kritik, dass die Implementierung von Normen ›von oben‹ ohne die Dynamik nachbarschaftlicher und gemeindlicher Konflikte ›von unten‹ nicht möglich gewesen wäre (ebd.).

Zu einem guten Teil liegen den Differenzen zwischen einer Sicht der Konfessionalisierung, welche die Verbindung mit dem frühneuzeitlichen Prozess der Staatsbildung betont, und den Befürwortern einer kommunalen Dynamik der Sittenzucht auch Unterschiede in der Interpretation der Visitationsprotokolle zugrunde. Bei diesen handelt es sich um die mit Abstand wichtigste Quellengattung der Konfessionalisierungsforschung. Die Visitation (von lat. *visitare* = besuchen) war an sich bereits in der spätantiken Kirche bekannt gewesen. Sie hat aber im Mittelalter kaum Spuren hinterlassen. Dies änderte sich mit der kursächsischen Visitation des Jahres 1528, mit der die instutionelle Reform der Kirche erstmals einsetzte und für welche die Reformer Philipp

Visitationsprotokolle als Quellen

Melanchthon und Luther selbst die Vorlagen lieferten. Fortan benutzten evangelische Reichsstädte und Territorien die Visitation zur Implementierung und Kontrolle der neuen Normen und Verfahren. Das gleiche tat die katholische Kirche, bei der das Tridentinum die regelmäßige Visitation der Diözese durch Beauftragte des Bischofs forderte. Die Protokolle der Visitationen befassten sich vor allem bei den Katholiken mit der Ausstattung der Kirche, insbesondere den zum Vollzug der Sakramente nötigen Sakramentalien.

Sakramente sind im Christentum zeichenhafte Handlungen, in denen sich die Gnade Gottes erweist. Seit dem Konzil von Ferrara-Florenz 1439 war in der katholischen Kirche die Zahl von sieben Sakramenten (Taufe, Firmung, Buße, Eucharistie, Priesterweihe, Ehe, Krankensalbung) verbindlich festgelegt. Die Reformatoren erkannten nur Taufe und Abendmahl als Sakramente an.

Neben Bau und Ausstattung der Kirche widmeten sich die Visitationsprotokolle der Amtsführung des Klerus sowie zumindest ansatzweise der Glaubenspraxis des Kirchenvolks. Dabei folgten sie einem vorher ausgearbeiteten Formular bzw. Fragenkatalog. Gerade die Visitationen des 16. Jahrhunderts waren aber noch lange »formal recht uneinheitlich« (Lang 2002: 310).

Einen guten Einblick in diese Fragen vermittelt der Schlussbericht der ersten vom Herzogtum Bayern mit päpstlichen Privilegien selbst durchgeführten Landesvisitation.

»Ecclesia Parrochialis ibidem. [...] Ettliche reliquie gar vnnsauber vnnd zerstört. 9 missalia guet vnnd pöss. Das käpsl zu dem sacrament ist gar vnsauber vnd zerprochen. Dessgleichen die sacri liquores vnrain. Die hostia in der monstrantzen, so man pflegt alle pfintztag herumbzetragen, sich gleich als die meuss hin genagen hetten. Das agenntbüech ziemlich zerrisen. Der thaufstain aller vnsauber, dessgleichen vil khöttige altar thüecher befunden.

Dnus [dominus] Joannes Schwab pastor ibidem. Von Reicherspach pürttig. 36 jar priester, seine formata [Weihezeugnis] seindt ime verprunnen; seine erste mess in patria gesungen, 6 jar bei der pfarr zu Wien studirt. Predigt zu hohenfesten, sonnsten der Cooperator [ein erst unlängst geweihter Priester und Mitarbeiter des Pfarrers]; list alte scribenten, hat postillam Philippi [Philipp Melanchthon] vnnd die Commentaria in prophetas. Helt das Aue Maria für khain gepeet, sonnder für ein grues, lests aber doch sprechen. Lest singen das Media vita etc., wölches 3 gesetze hat, das Vater unnser etc., Miserere etc. vnnd De profundis. Durch dise Gesanng werden vnderlassen das Patrem, Offertorium, Sannctus vnnd Communio [...]. Helt die Ceremonien. Imagines non esse venerandas. Dicit solam fidem justificare nec putat se errare [Er sagt dass allein der Glaube rechtfertige und meint nicht dass er irre.] [...]

De Vita. Orat. Hat ein Concubin vnnd 9 khinder. Helt sich sonnsten wol.

De subditis. Bei 1300 Communicanten. Hat das Sacrament sub utraque geraicht, wils aber nit mer thuen. Seindt ir soul, die sich der Communion enthalten haben, das er derselben antzall nit wais. Der Lanndtrichter hat bei ime nie communicirt, wais nit, wo er dasselb verricht [...].«

(Schlussrelation über die Visitation in Landau/Niederbayern in der Diözese Passau 1558, zitiert nach Ziegler 1992: 273)

Diese Quelle lässt sich in mindestens zweierlei Weise interpretieren. Als Dokument der pastoralen Zustände vor Ort gelesen, ist sie eine umfassende Anzeige von Mängeln und konfessionellen Verirrungen. Der Pfarrer predigt nur bei hohen Festen selbst und ist im Besitz einer Schrift von Philipp Melanchthon, eines engen Freundes und Weggefährten von Luther. In seinem Glauben an die Richtigkeit des Grundprinzips der lutherischen Rechtfertigungslehre *sola fide* ist er nicht zu beirren. Zugleich lässt er wichtige Bestandteile des katholischen Messformulars beim Zelebrieren einfach aus. Wie sanfte Ironie oder gar Verzweiflung mutet schließlich die Bemerkung an, Schwab verhalte sich in seiner Lebensführung, von Konkubinat und neun Kindern abgesehen, »ansonsten wohl«. In dieser Perspektive gelesen, bietet die Quelle Aufschluss über die zu Beginn des Konfessionalisierungsprozesses vorfindlichen Defizite in der sozialen Generalisierung der Religion, die Schwab nur in erratischer, höchst individueller Form vermittelte. Sie galt es fortan durch gezielte Maßnahmen bei der Schulung der Priester und in der Disziplinierung der offenkundig nur zu einem geringen Teil kommunizierenden Gläubigen zu beseitigen. So interpretiert, vermitteln längerfristig überlieferte Serien von Visitationsprotokollen Aufschluss über die bei der Sozialdisziplinierung erzielten Fortschritte. Aus dem in den Visitationsberichten gemeldeten weitgehenden Verschwinden des Konkubinats, der Zunahme der Priesterbeichten und einer beinahe hundertprozentigen Erfüllung der Osterpflicht lässt sich so auf den Erfolg der Konfessionalisierung schließen. So wird dann gefolgert, diese sei in katholischen Territorien spätestens in der Mitte des 17. Jahrhunderts, in einem Zentrum der Gegenreformation wie dem Hochstift Würzburg sogar bereits um 1600 abgeschlossen gewesen (Hsia 1989: 41 ff.).

Visitationsprotokolle lassen sich allerdings auch noch in einer anderen Richtung interpretieren. Anstelle der Beobachtungen über eine unvollständige Befolgung des Ritus und Mängel in der Dogmatik und Lebensführung des Priesters tritt die Form und das Schema der Beobachtung selbst in den Vordergrund, dem diese Berichte folgen. Auch dafür bietet der Bericht aus Landau Hinweise. So in der Bemerkung, dass das Sakrament »sub utraque« gereicht werde, also die Laien die Eucharistie auch als Brot und Wein bekamen, während in der katholischen Kirche nur der Priester in beiderlei Gestalt kommunizieren durfte. Diese Frage stand explizit auf der Agenda der Visitation, da das Verlangen nach dem Laienkelch im Gefolge der reformatorischen Bewegung weit verbreitet war und sich deshalb auch der bayerische Herzog Albrecht V. diese Forderung zeitweilig aus taktischen Gründen zu eigen machen musste (Ziegler 1992: 79). Ähnlich ist auch die Feststellung zu lesen, dass der Landrichter nie im Ort kommuniziere. Dies war eine direkte Antwort auf eine Rubrik des Fragenkatalogs, die nach dem aus Sicht des Staates wichtigen kirchlichen Verhalten der »fürstlich nachgesetzt«, also der Staatsdiener, fragte (ebd.: 270). Die Missbilligung der verschmutzten und beschädigten Altargeräte und des Allerheiligsten, der konsekrierten Hostien, verweist auf das Bemühen der Kirchenleitung, »das Heilige vom Profanen physisch bzw. räumlich zu trennen« und zugleich das kirchliche Monopol in der »Verwaltung« der dadurch geschaffenen »Gnadenterritorien« sicherzustellen (Pfister 2002: 127).

Vertikale Kommunikation In dieser Lesart vermitteln Visitationsprotokolle in erster Linie Aufschluss über das Vordringen des kontrollierenden und normierenden Blicks der kirchlichen Behörden und über dessen im Verlauf der Jahrzehnte erfolgende Ausdifferenzierung und Stereotypisierung. Denn mit der Visitation wurde erstmals ein umfassendes System »vertikaler Kommunikation« zwischen den zentralen Behörden der Kirchen und den in der Fläche verstreut lebenden Gläubigen und Pfarrern eingerichtet (ebd.: 116 f.). Die Protokolle sind nicht nur als ein Zeugnis des Vordringens der normierenden Bemühungen der Kirchen zu lesen, sondern waren zugleich ein wichtiges Instrument der kirchlichen Organisationsbildung und der organisationsbezogenen vertikalen Kommunikation (vgl. Kap. 2.3.).

Diese beiden möglichen Lesarten der Visitationsprotokolle schließen sich nicht gegenseitig aus, sondern lassen sich vielmehr miteinander ergänzen. Dennoch haben Kenner dieser Quellengattung darauf hingewiesen, dass sie streng genommen nur begrenzte Einblicke in den Konfessionalisierungsprozess vermitteln kann. Denn die Protokolle halten nur »Handlungen« und »Verhaltensweisen« (und zwar im Prinzip nur die der Priester!) fest, sagen aber über religiöse »Einstellungen« der Masse der Gläubigen nichts aus (Lang 2002: 319). Diese Kritik ist in Forschungen zur protestantischen Visitationspraxis aufgegriffen worden. Anstatt die Protokolle als »plastischen Einblick in das religiöse Alltagsleben« zu verstehen, der allerlei von der Norm abweichende abergläubische Praktiken zutage förderte (van Dülmen 1994: 66), schlagen sie eine andere Lesart vor. Demnach sind diese Quellen eben nicht als »endlose Aufzählungen von negativen Enthüllungen« zu lesen. Vielmehr sei es sinnvoll, die Kritik der Visitatoren am Pfarrer und den von ihm erzielten Erfolgen in der Konfessionalisierung als Reflex von dessen prekärer und marginaler Stellung in der Dorfgemeinde zu interpretieren, also gewissermaßen als ein Fenster, das Einblicke in das soziale Beziehungsgeflecht zwischen den Bauern und einem akademisch gebildeten Außenseiter ermöglicht (Goodale 1999: 211).

Entschiedene Kritik am Konfessionalisierungsparadigma kommt aus einer mikrohistorisch und kulturanthropologisch orientierten Perspektive. Für diese wird die Religionsgeschichte der Frühen Neuzeit damit in ein »Prokrustesbett deterministischer Vorstellungen« gezwängt, gegen das die Mikrohistorie ein »heilsames Korrektiv« bieten könne, indem sie auf »Vergessenes, Fremdes,

Mikrohistorische Kritik

scheinbar nicht Repräsentatives« verweise (v. Greyerz 2000: 65 f.). Anstelle der einseitig »etatistisch« geprägten Sicht ›von oben‹, die den Staat als Motor der Konfessionalisierung ebenso überzeichne wie die dabei erzielten Erfolge, gelte es, den »Erfahrungen« der von Disziplinierungsversuchen betroffenen Bevölkerung gerecht zu werden (ebd.). Diese Kritik ist auch eine Kritik an der »Quellenbasis« der Konfessionalisierungsforschung, nämlich den »obrigkeitlicher Provenienz« entstammenden Visitationsprotokollen (Fätkenheuer 2004: 12). Um die Bedeutung von Konfession im Alltagsleben einfacher Katholiken zu erfassen, sollten deshalb die vorhandenen Selbstzeugnisse ausgewertet werden, die Aufschluss über deren Selbstdeutung und Wahrnehmungen bieten können. Dabei seien »vorschnelle Kategorisierungen zu vermeiden«. Es gelte also, die analytische Kategorie Konfession nicht als äußerlichen Maßstab anzulegen, sondern vielmehr induktiv und hermeneutisch zu erschließen (ebd.: 39).

Ein solches Vorgehen stößt an enge Grenzen, die durch die nur sehr selektive Überlieferung solcher Quellen gezogen sind. Dennoch lässt sich sein Ertrag, und damit auch die Berechtigung der Kritik an der etatistischen Perspektive, am folgenden Beispiel gut nachvollziehen.

»Nach der weihung eine sehr herliche bredig von der kirchweih, von der hilf und furbit der mutter gottes und aufbauung der kirchen, und lob unseres fursten durch den ehrwürdigen herrn patter Mathiam Rehmei, der societet Jesu, thomprediger zu Wurczburg gehalden, darin auß bischöflicher gewalt ein volkomener ablaß allen beichtenden et communicirten verkündigt, alles volk zu malzeit brufft [berufen] et geladen. Dann die 7 zelt so uf der wisen aufgschlagen […] und außer den zelten uf der wisen 30 dafel 2 mal beseczt und gepeist worden seint alle völker hohes et nider stants, arm et reich, ja auch die uncatholische zu dieser malzeit zuglassen worden. Ob es schon mit der kuchenspeiß nit ordenlich zuging, ist doch meniglich mit brot et wein versehen und kein abgang gespürt worden […] Gott dem allmechtigen und der allzeit gebenedeiten jungfraw mutter aller rechtglaubigen Maria sei lob ehr und dank gesagt in ewigkeit amen!«

 (Aus dem Tagebuch des Würzburger Tuchscherermeisters Jakob Röder [September 1613], zitiert nach: Fätkenheuer 2004: 153)

Mit diesen Worten beschrieb der katholische Tuchscherer Jacob Röder die 1613 erfolgende Konsekration der renovierten Wallfahrtskirche in Dettelbach im Bistum Würzburg, das unter Bischof Josef Echter (1573–1617) zu einem in der Forschung oft angeführten Paradebeispiel für aggressiv und erfolgreich betriebene Konfessionalisierung ›von oben‹ avancierte. Aber zeigt gerade dieser Auszug wirklich, dass die »Kategorie Konfession […] nur eine unter vielen« war, mit denen Röder »seine Umwelt wahrnahm« (ebd.: 181)? War es nicht vielmehr die zentrale Kategorie, die hier seine Beobachtung der verschiedenen Teilnehmergruppen am Kirchweihfest leitete? Diese These hängt nicht am »betonenden ›ja auch‹«, mit dem er die »uncatholischen« als eine eigene Gruppe hervorhob und damit Konfession von Stand und Wohlstand unterschied (ebd.: 154). Entscheidend ist vielmehr die kategoriale Form oder Semantik der Unterscheidung: Hoher und niedriger Stand sowie arm und reich sind polare Unterscheidungen, die zum semantischen Gemeingut der frühneuzeitlichen Ständegesellschaft zählten. ›Uncatholisch‹ dagegen ist keine polare, symmetrische Kategorie, sondern spannt einen »asymmetrischen Gegenbegriff« auf (Koselleck 1979). Mit diesem werden die Protestanten nicht als ein anderer Glaube neben dem eingeführten Katholischen bezeichnet, sondern als eine zutiefst defizitäre Un-Kategorie. Ein stärkeres Indiz für die umfassende Prägung Röders durch die auf »sprachliche[r] Ausschließung« beruhende Semantik der katholischen Konfessionalisierung lässt sich kaum vorstellen (Reinhard 1995: 426).

Die etatistische Ausrichtung der Konfessionalisierungsforschung lässt sich also durch die mikrohistorische Kritik nicht einfach aus den Angeln heben, zumal wenn diese, wie beispielhaft gezeigt, wichtige Implikationen des von ihr selbst angeführten Quellenmaterials nicht erfasst. Dennoch ist es sinnvoll und notwendig, die Quellenbasis über die durch eine normative Perspektive geprägten Visitationsprotokolle hinaus zu erweitern. Für die katholische Konfessionalisierung lassen sich dafür mit Gewinn die Protokolle des Sendgerichts nutzen. Dabei handelt es sich um eine in manchen Bistümern nach dem Tridentinum wieder aufgenommene und neu organisierte Form der kirchlichen Nie-

Sendgerichte

dergerichtsbarkeit. Beauftragte der als Stellvertreter des Bischofs fungierenden Archidiakone übten sie zweimal jährlich in den Gemeinden aus. In der ritualisierten Praxis des Send ging es um das aus obrigkeitlicher Sicht beobachtbare abweichende religiöse Verhalten ebenso wie um dessen Motive und soziale Kontexte. Die Protokolle der Verhandlungen sind deshalb »Quellen zur Geschichte des strukturellen Zugriffs auf alltägliche Verhaltensformen in enger Verflochtenheit mit der Erfahrungsgeschichte der Betroffenen« (Holzem 2000: 7). Ihre Befunde sind verallgemeinerbar, da mehr als die Hälfte der dörflichen Bevölkerung regelmäßig als Zeugen oder Beschuldigte vor dem Send erscheinen musste, der nicht weniger als 40 Prozent der strafmündigen Personen bestrafte (ebd.: 139 ff., 149). Dabei handelte es sich in der Regel um Geldstrafen, im Verlauf des 18. Jahrhunderts zunehmend aber auch um öffentliche Kirchenbußen, welche die kollektive Kontrollfunktion der Gemeinde für abweichendes Verhalten stärkten.

Periodisierungsfragen   Auf der exemplarisch am Beispiel des Fürstbistums Münster untersuchten Quellenbasis der Sendgerichte lässt sich unter anderem ein neuer Zugang zur Periodisierung der Konfessionalisierung gewinnen. Die Hauptvertreter des Konzeptes haben die 100 Jahre von der Mitte des 16. bis zur Mitte des 17. Jahrhunderts als Epoche der Konfessionalisierung unterstellt, symbolisch markiert durch den Augsburger Religionsfrieden des Jahres 1555, der die Confessio Augustana reichsrechtlich anerkannte und den Reichsständen das *jus reformandi* zugestand, bis zum Westfälischen Frieden des Jahres 1648 mit der Festschreibung der in den Kriegen seit 1618 erzielten Gebietsveränderungen und dem Einschluss der Reformierten als anerkannter Konfession. Den »Höhepunkt der Konfessionalisierung« bildeten dieser Lesart zufolge die 1570er und 1580er Jahre, als in rascher Folge eine Reihe von Territorien zum reformiert-calvinistischen Bekenntnis übertraten, das lutherische Deutschland sich hinter der 1577 verabschiedeten Konkordienformel einigte und vor allem die Wittelsbacher den katholischen Konfessionalismus in ihren Bistümern forcierten (Schilling 1988: 14 ff.; ders. 1995: 31 f.). Eine solche Periodisierung scheint allerdings zu stark an der politischen Herrschaftsausübung der Territoralstaaten ausgerichtet zu sein. Die für Konfessionalisierung als Prozess zentrale Frage, ob und wann ein »konfessionell korrektes Regelverhalten der Untertanen« zu beobachten ist und sich damit die soziale Generalisierung der Religion durchsetzte, lässt sich so nicht beantworten (Reinhard 1995: 432).

Mit Hilfe der Sendgerichtsprotokolle lässt sich erkennen, dass bis 1650 allenfalls eine »Anschubphase« der Konfessionalisierung abgeschlossen war, welche die »personelle und institutionelle Infrastruktur« bereit stellte, die für eine breitenwirksame Vermittlung des tridentinischen Katholizismus notwendig war (Holzem 2000: 456 ff.). Es dauerte danach noch einmal bis in die 1760er Jahre hinein, bis sich die neuen Verhaltensstandards tatsächlich weitgehend durchgesetzt hatten. Erst jetzt war eine weitgehend vollständige Teilnahme an der Messe und an der kirchlichen Begleitung der Lebenswenden gesichert, war das Hinauslaufen während der Predigt weitgehend eingedämmt und die Zahl der vom Send wegen »Unwissenheit in Glaubensdingen« Verurteilten stark abgesunken. Bis dahin hatte die an Hand der Volkskatechismen durchgeführte Befragung noch große Unwissenheit über den Dekalog und den Inhalt der Sakramente und Kirchengebote zutage gefördert (ebd.: 419 ff.). Katholische Konfessionalisierung als Einübung in einen öffentlich zu praktizierenden »Verhaltensstandard« war auf dem Land also erst im letzten Drittel des 18. Jahrhunderts abgeschlossen (ebd.: 464).[4]

Für eine Spätdatierung der vollendeten Konfessionalisierung sprechen im Übrigen auch die zahlreichen Territorien, in denen eine lutherische oder reformierte Bevölkerung von der »weitgehend mit Gewalt« herbeigeführten »Rekatholisierung« durch eine katholische Obrigkeit betroffen war. Schließt man Böhmen und Österreich ein, war dies vermutlich rund ein Viertel des Reichsbevölkerung (Herzig 2000: 14). Und in wichtigen Territorien wie

Vollendete Konfessionalisierung

---

4 Für Stadt und Umland von Zürich lässt sich zeigen, dass die Einübung calvinistischer Selbstdisziplin und Gewissenskultur um 1650 zu einem Abschluss gekommen war (Hsia 1989: 162 ff.). In gemischtkonfessionellen Gemeinden klagten Visitationsberichte zur selben Zeit noch darüber, dass reformierte Gemeindemitglieder an katholischen Prozessionen teilnahmen (Volkland 2002: 170; vgl. Schmidt 1992: 61 ff., 82 ff.).

Schlesien, wo die Habsburger seit 1675 die letzten protestantischen Herzogtümer rekatholisierten, oder in der 1623 an Herzog Maximilian von Bayern gefallenen Oberpfalz, ließen sich die neuen Standards erst nach mehreren Generationen durchsetzen. Nicht einmal die spektakuläre Ausweisung der 1731/32 in Preußen aufgenommenen 20.000 Salzburger Exulanten markierte den Abschluss der Rekatholisierung. Denn noch nach 1750 fanden eigens eingesetzte Missionskommissionen lutherische Konventikel und Laienprediger in Oberösterreich und Kärnten (ebd.: 179 ff.). Erst das von Joseph II. 1781 erlassene Toleranzedikt beendete diese vom Staat zwangsweise durchgesetzte Konfessionalisierung.

In den letzten Jahren ist verschiedentlich die Notwendigkeit betont worden, auch die nicht in das Schema des Konfessionalisierungskonzeptes fallenden Elemente der Religion in der Frühen Neuzeit zu akzentuieren. Dazu zählen unter anderem transkonfessionelle Phänomene wie Konversionen, »binnenkonfessionelle Pluralität« innerhalb einer Kirche und nicht zuletzt die Geschichte der Täufer, Baptisten, radikalen Pietisten und Juden, also jener nicht kirchlich gebundenen und nur in Nischen der frühneuzeitlichen Gesellschaft tolerierten Gruppen (v. Greyerz 2000: 243 ff.; ders. u. a. 2003). Gravierender scheint allerdings ein anderes Fragezeichen zu sein, das hinter die Generalisierbarkeit der Konfessionalisierung als Fundamentalvorgang der europäischen Geschichte gesetzt wird. Dabei wird das Fehlen zentraler Elemente des Prozesses in den meisten Territorien außerhalb des Römisch-Deutschen Reiches betont. Hierfür lässt sich in Ostmitteleuropa auf Siebenbürgen verweisen, das als dem Osmanischen Reich verpflichtetes teilautonomes Fürstentum nach der Dreiteilung Ungarns 1541 entstand. Die lutherische Reformation breitete sich hier vor allem unter den Siebenbürger Sachsen aus. Zum ungarischen Bevölkerungsteil kam die Reformation allerdings in calvinistischer Form. Daneben gab es viele vom Calvinismus abgespaltene Unitarier, welche die Dreifaltigkeit Gottes leugneten, und katholische Ungarn. Um einen Zerfall des derart ethnisch-konfessionell gespaltenen Territoriums zu verhindern, musste der katholische Fürst Stefan Báthory 1571 einen »Eid auf die Wahrung der vier ›rezipierten‹ Religionen« ablegen, womit die

»Entscheidung über die Religionszugehörigkeit« und damit auch die Konfessionalisierung ganz außerhalb des Staates lag (Leppin 2005: 12).

In der niederländischen Republik waren die Calvinisten nach der Dordrechter Synode von 1618/19 zwar eine den Gesamtstaat repräsentierende »Öffentlichkeitskirche«. Diese musste aber die »Multikonfessionalität« des Gemeinwesens respektieren, zumal nicht mehr als 20 Prozent der Bevölkerung Reformierte waren und es in großer Zahl außerhalb der drei Konfessionen stehende Heterodoxe und reformierte Dissidenten gab (Mörke 1990: 58 ff.). Auch in der anglikanischen Staatskirche des Elisabethanischen England gab es keinen Zwang zur Konfessionalisierung. Die Visitation blieb hier eine nur gelegentlich ad hoc durchgeführte Erhebung über die Kompetenz der Kleriker und verfolgte keine weitergehenden Disziplinierungsziele (Pettegree 1999: 115). In Frankreich lässt sich durchgängig eine gallikanische, das heißt von Rom unabhängige Kirchenpolitik der Könige beobachten. So ignorierten die Krone und staatliche Behörden die Beschlüsse des Konzils von Trient (v. Greyerz 2000: 73).

Äquivalent zur Nationalkirche?

Von einer Verbindung von Staatsbildung und Prozessen der Homogenisierung und Disziplinierung in den Konfessionskirchen kann in allen genannten Ländern deshalb keine Rede sein. Damit aber entfällt ein wesentliches Kriterium für die Gültigkeit des Konfessionalisierungskonzeptes. Die spezifische Form, in welcher die »Trennung kirchlich verfestigter Konfessionen« und deren Stabilisierung im Römisch-Deutschen Reich erfolgte, erscheint als ein spezieller Fall, der wesentlich durch die dort territorial zersplitterte Staatsbildung bestimmt war. Gerade das Beispiel der gefestigten Monarchien Englands und Frankreichs zeigt, dass die Transformation der religiösen Institutionen auch im Rahmen nationalkirchlicher Bestrebungen erfolgen konnte und dann eine andere, eben nicht ›konfessionelle‹ Form annahm. Diese Überlegung führt hin zu der noch nicht erschöpfend diskutierten These, dass die Konfessionalisierung kein Fundamentalvorgang der europäischen Geschichte gewesen sei. Vielmehr habe es sich um ein auf das Römisch-Deutsche Reich beschränktes »funktionales Äquivalent nationalkirchlicher Organisation« gehandelt, die dort wegen der Kraft des universalen Kaisertums keine Chance hatte (Schlögl 2000: 244, 282).

Gottesläs-
terung

Kritik an einer Religionsforschung, die Konfessionalisierung zur Epochensignatur der Frühen Neuzeit erklärt, äußert sich schließlich in Arbeiten zu nur scheinbar randständigen Phänomenen, in denen die Formen und Grenzen des Religiösen verhandelt werden. Zugleich versuchen diese Arbeiten, oft unter Rückgriff auf kultursoziologische und kulturanthropologische Ansätze, die Bedeutung religiöser Normen in sozialen Kontexten zu entschlüsseln, die in der Fokussierung des Konfessionalisierungsparadigmas auf den Staat oft verloren zu gehen droht. Ein wichtiges Beispiel für diesen Ansatz ist die Erforschung der Blasphemie oder Gotteslästerung. Seit dem 13. Jahrhundert definierten theologische Arbeiten Blasphemie als eine Wortsünde, als ehrverletzendes Reden über Gott, und zogen damit Versuche zur Ahndung dieses Delikts durch päpstliche Dekrete und städtische Erlasse nach sich (Schwerhoff 2005: 21 ff.). Blasphemisches Reden verfluchte eine Person im Namen Gottes oder schwor auf die Passion Christi oder die Elemente, wie dies Marx Glattfelder 1541 in Zürich tat, der auf »gotz crütz, lyde, macht, Ertrich, hymel und boden« schwur (Loetz 2005: 494). Situiert man dieses Reden in seinem sozialen Kontext, erweist es sich als eine »kulturell spezifische Form des Streitens«, die nicht zufällig häufig in Wirtshäusern stattfand und ganz überwiegend von Männern ausgeübt wurde (ebd.: 273).

Untersucht man die Phasen der Verfolgung von Gotteslästerern, wie dies vergleichend für das reformierte Zürich und das katholische Luzern geschehen ist, so zeigt sich, dass die konfessionellen Unterschiede, von einer größeren Laxheit des Rates in Luzern bei der Bekämpfung dieses Delikts abgesehen, nur gering ausgeprägt waren. Reformation und Gegenreformation hatten also nicht unmittelbar eine größere Intensität bei der moralischen und strafrechtlichen Disziplinierung blasphemischer Rede zur Folge. Dabei tritt auch die Epochenzäsur der Reformation zurück, denn im reformierten Zürich kam es erst von 1560 bis 1610 und dann noch einmal in der zweiten Hälfte des 17. Jahrhunderts zu einem größeren Verfolgungsdruck. Seit Beginn des 18. Jahrhunderts hörten Verfahren gegen Gotteslästerer in Zürich wie Luzern auf. Darin zeigt sich die Herausbildung eines separaten profanen Raumes in der städtischen Öffentlichkeit. Dieser »Säkularisierungsprozess« machte Religion zu einer »Privatsache« und führte dazu, dass aus dem gotteslästerlichen Schwur eine profane Verbalinjurie wurde (ebd.: 534).

Die neuere Forschung hat die Tragfähigkeit des Konfessionalisierungsparadigmas für die Frühe Neuzeit problematisiert und differenziert. Unlängst ist das Konzept auch auf das lange 19. Jahrhundert übertragen worden, hier allerdings nicht als Forschungsfragen generierender Prozessbegriff, sondern gleich als Bezeichnung für ein in sich geschlossenes »zweites konfessionelles Zeitalter« (Blaschke 2000). Gegen die als »Abnahme religiöser Bindungen« definierte Säkularisierungsthese gelte es, die »Gegenthese einer religiösen Renaissance« im Deutschland des 19. Jahrhunderts zu vertreten. Den »konfessionellen und religiösen Wiederaufschwung« habe ebenso wie im 16. Jahrhundert eine innere »Klerikalisierung« und »Zentralisierung« der Kirchen begleitet. Diese habe sich im Konflikt und in der gegenseitigen Abgrenzung der Konfessionen vollzogen, weshalb bereits Zeitgenossen von einem »Zeitalter der Kulturkämpfe« gesprochen hätten (ebd.: 44, 50, 61, 58). Als Periodisierungsschema für die deutsche Geschichte umfasse dieses Zeitalter deshalb den Zeitraum von den 1820er Jahren bis 1960 (ebd.: 58). Für diese Eckdaten steht wohl vornehmlich die katholische Kirche Pate, denn sie sind durch die Anschubphase des Ultramontanismus und die Auflösung des katholischen Milieus im Umfeld des Zweiten Vatikanischen Konzils markiert.

Der mit Verve verwendete Epochenbegriff zeigt bereits an, dass es hier vor allem um die Intervention in eine historiographische Diskussion geht. Die These vom zweiten konfessionellen Zeitalter opponiert gegen eine sozialhistorische Orthodoxie, welche die Relevanz von Religion für das 19. Jahrhundert »unterschätzte« (ebd.: 41). Sie tut dies allerdings zur Unzeit. Denn seit Mitte der 1980er Jahre ist eine Fülle selbst von Experten kaum noch zu überblickender Studien erschienen, welche die Neuformierung konfessioneller Identitäten im 19. Jahrhundert sozialgeschichtlich untersuchen (Sperber 1998). Zudem ist die These vom »zweiten konfessionellen

Ein »zweites konfessionelles Zeitalter«?

Zeitalter« in sich wohl nicht stichhaltig. Aus der Fülle der sogleich vorgebrachten und bislang nicht widerlegten Einwände seien hier nur vier besonders wichtige knapp resümiert (zur Kritik vgl. Kretschmann/Pahl 2003; Steinhoff 2004).

Es ist *erstens* problematisch, die Protestanten im 19. Jahrhundert als eine in sich geschlossene Konfession zu verstehen. Dabei geht es nicht um den Gegensatz zwischen Lutheranern und Reformierten. Dieser verlor im Gefolge der territorialen Neuordnung nach dem Wiener Kongress ohnehin seine Bedeutung, als es in zahlreichen Staaten zu einer Union der protestantischen Konfessionen kam, nicht zuletzt mit der 1817 erfolgten Schaffung einer gemeinsamen unierten Kirche in Preußen, dem größten deutschen Staat. Für das 19. Jahrhundert charakteristisch ist vielmehr die Trennung von »Konfession« und individuellem »Bekenntnis«. Sie führte innerhalb des Protestantismus zu einer tiefgreifenden »religiösen Entzweiung« zwischen divergierenden Frömmigkeitsstilen und sozialen Ordnungsvorstellungen. Konservative Lutheraner beharrten auf dem Primat kirchlicher Frömmigkeit und einem vorindustriellen Gesellschaftsbild, während liberale Kulturprotestanten wie Ernst Troeltsch einen höchst individualisierten Glauben mit der verwissenschaftlichten Moderne zu versöhnen suchten (Hölscher 2005: 240, 330 ff.). Um 1900 war die Kluft zwischen diesen Gruppen größer als die zwischen konservativen Lutheranern und ultramontanen Katholiken.

Der konfessionelle Gegensatz verhinderte *zweitens* nicht unbedingt und überall »interkonfessionelle Aktion«. Dies lässt sich anschaulich für dörfliche Simultangemeinden im Elsass, der Schweiz und der preußischen Rheinprovinz zeigen, in denen die Konfessionen auf engstem Raum zusammenleben und sich oft eine Kirche teilen mussten. Symbolische Konflikte gab es hier vor allem ab 1830. Diese klangen aber nach 1870 deutlich ab, also gerade zu der Zeit, als der Kulturkampf angeblich die Spannungen verschärfte. Daneben gab es aber durchgängig viele überkonfessionelle Verbindungen, in der Wahl der Hebammen, der Freizeitgestaltung in Vereinen und in der kommunalen Verwaltung. Und im Falle eines Brandes löschten Katholiken und Protestanten ohnehin gemeinsam. Der »Bekenntnisgegensatz« – und damit auch die These vom zweiten konfessionellen Zeitalter – war hier »buchstäblich im Eimer« (Dietrich 2004: 392).

Konfession wurde im 19. Jahrhundert gleichwohl zu einem wichtigen Faktor des sozialen Lebens, da protestantische Erweckungsbewegung wie ultramontaner Katholizismus auf zutiefst moderne Mittel setzten, um die Massen zu erreichen und für ihre Botschaft zu mobilisieren. Konfessionelle Zeitungen und Zeitschriften brachten sie in jedes Haus, und konfessionelle Vereine adressierten jede soziale Gruppe und jede Form geselliger Aktivität, um eine Fülle unterschiedlicher Interessenlagen für konfessionelle Zwecke zu organisieren. Insbesondere die katholischen Vereine formten seit den 1890er Jahren ein dichtes Netz oder, in der von dem Soziologen M. Rainer Lepsius geprägten Terminologie, ein »sozial-moralisches Milieu«, in dem beinahe jeder zweite Katholik als Mitglied organisiert war (Lepsius 1973; als Überblick AKZG 1993). Aber genau dies zeigt *drittens*, dass konfessionelle Gegensätze eben kein fundamentales Phänomen waren. Denn die konkurrierenden Presseorgane und Vereine organisierten den Gegensatz, sie kanalisierten ihn aber auch zugleich (Anderson 2001: 326). Der Aufschwung konfessioneller Organisationen war letztlich nur ein nachgeschobenes Ergebnis der politischen Mobilisierung sozialer Bindungen. Wenn man überhaupt einen fundamentalen Prozess für das 19. Jahrhundert erkennen will, dann war es die unter anderem im Vereinswesen und der politischen Aktivierung der Konfession deutlich werdende Fundamentalpolitisierung. Für die »Konfessionskirche« der Frühen Neuzeit galt es, »unter allen Umständen Seelen zu retten« (Holzem 2000: 385). Für die im Konflikt miteinander befindlichen Kirchen des 19. Jahrhunderts galt es dagegen, in einer sich rapide wandelnden und politisierten Gesellschaft ihr Terrain zu behaupten.

Auf Kritik stieß schließlich *viertens* der Versuch, ein »Zeitalter der Kulturkämpfe« als Ergebnis der Konfessionalisierung zu postulieren (Blaschke 2000: 58). Der Mediziner Rudolf Virchow hatte den Begriff »Kulturkampf« 1873 auf dem Höhepunkt der Auseinandersetzungen zwischen Bismarck und der katholischen Kirche benutzt, um die aus Sicht eines liberalen Politikers und Naturwis-

Culture Wars

senschaftlers fundamentale Bedeutung des Konfliktes aufzuzeigen. Für Virchow war die Zurückdrängung des öffentlichen Einflusses der ultramontanen Kirche mit all ihrem Wunderglauben und Klerikalismus (siehe hierzu auch Quelle Nr. 8 im Internet) unverzichtbar, um die Autonomie und Fortschrittsorientierung der modernen Kultur zu sichern. Dieser Kulturkampf im eben gegründeten Deutschen Reich war jedoch nur eine Erscheinungsform eines Konfliktes, der von 1850 bis 1910 von Spanien bis Böhmen und Ungarn alle europäischen Länder mit einem nennenswerten katholischen Bevölkerungsteil erfasste. In diesen »Culture Wars« ging es nicht um den Streit zwischen Protestanten und Katholiken. Entscheidend war vielmehr das Bemühen protestantischer, agnostischer und laizistischer Liberaler, mancherorts wie in Italien und Deutschland auch der erstarkenden sozialistischen Arbeiterbewegung, die Entflechtung von Staat und katholischer Kirche voranzutreiben und deren öffentlichen und politischen Einfluss zurückzudrängen (Clark/Kaiser 2003; Schulze Wessel 2001). Nicht religiöser ›Wiederaufschwung‹, sondern das staatliche Ziel der Differenzierung von Religion und Schule, Armenfürsorge sowie der gesetzlichen Verankerung des Primats der standesamtlichen Zivilehe trieben diesen Konflikt voran. Strittig war nicht die Konfession, sondern die Laisierung öffentlicher Institutionen.

2.3. Entscheidungen und Strategien: Organisationsbildung

Es mag verwundern, in einem Buch über Sozialgeschichte auf Organisation als Kategorie zu stoßen. Damit werden oft anonyme Bürokratie oder Staat assoziiert, also genau jene Gegenstände, von denen sich sozialgeschichtliche Ansätze der 1960er und 1970er Jahre eigentlich absetzen wollten. Diese gingen von der Unterscheidung zwischen Staat und Gesellschaft aus und suchten das Soziale deshalb jenseits staatlicher, bürokratischer Apparaturen. Es führt aber kein Weg an der Einsicht vorbei, dass Organisationen selbst soziale Gebilde sind, äußerst komplex und von enormer

Bedeutung für die Strukturierung nicht nur des religiösen Lebens in der Neuzeit. Diese Einsicht war den beiden Gründervätern der Religionssoziologie in Deutschland, Ernst Troeltsch und Max Weber, sehr wohl vertraut. In engem intellektuellem Austausch entwickelten sie kurz nach 1900 eine immer noch erhellende Typologie der Unterscheidung von Kirche und Sekte als den für das Christentum wichtigsten sozialen Organisationsformen der Religion (Molendijk 1996). Kirche ist dabei zugleich eine Besonderheit des Christentums, da das Judentum, ebenso wie der Islam, keine überlokale religiöse Organisation entwickelt hat.[5]

Für Weber wie Troeltsch bestand ein entscheidender Unterschied zwischen Kirche und Sekte in der unterschiedlichen Art der Inklusion bzw. des Einschlusses von Mitgliedern in den Verband. Eine Kirche, so Weber, sei eine »Gnadenanstalt«, welche »religiöse Heilsgüter« verwaltet und bei der die Zugehörigkeit zumindest prinzipiell »obligatorisch« sei. Typischerweise wird sie durch die Kindstaufe erworben. Die Sekte sei dagegen ein »voluntaristischer Verband ausschließlich […] religiös-ethisch Qualifizierter, in den man freiwillig eintritt«. Deshalb ist oft das Ritual der Erwachsenentaufe oder der Nachweis eines entsprechenden Lebenswandels als Qualifikation für die Mitgliedschaft erforderlich (Weber 1988: 211). Zeichnet sich die Kirche durch »Inklusivität« aus, also durch die Bereitschaft, praktisch jede Person auch ohne besondere religiöse Qualifizierung aufzunehmen, sind Sekten durch »Exklusivität« gekennzeichnet und bieten nur religiösen »Virtuosen« den Zugang zum Heil (Molendijk 1996: 44 ff.). Sekten zeichnen sich deshalb auch durch eine strenge Kirchenzucht aus, um die Reinheit der Gemeinschaft zu sichern, und überprüfen aus demselben Grund die Qualifikation ihrer Mitglieder für die Teilnahme am Abendmahl.

Kirche und Sekte

---

5 Die Analyse von Netzwerken – verstanden als nur punktuell verkoppelte Beziehungsgeflechte verschiedener Personen, Gruppen und Institutionen – ist deshalb ein wichtiges methodisches Mittel in der Sozialgeschichte des Islam, da dieser außer Pilgerfahrten und Bildungsreisen »keine zentralisierten religiösen Institutionen kennt« (Loimeier/Reichmuth 1996: 154; Loimeier 2000). Auch in der Sozialgeschichte des Christentums lässt sich dieser Ansatz gewinnbringend anwenden, etwa für die Analyse theologischer Netzwerke. Vgl. Moews 2000.

Aus dem Gesagten folgt ferner, dass viele Sekten sich durch eine ausgeprägte Tendenz zu einer »strenge[n] Meidung der ›Welt‹« auszeichnen. Ihre Mitglieder schwören also keine Eide, wie dies vor Gericht erforderlich ist, übernehmen keine öffentlichen Ämter oder untersagen ihren Mitgliedern die Ableistung des Militärdienstes (Weber 1988: 154). Kirchen sind dagegen eng mit ihrer sozialen Umwelt verbundene Organisationen und müssen sich deren Wandel anpassen. Unmittelbar an die unterschiedliche Form der Inklusion schließt auch die zweite wesentliche Differenz zwischen Kirche und Sekte an. Letztere zeichnen sich durch eine nur geringe bis gar nicht ausgebildete Rollendifferenzierung zwischen Laie und Priester innerhalb der Gemeinde aus, da »keine geistliche Autorität« der Gemeinde »ihre solidarische Verantwortlichkeit vor Gott abnehmen« kann. Nicht alle protestantischen Sekten gingen dabei so weit wie die von George Fox (1624–1691) in England gegründeten Quäker (wörtlich: Zitterer), bei denen im Gottesdienst »*nur* der sprechen solle, über den der ›Geist‹ gerade kommt«. Aber im Unterschied zu Kirchen kannten Sekten keine Professionalisierung der Priesterrolle, sondern beschäftigten Prediger »nur im Ehrenamt« oder »Nebenberuf« oder als »jederzeit entlassbar[e]« Hilfskräfte (ebd.: 229 f.).

Die Mennoniten Die von Weber und Troeltsch getroffene Unterscheidung zeigt ihre analytische Kraft vor allem bei der Analyse der protestantischen Sekten, die wie die Täufer im 16. Jahrhundert im Römisch-Deutschen Reich und die Baptisten und Quäker im 17. Jahrhundert in England aus der radikalen Reformation hervorgingen (v. Greyerz 2000: 245 ff.). Ein gutes Beispiel sind die nach Mennon Simons (1496–1561) benannten Mennoniten, die zunächst in den Niederlanden, später auch in Deutschland und in Nordamerika siedelten. Sie sammelten das gemäßigte Täufertum, das die Exzesse des 1534/35 in Münster gebildeten Täuferreichs ablehnte. Die Mennoniten zeigen aber auch anschaulich, wie schwer es war, die für Sekten typische Distanz von der Gesellschaft in ihren inneren Strukturen aufrechtzuerhalten. Ein 1632 im niederländischen Dordrecht verabschiedetes Bekenntnis leitete einen schleichenden »Konfessionsbildungsprozess« ein und führte zur Kodifizierung einer Glaubenslehre. Seit dem Ende des 17. Jahrhunderts zeichnete sich zudem ab, dass dem nach Dordrecht eingeführten »Amt des Diakons« mehr und mehr eine zentrale Rolle bei der Ausbildung dauerhafter Strukturen in den auf dem Land verstreuten Mennonitengemeinden zukam (Konersmann 2004: 424 ff.). Auch die Mennoniten nahmen damit Elemente kirchlicher Organisation auf. Dies zumal sie sich für die Rekrutierung von neuen Mitgliedern zunehmend auf ein Netzwerk von überwiegend bereits mennonitischen Bauernfamilien verlassen mussten, womit das der Sekte eigene Moment des freiwilligen Beitritts tendenziell fortfiel.

Die neuere religionssoziologische Forschung hat die Unterscheidung von Kirche und Sekte in die von formaler Organisation und Interaktion überführt und dabei modifiziert. Dafür war vor allem die Überlegung leitend, dass sich damit bestimmte Charakteristika der Kirchen besser verstehen lassen als in der idealtypischen Entgegensetzung zur Sekte. Formal sind Organisationen deshalb, da sie Erwartungen an eintretende Personen als Mitgliedschaftsbedingung formalisieren. Diesen Umstand haben Weber und Troeltsch, denen es allein auf die religiös-spirituelle Qualität der Mitgliedschaft ankam, nicht berücksichtigt. Er ist aber unschwer in der Formalisierung von Erwartungen an kirchliche Teilnahme und Verhaltensstandards zu erkennen, die alle christlichen Kirchen im Zuge der Konfessionalisierung mit dem Postulat der Sonntagspflicht und der Kirchenzucht ausgebildet haben (vgl. Kap. 2.2.). Neben der Formalisierung der Mitgliedschaftsrollen zeichnen sich Organisationen dadurch aus, dass sie auf Entscheidungen beruhen und vornehmlich im Medium der Entscheidung kommunizieren. Dies nicht zuletzt deshalb, da sie Entscheidungen über die Aufnahme und Aufgabe der Mitgliedschaft (ob durch Exkommunikation oder ein durch die Kirchensteuer motiviertes Austrittsschreiben an das Amtsgericht) mit Entscheidungen über die Ausgestaltung der Mitgliederrollen verknüpfen (Ziemann 2007c).

Organisationen sind komplexe soziale Gebilde, deren Herausbildung und Verfestigung ein entscheidender Prozess in der religiösen Evolution der Neuzeit war. Die Organisation von Religion bringt Risiken und Probleme mit sich, die im 20. Jahrhundert

Formale Organisationen

deutlich sichtbar wurden und weiter unten angesprochen werden. In der Frühen Neuzeit hatte diese Sozialform jedoch große Vorteile, nicht zuletzt angesichts des Konkurrenzdrucks zwischen den Konfessionen seit der Reformation. Organisationen basieren auf Prozessen der vertikalen und horizontalen Kommunikation. Entscheidungsabläufe wurden verschriftlicht, für Entscheidungen eine feste Kette nacheinander zuständiger Instanzen eingeführt, und für die Besetzung von Stellen wurden klare formale Kriterien der Qualifikation aufgestellt (Freitag 2002: 86). Daraus ergab sich ein enormer Gewinn an Erwartungssicherheit für die Mitglieder der Kirche, die sich auf die Gültigkeit dieser Regeln und Abläufe einstellen konnten. Gleichzeitig bestand jederzeit die Möglichkeit der Anpassung an geänderte soziale Bedingungen. Kirchliche Organisationen konnten dadurch – anders als Sekten – nicht nur Gläubige in großer Zahl erfassen und mobilisieren. Sie waren in der Fläche präsent, aber zugleich tendenziell unabhängig von den sozialen Kontexten der Gemeinden vor Ort.

In dieser Perspektive lässt sich die Konfessionalisierung auch als die Formierung einer flächendeckenden Anstaltskirche begreifen. In der katholischen Kirche des Mittelalters agierte der Pfarrer »völlig losgelöst von anstaltlichen Bedingungen«, besaß mannigfache »Freiheiten von der Gemeinde« in der Führung seiner Geschäfte und konnte ungestört von formalen Leistungserwartungen dem »Pfründenmanagement« nachgehen (ebd.). Die tridentinischen Reformen in der katholischen Kirche lassen sich so, weit über die seit dem Mittelalter bestehenden klösterlichen Anstalten und Ordensgemeinschaften hinausgreifend, als Aufbau von Strukturprinzipien formaler Organisation verstehen. In ihrem Gefolge avancierten die Bischöfe zu einer bedeutenden Instanz für Entscheidungen innerhalb der Kirche. Sie setzten neue Standards in der theologischen Ausbildung der Pfarrgeistlichen durch und zentralisierten deren Priesterweihe. Die Generalvikare der Bistümer nahmen zunehmenden Einfluss auf die Stellenbesetzung von Pfarrstellen. Sie entschieden dabei zunehmend nicht mehr nach persönlichen Beziehungen und Gutdünken, sondern nach Gesichtspunkten der fachlichen, theologischen Eignung im Sinne des Tridentinums, die sie den schriftlichen Unterlagen über die Kandidaten entnahmen (ebd.).

Das Vordringen formaler, hierarchisch aufgebauter Organisation als Strukturprinzip der sich konfessionalisierenden Kirchen in der Frühen Neuzeit ist nun aber nicht so zu verstehen, als ob die tägliche Interaktion, also die persönliche Begegnung unter den Gläubigen in der Gemeinde, damit völlig nachrangig wurde. Im Gegenteil: Die katholische Konfessionalisierung stärkte die Gemeinden zum einen organisatorisch, indem sie die Kirchenfabrik, also die aus Liegenschaften und den Gebühren und Zuwendungen bestehenden Vermögensgegenstände der Gemeinde, konsolidierte. Zugleich führte sie auch zu einer Intensivierung der Frömmigkeit in neuen gemeindlichen Aktivitäten. So wurden vermehrt Bruderschaften gegründet, deren Mitglieder sich einmal im Monat zu einer gesonderten Andacht trafen, mit der sie zugleich einen Ablass gewinnen konnten. Oder es wurden Bittprozessionen eingeführt, die an eigens errichteten Bildstöcken oder Wegkreuzen in der Feldmark vorbeizogen. Die im Flurzwang genossenschaftlich verbundene Gemeinde versicherte sich damit des göttlichen Schutzes für ihre Felder und deren Ertrag (ebd.: 107 f.).

Eine wechselseitige Bestärkung von Organisation und Interaktion als sozialen Strukturmustern zeigt sich auch im deutschen Pietismus. Dieser war Teil einer internationalen Strömung, zu der auch die *nadere reformatie* in den Niederlanden, der englische Puritanismus und der Jansenismus in Frankreich zu zählen sind. Der deutsche Pietismus bildete sich seit dem späten 17. Jahrhundert heraus. Er wandte sich gegen die lutherische Orthodoxie und die dort wahrgenommene Verkirchlichung und Dogmatisierung des Glaubens in der Amtskirche, also gegen Folgen der Konfessionalisierung im Luthertum. Dagegen setzten die Pietisten die Idee einer praktischen, individuellen Frömmigkeit, die sich in Abkehr von kirchlich-theologischer Scholastik auf die Bibel konzentrierte. Durch eine als Wiedergeburt bezeichnete Lebenswende sollten die Menschen Christus in ihr Leben aufnehmen und aus der Bibel lernen und daran ihr tägliches Leben und Verhalten ausrichten (Brecht u. a. 1993–2004, Bd. 1). Die pietistische Gemeinschaftsbewegung nutzte systematisch die Leistungsfähigkeit formaler

Pietistische Konventikel

Organisation, suchte zugleich aber auch die gläubige Interaktion zu intensivieren. In Halle baute der pietistische Theologe und Orientalist August Hermann Francke (1663–1727) seit 1695 ein Internat für arme Kinder auf. Bald darauf folgten Schulen für Kinder begüterter und adeliger Familien, ein Lehrerseminar, ein Waisenhaus sowie eine Verlagsbuchhandlung, die pietistische Flugschriften in hoher Auflage vertrieb. Der Gesamtkomplex dieser Francke'schen Anstalten – die noch heute bestehen – stellte einen permanenten Strom personeller und finanzieller Ressourcen bereit, die Francke für ausgreifende Aktivitäten in der Mission vor allem in Nordamerika und Indien nutzte (Kuhn 2003: 14 ff.).

Der Berliner Propst Philipp Jakob Spener (1635–1705), der Francke für eine Professur in Halle empfohlen hatte, war eine andere Schlüsselfigur des lutherischen Pietismus. In seiner 1675 erschienenen Schrift *Pia Desideria* hatte er den Aufbau von privaten Andachtszirkeln empfohlen, die er *Collegia Pietatis* nannte. Diese auch Konventikel genannten Bibelkreise entwickelten sich rasch zur zentralen sozialen Konfiguration des Pietismus in Stadt und Land. Im württembergischen Pietismus waren sie unter dem Namen »Erbauungsstunden« oder einfach »Stunden« bekannt. Die ständeübergreifende religiöse Interaktion in den Stunden diente der spirituellen Wiedergeburt und der Pflege der individuellen religiösen Erfahrung der Erweckten.

Die bewusst von den Amtshierarchien der kirchlichen Organisation distanzierte Praxis dieser Interaktion lässt sich mit dem Philosophen Jürgen Habermas als ein ›herrschaftsfreier Diskurs‹ bezeichnen, in dem jeder ungezwungen sprechen und gehört werden konnte. Dies ist ein Begriff, der sachlich wie semantisch an die pietistische Frömmigkeit anknüpft, wie ein Pfarrbericht aus dem ländlichen Schwaben veranschaulicht. Dieser weist zugleich auf die Geschlechtersegregation innerhalb der Stunden hin.

»5–6 biß 7 Manns personen kommen des Sonntags nach der Kirchen [im Haus des Renovators Renz] zusammen, aber nur besuchs weise, als gute Freunde, daß sie einen erbaulichen discurs mit einander führen u. etwa über einen spruch oder capitel aus der Bibel miteinander reden oder sonst etwas erbauliches miteinander lesen können, ohne daß einer allein das Wort führt, wie wohl [=obwohl] ein paar begabte Männer, die Erkänntniß u. Erfahrung haben, solches thun könnten. 3 biß 4 Weibs personen kommen in gleicher absicht ins Pfarr Hauß, mit denen allein die Pfarrerin sich abgiebet.«

(Aus einem Pfarrbericht über Walddorf bei Tübingen [1779], zitiert nach Gestrich 2002: 346)

Die enorme Mobilisierungs- und Anpassungsfähigkeit der Sozial-form formale Organisation lässt sich in der Religionsgeschichte der Frühen Neuzeit am eindringlichsten am Beispiel des Jesuitenordens aufzeigen. Der baskische Adelige Iñigo (lateinisch: Ignatius) von Loyola hatte sich seit 1523 unter dem Eindruck einer tiefen Lebenskrise dem Priesterberuf zugewandt. Mit einer Gruppe von treuen Gefolgsleuten aus seiner Studienzeit an der Sorbonne gründete er die Societas Jesu (Gesellschaft Jesu), die 1540 vom Papst anerkannt wurde. Die Jesuiten waren nicht der einzige Orden, der sich im Europa der Gegenreformation um eine Erneuerung des durch die Reformation in eine tiefe Krise geratenen Ordenslebens bemühte. Die 1525 in Süditalien gegründeten Kapuziner erbettelten sich ihren Lebensunterhalt und widmeten sich caritativen Aufgaben. Der Liturgiereform – also der Veränderung der Formen und Inhalte der Feier des Gottesdientes – hatten sich dagegen die 1524 in Rom gegründeten Theatiner verschrieben. Von diesen Neugründungen wie von den älteren Ordensgemeinschaften unterschieden sich die Jesuiten zum einen dadurch, dass sie kein gemeinschaftliches liturgisches oder kontemplatives Leben pflegten und sich deshalb auch nicht in der geschlossenen Lebensform des Klosters zusammenfanden. Die 1558 verabschiedeten *Constitutiones*, die Organisationscharta des Ordens, schrieben vielmehr »Disponibilität, Mobilität und ständige Anpassungsbereitschaft« als formale Erwartungen an die Mitglieder des Ordens fest, die sich der aktiven Verbreitung des katholischen Glaubens widmen sollten (Tyrell 2004: 139).

Die Societas Jesu verband diese zielgerichtete Aktivierung ihrer Mitglieder mit einer streng hierarchischen und zentralistischen Organisationsform, die sich von der nur losen Verkoppelung anderer Gemeinschaften, die den lokalen Niederlassungen erhebliche Autonomie beließ, fundamental unterschied. Ein

Die Societas Jesu

auf Lebenszeit bestellter und mit weitreichenden Vollmachten ausgestatteter Ordensgeneral leitete die direkt dem Papst unterstehende Gesellschaft. Seine Bezeichnung verweist darauf, dass Vorstellungen über die Disziplin stehender Heere, die sich zur selben Zeit entwickelten, für das Organisationsmodell der Societas Jesu leitend waren. Der Orden war in Provinzen unterteilt, denen die jeweiligen Niederlassungen unterstanden. Fünf Assistenzen, eine deutsche, französische, italienische, spanische und portugiesische, fassten jeweils mehrere Provinzen zusammen. Ihnen unterstanden zugleich die bald zahlreich entstehenden Missionsprovinzen in den Gebieten der jeweiligen Kolonialmacht (ebd.: 142).

Neben der Mission war die Erziehung eines der beiden zentralen Tätigkeitsfelder des Ordens. Auf dem Höhepunkt ihrer quantitativen Ausbreitung im Jahr 1749 unterhielt die Gesellschaft Jesu nicht weniger als 699 Kollegien und 176 Seminare und Schulen in zahlreichen Städten Europas, Lateinamerikas, Afrikas und Asiens – darunter in Indien, China und Japan – sowie in Kanada. In Italien, Portugal und Polen hatte der Orden praktisch ein Monopol auf höhere Bildung. Die Aussicht auf eine strenge und systematische Schulung sowie kostenlosen Unterricht – der die Jesuiten dazu zwang, vor allem in den Kolonien zahlreiche profitorientierte Wirtschaftsunternehmungen zu betreiben – lockte die Eliten in Europa und den Missionsgebieten an. Die Kollegien bildeten aber nicht nur den eigenen Nachwuchs aus. Ihre Absolventen füllten die Reihen des Weltklerus in den Zentren der Gegenreformation und waren unter den führenden Beamten in den katholischen Territorien Europas zu finden (Alden 1996: 16 ff.).

Trotz ihrer globalen Koordinierungsfähigkeit und vertikalen Integration wäre es unhistorisch, die Societas Jesu als das erste multinationale Unternehmen bezeichnen zu wollen. Denn die ökonomischen und pastoralen Aktivitäten in den Missionsprovinzen dienten nicht der Akkumulation von Macht und Reichtum der römischen Zentrale, sondern der Verbreitung des tridentinischen Glaubens in Europa und der ganzen Welt (ebd.: 668 f.). Wohl aber lässt sich die Gesellschaft Jesu als die erste global agierende religiöse Organisation verstehen, gerade wenn man bedenkt, dass und wie die spezifische Ausformulierung der Rollenerwartung an ihre im Jahr 1749 nicht weniger als 22.589 Mitglieder stets mit Entscheidungen darüber verknüpft war, wie die missionarische Strategie am besten umzusetzen wäre. Das historisch neuartige Phänomen einer globalen religiösen Organisation ist allerdings in zweifacher Hinsicht zu präzisieren.

Zum einen darf die zentralisierte Struktur der Gesellschaft Jesu nicht dahingehend verstanden werden, dass alle Entscheidungen in Rom gefällt und dann an die örtlichen Filialen zur Ausführung delegiert wurden. Dies verhinderte allein der Stand der Kommunikationstechnik, der im 17. Jahrhundert einen Briefwechsel zwischen Rom und einer Filiale in Chile zu einer Sache von mehreren Monaten, wenn nicht Jahren machte. Trotz der vom Ordensgeneral in die Missionsprovinzen entsandten Visitatoren, die auf langen und beschwerlichen Reisen den Stand der Geschäfte vor Ort periodisch prüften, hatten die örtlichen Kollegien und Missionsniederlassungen de facto weitreichende Freiheit zu eigenen Entscheidungen, und diese waren oft eher von Rivalitäten innerhalb der Missionsprovinz bestimmt (ebd.: 235 ff., 247 ff.; Clossey 2008). Zum anderen beruhte die enorme Schlagkraft der Gesellschaft Jesu als Organisation auch auf ihrer Anpassungsfähigkeit an lokale Gegebenheiten. Diese Anpassungsfähigkeit kannte Grenzen bei der Rekrutierung von Mitgliedern, wie die große Zurückhaltung der portugiesischen Assistenz in Brasilien zeigt, Angehörige der indigenen Bevölkerung und in der Kolonie geborene Weiße zum Priester zu weihen (Alden 1996: 257 ff.). In ritueller Hinsicht waren die Jesuiten jedoch vor allem in Indien und China zur Akkomodation an die Symbolwelt des Hinduismus und Konfuzianismus bereit. Der daraus entstehende Konflikt führte schließlich 1742 zu einer päpstlichen Bulle, die eine Einbeziehung nichtchristlicher Rituale verbot (RGG: 5, 1112 f.).

Im 19. Jahrhundert standen alle christlichen Kirchen Europas und Nordamerikas vor dem Problem, ihre organisatorischen Ressourcen und Strategien an die vor allem seit der Jahrhundertmitte rapide voranschreitende Urbanisierung anzupassen. Nicht nur in

Urbane Kirchenorganisation

Metropolen wie Berlin, London und New York stellten das teilweise explosionsartige Bevölkerungswachstum, die Zuwanderung von Arbeitsmigranten aus höchst verschiedenartigen religiösen und ethnischen Kontexten sowie die Ausbildung proletarischer Wohnquartiere eine enorme organisatorische Herausforderung dar. Trotz intensiver pastoraler Anstrengungen gelang es vor allem in den dominant protestantischen Metropolen Berlin und London nur sehr begrenzt, die dramatische Entkirchlichung der Arbeiterklasse abzubremsen. Besser gelang dies in New York, wo eine Disposition zum Wunderglauben die organisatorische Einbindung der starken, aus Irland zugewanderten römisch-katholischen Bevölkerungsgruppe erleichterte (McLeod 1996b).

Ein aufschlussreiches Beispiel für die Reform der pastoralen Organisation im 19. Jahrhundert ist Paris unter Napoleon III., der in Frankreich seit 1852 als Kaiser herrschte. In der Metropole trieb Baron Georges Haussmann als Präfekt seit 1853 eine umfassende Modernisierung des Stadtbildes voran. Mit der gezielten Zerstörung historischer Stadtviertel und der Anlage von breiten Boulevards und großzügigen Plätzen zog er die Konsequenzen aus den Erfahrungen der Revolution von 1848, als revoltierende Volksmassen in den engen Gassen erfolgreich Barrikaden bauen konnten. Zur selben Zeit unternahm Marie-Dominique Sibour, der Erzbischof von Paris, eine umfassende Reform der pastoralen Strukturen. Mit einer 1854 durchgeführten Enquête über die kirchliche Praxis machte er zunächst die pastoralen Problemzonen in den Arbeiterquartieren im Osten der Stadt sichtbar. Im Durchschnitt, so das schockierende Ergebnis, empfingen gerade 15 Prozent der erwachsenen Katholiken von Paris die Osterkommunion (Boudon 2001: 209 ff.).

Sibour trieb deshalb zum einen ein ambitioniertes Kirchenbauprogramm voran, in dessen Gefolge zwischen 1850 und 1854 fünf neue Gemeinden entstanden. Zum anderen verfasste er ein Dekret zur umfassenden Neubestimmung der Pfarrgrenzen, das Napoleon III. gemäß dem Konkordat von 1801 im Jahr 1856 unterzeichnete. Ziel der Reform war es, die Zahl der von einer Pfarrei versorgten Gläubigen auf ca. 20.000 zu vereinheitlichen, um Ungleichheiten in der pastoralen Versorgung zu minimieren.

Diesem Ziel diente auch eine Finanzumlage, die aus den bei Beerdigungen anfallenden Schenkungen gespeist wurde. Bislang waren diese Gelder, die einen erheblichen Teil des Einkommens der Kirche ausmachten, weitgehend bei den Pfarreien geblieben, was Gemeinden in bürgerlichen Wohnvierteln systematisch begünstigte. Die ambitionierte Reform stieß prompt auf eine Revolte der Pfarrer in wohlhabenden Wohnvierteln und in zahlenmäßig starken Pfarreien, die sich der Abpfarrung von Teilen ihrer Gemeinde hartnäckig widersetzten. Auch führte die Verbesserung der pastoralen Versorgung nicht zu einer Verlangsamung der Dechristianierung. Dennoch lässt sich die von Sibour zumindest mit einigen Teilerfolgen durchgeführte Reform kirchlicher Organisationsstrukturen, parallel zu den von Baron Haussmann angelegten Boulevards, als eine »haussmanisation religieuse« von Paris bezeichnen (ebd.: 223 ff.).

Wichtige Einflüsse auf die Dynamik kirchlicher Organisation im 19. Jahrhundert hatte die Existenz eines »organisatorischen Feldes«. Mit diesem Begriff bezeichnet die Organisationssoziologie die Tatsache, dass die Anstrengungen und Initiativen der Akteure einer Organisation stets auch durch die Tatsache geprägt sind, dass diese sich ebenso selbst beobachten wie von Akteuren benachbarter Organisationen beobachtet werden. Daraus ergeben sich »Formvorgaben« für organisatorisches Wirken. Mitglieder der zahlreichen protestantischen Missionsgesellschaften hatten es nicht nur mit der indigenen Bevölkerung zu tun, sondern registrierten auch die Erfolge und Misserfolge der von anderen protestantischen Denominationen in dasselbe Gebiet entsandten Missionare. Mit diesen konkurrierten sie, konnten aber auch von ihnen lernen (Tyrell 2004: 127 f.).

Das organisatorische Feld

Sowohl die Dynamik als auch die Problematik des organisatorischen Feldes zeigen sich anschaulich in der ausdifferenzierten religiösen Szene der Industriestädte Halifax, Keighley und Denholme im englischen West Yorkshire in den Jahrzehnten vor dem Ersten Weltkrieg. Um 1900 gab es in der kleinen Textilstadt Halifax neben der etablierten Church of England nicht weniger als 15 weitere organisierte Religionsgemeinschaften mit beachtlicher Mitgliederzahl. Frederic Damstini Cremer, anglikanischer Rektor in Keighley, brachte seine aufmerksame Beobachtung dieses organisatorischen Feldes 1890 in der Formulierung zum Ausdruck, er sei stets gerne bereit »[to] learn from the nonconformists« (Green 2002: 26). Alle Kirchen in West Yorkshire reagierten auf die Urbanisierung, indem sie zahlreiche neue Sitzplätze in den Kirchenbänken einrichteten – mehr, als nach dem Bevölkerungswachstum nötig gewesen wäre. Die finanziellen Mittel dazu sollte freiwillige Wohltätigkeit in Gestalt einer vierteljährlich zu zahlenden »pew rent« sichern. Als das nicht mehr ausreichte, führten alle Religionsgemeinschaften einen jährlich stattfindenden Basar ein, auf dem die Laienmitglieder überflüssigen Nippes verkauften. Diese Lösung unterminierte allerdings das caritative Ideal der Gabe ohne direkte materielle Gegenleistung. Die Einbettung dieser Form des Gabentausches in ein von Alkohol und Spielen begleitetes Fest dementierte zudem gerade jene Moralnormen, die alle Denominationen favorisierten (ebd.: 132 ff.).

Das Paradox der Institutionalisierung
Die hier deutlich werdende Spannung zwischen kirchlicher Institutionalisierung und der Einübung christlicher Glaubenshaltungen lässt sich bis in die Feinheiten des liturgischen Kalenders und damit in das Zentrum rituell vollzogener Christlichkeit hinein verfolgen. Die Anglikaner in West Yorkshire begannen seit den 1880er Jahren damit, die Hl. Kommunion gegenüber dem bis dahin überaus bunten Panorama anderer gläubiger und ritueller Aktivitäten und Gottesdienste zu privilegieren und diese damit abzuwerten. Damit setzten sie eine liturgische Konvergenz in Gang, die über das organisatorische Feld bald auch die Nonkonformisten erreichte und Gleichförmigkeit produzierte. Mit dem Kommunionempfang war, wie ein Methodist 1917 formulierte, nun eine »recognised condition of membership« in der Kirche gegeben, die es so eindeutig in der Mitte des 19. Jahrhunderts noch nicht gegeben hatte (ebd.: 324). Diese war eine aus Sicht der Organisation wünschenswerte Formalisierung der Mitgliedschaft, die zugleich eine Disziplinierung massenreligiöser Aktivitäten bedeutete. Sie erfolgte jedoch zur selben Zeit, als sich der Sonntag für die Arbeiterschaft zur mit Pubbesuchen und Fußball

verbrachten Freizeit wandelte. Dieses veränderte Freizeitverhalten
unterminierte die Anziehungskraft des nun auf die Kommunion
fixierten kirchlichen Sonntags. Die Erfolge organisatorischer Stabilisierung waren mit erheblichen Kosten erkauft. Dies lässt sich
als das »paradox of institutional formalisation« beschreiben (ebd.:
386). Diese Befunde weisen aber auch darauf hin, dass die Kirchen als Organisationen nicht das passive Opfer eines anonymen
und unaufhaltsam voranschreitenden Säkularisierungsprozesses
waren. Vielmehr öffneten veränderte organisatorische Strategien
ihnen zumindest für eine gewisse Zeit Chancen und Handlungsspielräume, gerade dort, wo eine pluralistische religiöse Landschaft Freiräume bot.

Eine solche, systematisch den Wettbewerb zwischen den
Kirchen betonende Interpretation vertritt eine Forschungsrich-
tung, die sich selbst als »religiöse Ökonomie« bezeichnet. Ihre
beiden wichtigsten Repräsentanten sind die beiden Soziologen
Roger Finke und Rodney Stark (1992). Den Ausgangspunkt
ihrer Interpretation der Religionsgeschichte der USA seit 1776
bilden zwei Beobachtungen. Erstens ist die Zahl der einer Religionsgemeinschaft angehörenden Amerikaner seit dem Ende
der Kolonialzeit ohne Unterbrechung gestiegen. Waren es 1776
erst 17 Prozent, so stieg diese Zahl kontinuierlich auf 51 Prozent im Jahr 1906 und weiter bis auf 62 Prozent im Jahr 1980
an (ebd.: 16). Diese zunehmende Verkirchlichung der Amerikaner war jedoch – zweitens – mit erheblichen Verschiebungen in
der Präferenz verbunden. In der britischen Kolonialzeit waren
es reformierte Presbyterianer, Episkopalisten und Kongregationalisten (diese lehnen jede über die Gemeinde hinausgehende
Organisation ab), welche die zahlenmäßig stärksten Gemeinschaften gewesen. Alle drei mussten in der Folge jedoch erhebliche »Marktanteile« – wie es in der unterkühlten Sprache der
Religionsökonomie heißt – an die Baptisten und Methodisten
abgeben. Letztere steigerten ihren Anteil von drei Prozent zum
Zeitpunkt der Unabhängigkeitserklärung bis 1850 auf ein Drittel, gaben allerdings bis 1900 wieder in großer Zahl Mitglieder
ab. Ähnliches erlebten die Katholiken, die seit 1890 – und bis
heute – die mitgliederstärkste Kirche in den USA sind, den ers-

Religiöse
Ökonomie
in den USA

ten vorläufigen Höhepunkt ihres Marktanteils aber bereits 1906 erreichten (ebd.: 55, 112 f.).

Für eine Erklärung dieser wechselnden Erfolge religiöser Organisation in den USA bietet die Religionsökonomie ein an der Angebotsseite orientiertes Modell an. Demnach sind jene Gemeinschaften erfolgreich, die den Bedarf nach Erlösung in der Verkündigung grell, plausibel und mit Leidenschaft ausmalen, den bürokratischen Aufwand und damit die Transaktionskosten religiöser Verkündigung minimieren und zugleich die Mitglieder nicht mit überzogenen Verhaltensanforderungen abschrecken, wie dies die katholische Kirche mit ihrer Ablehnung der Empfängnisverhütung tut. Finke und Starke schreiben den erfolgreichen Kirchen eine »sectlike nature« zu und greifen damit die oben angesprochene Unterscheidung von Sekte und Kirche auf. Erfolgreich auf dem Markt der Religionsgemeinschaften behaupten sich demnach jene Organisationen, die eine Spannung zu den Normen der säkularen sozialen Umwelt aufrechterhalten und sich damit den Charakter einer exklusiven »upstart sect« bewahren (ebd.: 143).

Grenzen des rational-choice-Modells Die Religionsökonomie hat der Sozialgeschichte der Religion wichtige neue Perspektiven eröffnet. Mit dem verfremdenden Duktus ihrer ökonomischen Begriffe weist sie auf vernachlässigte Sachverhalte hin und korrigiert pauschale und zu abstrakte Thesen über die Beziehung zwischen Religion und sozialem Wandel (Graf 2004: 18–30). Die Analyse der variablen Strategien der Kirchen in Pastoral, Marketing und Service für ihre ›Kunden‹ verdeutlicht, dass kirchliche Organisation eine wichtige Scharnierstelle für Erfolg oder Misserfolg, Aufstieg oder Niedergang von Religionsgemeinschaften ist. Zugleich aber stößt der *rational-choice*-Ansatz der Religionsökonomie an klare Grenzen. Erstens sind die USA in mehrfacher Hinsicht ein Sonderfall in der Religionsgeschichte der Moderne. Nicht nur die Vielgestaltigkeit und Pluralität ihrer religiösen Szenerie ist exzeptionell. Zu bedenken ist ferner, dass die USA 1791 im First Amendment zur Verfassung sehr früh die Freiheit religiöser Gemeinschaftsbildung bei strikter Trennung von Staat und Kirche festgeschrieben und damit diesen religiösen Pluralismus erst ermöglicht haben (Kippenberg 2007:

47 ff.). Das Fehlen einer Staatskirche unterscheidet die USA von dem in seinem religiösen Pluralismus noch am ehesten vergleichbaren Großbritannien, wo die anglikanische Kirche bis in die Gegenwart Staatskirche ist. Ein ganz anderes Bild zeigt sich auch in anderen Modellen der öffentlich-rechtlichen Privilegierung bestimmter Kirchen wie in Deutschland, Belgien oder Schweden. In einer solchen Situation, in welcher der religiöse Wettbewerb de facto suspendiert ist, bleibt das Marktmodell ein stumpfes analytisches Werkzeug. Generelle Skepsis bleibt schließlich auch gegenüber dem Anspruch angezeigt, religiöse Verhaltensweisen mit dem Modell der *rational choice* des Individuums zu erklären, das nach rationalen Kriterien seine Kirche wählt. Eine solche Analogie zum modernen Massenkonsum scheint nur für die USA wirklich erhellend, wo die Religionsgemeinschaften sich in ihrer äußeren Präsentation frühzeitig an die Gesetze der modernen »consumer culture« angepasst haben (Moore 1994).

Der analytische Fokus auf formale Organisation als spezifischem Merkmal christlicher Kirchen eröffnet schließlich wichtige Perspektiven für die Religionsgeschichte des späten 20. Jahrhunderts. Hierbei geraten die Anstrengungen zu einer Organisationsreform in den Blick, die Kirchen beider Konfessionen in vielen Ländern Westeuropas seit Mitte der sechziger Jahre unternahmen. Ein Grund für diese Reformprojekte war der Rückgang der Bewerber für den Beruf des Priesters bzw. Pfarrers, der Anpassungen in der Struktur und Aufgabenbestimmung der Pfarrgemeinden nahelegte. Bei den Katholiken kam die Aufgabe hinzu, die Beschlüsse des Zweiten Vatikanums (1962–1965) über die Einführung der Volkssprache in der Messliturgie und eine kollegialere Amtsführung der Priester in der praktischen Arbeit der Diözesanverwaltungen und Gemeinden umzusetzen. Hinzu kam die parallel seit Mitte der sechziger Jahre in vielen Ländern Westeuropas anhebende Begeisterung für eine Zukunftsplanung und Steuerung im politischen System. Sie schien kirchlichen Beobachtern eine vorausschauende Zukunftsplanung der Pastoral unter Einbeziehung wissenschaftlicher Experten nahezulegen.

Ein anschauliches Beispiel für die Institutionalisierung solcher Ansätze zur Organisationsreform ist das 1963 gegründete »Pasto-

Kirchliche Organisationsreform

ralinstitut für die Niederländische Kirchenprovinz« (PINK). Es entwickelte sich rasch zu einer maßgeblichen Instanz für die Reform der katholischen Kirche an der Schnittstelle zwischen wissenschaftlicher Expertise und bischöflichen Entscheidungsträgern. Sein Direktor, der umtriebige und gut vernetzte Franziskaner und Pastoralsoziologe Walter Goddijn, bekam 1966 zudem die Leitung und organisatorische Durchführung des Pastoralkonzils übertragen, das die Umsetzung der Beschlüsse des Zweiten Vatikanischen Konzils in den Niederlanden diskutierte. Seine Vorschläge hatten maßgeblichen Einfluss auf die Reformdiskussion unter den Katholiken in den Niederlanden. Diese galten um 1970 in Westeuropa als Sonderfall eines besonders progressiven und libertären Katholizismus (Ziemann 2007c). Kirchliche Organisationsreform um 1970 zielte zumeist auf eine Abkehr von der rein territorial definierten Pfarrgemeinde durch den Aufbau funktionaler Strukturen in der Seelsorge. Damit sollten Spezialisten in der Eheberatung, Jugend- oder Studentenpastoral zum Einsatz kommen. Gerade in der katholischen Kirche setzten diese Diskussionen zugleich Erwartungen auf einen Abbau hierarchischer Strukturen und klerikaler Verhaltensmuster frei, die viele Gläubige nach der Rebellion von 1968 als anachronistisch empfanden. Zugleich warf die Diskussion der Kirchenreform mit den Kategorien und Erfolgskriterien der modernen Organisationsforschung die kontrovers diskutierte Frage auf, ob solche Kriterien auf eine religiöse Gemeinschaft überhaupt anwendbar seien. Die Erfordernisse des gelenkten Wandels einer in der Krise befindlichen Organisation trafen hier auf das traditionelle Selbstverständnis vieler kirchlicher Akteure (ebd.).

Anschauliche Einblicke in diese Konflikte vermittelt ein 1971 verfasstes Memorandum des Soziologen Philipp von Wambolt. Dieser arbeitete im Seelsorgedezernat des Bistums Münster an einem »Strukturplan«, der weitreichende Reformen in der Organisationsstruktur des katholischen Bistums vorsah. Seine Kritik verdeutlicht nicht nur die hierarchischen Widerstände gegen die Reform, sondern auch die Schwierigkeit, eindeutige Erfolgskriterien für kirchliche Organisationen zu benennen, die bei Wirtschaftsunternehmen (Profit) oder Krankenhäusern (Verweildauer pro Patient) relativ leicht zu bestimmen sind:

»Modernisierung der Organisationen der Bistums- und der Gemeindekirchen ist Leitmotiv der Diskussion. Alle sind dafür, über Art und Ausmaß sind sie verschiedener Meinung. Die meisten haben weniger als geringe Vorkenntnisse über organisatorische Probleme. Die ›Wissenden‹ unter ihnen kennen nur die Probleme von Organisationen älteren Typs, wie die der Münsterländischen Textilindustrie, der Krankenhäuser, der Caritas oder der öffentlichen Veranstaltungen. [...] In gestrigen Betrieben tritt der Ideologiecharakter der Modernisierungsbestrebungen, die von oben her einsetzen, klar zutage. Ein Fachmann wird um ›moderne‹ Vorschläge gebeten, darf aber weder ein radikales Umdenken der Führung verlangen noch die Abgabe von Macht. Nun argumentiert die Betriebsleitung vom Eigentum und Besitzrecht her und verschanzt sich hinter diesen Rechten. Für Kirche heißt das, dass [sie] die Weigerung unter Hinweis auf die Rechte des Offenbarungsgottes schiebt, deren Verwalter die hierarchischen Führer sind. Die Betriebsleiter lassen sich gelegentlich, oft zu spät, vom Rückgang der wirtschaftlichen und technischen Erfolge überzeugen. In der Kirche aber bietet sich als Grundelement einer defensiven Ideologie das Wort von der ›kleinen Schar‹ [an], die von den ›Kindern der Welt‹ nicht verstanden, ja verfolgt werden müsse. Eine solche kirchliche Ideologie kompensiert die Frustrationsgefühle, die durch den zurückgehenden Erfolg, den Rückgang der Zahl der Kirchensteuerzahler und der Kirchgänger erzeugt worden ist. Diese psychopathische Tendenz ist auch von der Sympathie für eine organisatorische Lösung begleitet, die in der Pflege der ›human relations‹ besteht, welche die große Mode der fortschrittlichen Industriebetriebe der zwanziger und dreißiger Jahre war.«

(Philipp von Wambolt, Durst nach menschlicher Kirche. Ideologiekritische Bemerkungen zur Strukturplandiskussion im Bistum Münster, o.D. [1971]: Bistumsarchiv Münster, GV NA, A-201–365)

Das Memorandum des Soziologen von Wambolt zeigt einige der Schwierigkeiten auf, die um 1970 einem gelenkten Wandel der kirchlichen Organisationsstrukturen selbst dann entgegenstanden, wenn er wie hier im Bistum Münster von einem Fachsoziologen begleitet wurde. Zunächst mangelte es nicht nur an empirischen Kenntnissen über die inneren Abläufe innerhalb des kirchlichen Apparates, sondern sowohl bei den Mitarbeitern des Generalvikariates wie den Laien in den Gemeinden auch an konzeptionellen Vorstellungen über generelle Fragen der Reformierbarkeit von Organisationen. Zugleich stand der vom Bischof von Münster, Heinrich Tenhumberg, selbst eingeleitete Reformprozess im Widerspruch zu dessen Beharren darauf, dass der Erfolg der Kirche und ihres pastoralen Handelns letztlich nicht mit denselben ökonomischen Erfolgskriterien zu bemessen sei, wie sie etwa in Industriebetrieben angewendet werden. Auf der anderen Seite spricht von Wambolt offen den für Priester und engagierte Laien spürbaren Problemdruck an, der in der katholischen Kirche mit dem stetigen Rückgang der Kirchgänger seit den fünfziger Jahren entstanden war. Dieser als Niedergang empfundene Prozess war ein zentrales Motiv für die im »Strukturplan« avisierten Reformen. Mit seiner Kritik an technokratischen Reformmaßnahmen im Sinne der »human relations«, die seiner Meinung nach den Strukturplan prägten, nahm von Wambolt schließlich Argumente der innerkirchlichen Basis- und Protestbewegungen der siebziger Jahre vorweg. Diese konnten sich eine Reform der katholischen Kirche nicht mehr in Zusammenarbeit mit deren hierarchischen Apparat, sondern nur noch in der Konfrontation gegen diesen vorstellen (Ziemann 2004).

Historische Prozessbegriffe

Ältere Konzepte von Säkularisierung wie das der »Entzauberung der Welt« (Max Weber) oder das eines weitgehenden Funktionsverlustes oder gar Verschwindens der Religion im Gefolge der Modernisierung sind, wie wir gesehen haben, nicht haltbar. Aber Säkularisierung ist nicht mit den seit 1800 regelmäßig zu vernehmenden »kulturkritischen Klagen über den Niedergang des Christentums« identisch. Deren Kenntnis ist wichtig, denn jede Debatte über das Konzept tut »gut daran, die Historizität ihrer Fragestellung im Auge zu behalten.« Dennoch scheint die Behauptung weit überzogen, dass mit Blick auf Säkularisierung die »Geschichte der Phänomene [...] weithin die Geschichte ihrer kontroversen Deutungen« ist (Graf 2004: 69). Es ist weiterhin sinnvoll, Säkularisierung als Prozessbegriff religionshistorischer Forschung zu benutzen. Er bezeichnet dann allerdings nicht mehr religiösen Niedergang als ein notwendiges Ergebnis von Modernisierung, sondern vielmehr ein Repertoire von möglichen Konsequenzen, die seit der Mitte des 18. Jahrhunderts in der Evolution der Religion aus gesellschaftlichen Strukturumbrüchen gezogen wurden. Dabei entwickelten sich neue, stärker individualisierte Formen religiösen Sinns, und die Religion diente nicht länger der Beglaubigung hierarchischer Differenzen in der Gesellschaft (Schlögl 2005: 64). Diese Umbauten in der Funktion der Religion waren für Struktur und Selbstverständnis organisierter, kirchlicher Religion wichtig. Deshalb ist Säkularisierung auch dem Konzept einer »Transformation der Religion« hin zu einer diffusen, unsichtbaren Religion vorzuziehen, das die anhaltende Wichtigkeit organisierter Religion in der Moderne vernachlässigt (Lehmann 2004: 60 ff.).

Wenig sinnvoll ist es überdies, den Prozess der Konfessionalisierung im 19. Jahrhundert gegen das Säkularisierungskonzept ausspielen zu wollen. Ein solches Unterfangen verkennt, wie stark die Verfestigung konfessioneller Identitäten seit den 1830er Jahren auf die doppelte Erfahrung von Säkularisation und Säkularisierung reagierte. Zudem hatten konfessionelle Konflikte bereits um 1900 ihren Zenit überschritten. Wenig reflektiert und erforscht ist bisher, dass im Prozess sowohl der Konfessionalisierung als auch der Säkularisierung der Rückgriff auf die Kapazität sozialer Strukturierung durch entscheidungsbasierte Organisationen eine wichtige Rolle spielte. Ohne den Rückhalt organisationsförmiger Ressourcen wäre das tridentinische katholische Christentum nicht zu einer Weltreligion geworden, die sich in verschiedensten sozialen und ethnischen Kontexten behaupten konnte. Ohne organisatorische Spezialisierung und den Aufbau eines Netzwerkes organisationsbasierter Vereine hätten sich die christlichen Kirchen im 19. und 20. Jahrhundert kaum in der Gesellschaft präsent halten können. Dass dieser Erfolg mit Schwächen in der Plausibilisierung und Inkulturierung des Glaubens erkauft wurde, steht auf einem anderen Blatt. Ein Beispiel dafür ist die Reform des Messeritus durch das Zweite Vatikanische Konzil. Sie hat zwar mit der Einführung der Volkssprache und der Zelebration hin zur Gemeinde die Inklusion der Katholiken in dieses Ritual und damit in die Organisation erleichtert. Zugleich aber ist dadurch der Nachvollzug des Opfertodes Christi, der doch im Zentrum des Rituals steht, und damit auch dessen Transzendenzbezug vernachlässigt worden (Fuchs 1992).

3. Dimensionen religiöser Vergesellschaftung

Das Vordringen formaler Organisation war eine der charakteristischen Veränderungen in der Sozialform der Religion seit dem 16. Jahrhundert. Im Zusammenhang damit und mit den anderen beiden oben beschriebenen Prozessen lassen sich drei wichtige Dimensionen religiöser Vergesellschaftung in der Neuzeit unterscheiden. Wichtig ist zum einen die Unterscheidung zwischen Laien und Professionals, also die Aufgabenbestimmung und Verhaltensanforderungen der Priester und anderer religiöser Berufe in ihrer alltäglichen pastoralen Arbeit. Ein zweites wichtiges Untersuchungsfeld sind die Beziehungen zwischen Religion und dem (sozial und kulturell konstruierten) Geschlecht. Unterschiede zwischen den Geschlechtern hatten nicht nur Auswirkungen auf die Beteiligung an kirchlichen Aktivitäten, sondern prägten auch Frömmigkeitsstile und religiöse Leitbilder. In letzter Zeit finden schließlich – drittens – die Medien religiöser Kommunikation vermehrtes historisches Interesse. Hier geht es unter anderem um die Frage, ob der Buchdruck die soziale Form der Religion grundlegend verändert hat.

3.1. Religiöse Rollen und Berufe

In der Soziologie unterscheidet man zwischen Leistungsrollen und Publikumsrollen. Die Inhaber jener spezialisieren sich auf die Erbringung von Leistungen in einem zunehmend eng und präzise definierten Kontext. Dieser Prozess ist mit der Herausbildung und Verallgemeinerung von Leistungsstandards und den dazu befähigenden Ausbildungswegen verbunden. Komplementär zu dieser Erhöhung der Eintrittshürden und Leistungsanforderungen im professionellen Beruf vollzieht sich eine Generalisierung des Rollenstatus derjenigen, denen diese Leistungen als Klienten zukommen. Ob und wie jemand als Schüler, Patient oder Klient eines Anwalts zugelassen und behandelt wird, kann in der modernen Gesellschaft nicht mehr nach Kriterien ständischer Herkunft entschieden werden. Lehrer/Schüler, Arzt/Patient und Anwalt/Klient sind wichtige Beispiele für diese Ausdifferenzierung von Leistungs- und Publikumsrollen.

Diese Unterscheidung eröffnet eine analytisch und historisch ertragreiche Perspektive auch auf die für Religion und Kirchen wichtige Unterscheidung von Priester und Laien. Der religiöse Begriff Laie ist ja zugleich lange Zeit als genereller Terminus für eine Publikumsrolle benutzt worden. Mit der Differenz von Leistungs- und Publikumsrolle lässt sich zugleich an vielfältige Forschungen anknüpfen, in denen es um Professionalisierung und Verberuflichung als säkulare Tendenzen in der Geschichte der Priester geht. Damit geraten Themen wie die Durchsetzung von formellen Bildungsstandards und bestimmten Ausbildungswegen sowie Veränderungen in den Verhaltensstandards für Priester in den Blick. Weitere Fragen beziehen sich auf die soziale Herkunft der Pfarrer, das Spannungsfeld zwischen kirchlichem Amt und Laien in der Gemeinde, die Ausdifferenzierung pastoraler Arbeitsfelder sowie das Priesterbild, also die an einen idealen Priester gerichteten Erwartungen (Kuhlemann/Schmuhl 2003: 11 ff.).

Nach der hochmittelalterlichen Ständelehre war der katholische Klerus der erste von drei Ständen, mit spezifischen Privilegien sowie der Tonsur und Ordination als Zugangsbedingung. Die Ordination sicherte zugleich, nach dem magisch durchwirkten Verständnis der Verwaltung kirchlicher Heilsgüter, die Fähigkeit des Priesters zur Ausübung seines Berufes. Entscheidend war nicht seine individuelle Kompetenz oder professionelle Bildung, wie es dem modernen Verständnis der Leistungsrolle entspricht, sondern die Fähigkeit zur regelgerechten Verwaltung und Durchführung der Sakramente. Aus diesem Grund war die Funktion des Priesters oft nur eine Nebenrolle des mit seinem Haushalt fest in die

agrarische Ökonomie des Dorfes eingebundenen Pfarrers. Noch
1605 stellte der katholische Bischof im schweizerischen Chur mit
Empörung fest, dass sich viele Pfarrer in seiner Diözese vorwiegend als Chirurgen, Ärzte, Gastwirte, Schlachter, Jäger, Magier
und Wahrsager betätigen würden (Pfister 2000: 43). Im Gefolge
von Reformation und Konfessionalisierung setzte sich dagegen in
allen drei christlichen Konfessionen eine moderne Berufskonzep-
tion des Pfarrers durch. Wie bereits in der spätmittelalterlichen
Reformdiskussion angeklungen, sollte der Pfarrer in der Lage
sein, seiner Gemeinde in Predigten und anderen Vermittlungs-
formen theologische Doktrinen näherzubringen. Um darauf vorbereitet zu sein, sollte er zudem über eine Universitätsausbildung
verfügen.

Pfarrklerus
nach der
Reforma-
tion
Die Durchsetzung der Reformation brachte in den davon betroffenen Territorien massive Umbrüche für den Klerus mit sich.
Der Ordensklerus wurde aufgehoben und die teilweise dramatischen Unterschiede in Status, Bezahlung und Lebensstil zwischen
einfachen Pfarrklerikern und den bis dahin der Aristokratie entstammenden Bischöfen wurden weitgehend eingeebnet. Protestantische Theologen und Juristen wiesen die Lehre von den drei
Ständen zurück. Sie sahen die Pfarrer vielmehr als einen Teil der
professionell gebildeten staatlichen Eliten. Die tiefen Einschnitte,
welche die Reformation in die gewachsenen Strukturen des Klerus unternahm, zeigen sich plastisch in dem dramatischen quantitativen Rückgang des Klerus. In der Diözese von Utrecht, die
praktisch mit dem Territorium der späteren Republik der Niederlande identisch war, gab es am Vorabend der Reformation 18.000
Kleriker. Im 17. Jahrhundert betrug die Zahl der reformierten
Pfarrer dort nur noch 1.524 (Benedict 2002: 436). In den katholischen Ländern West- und Südeuropas zeigt sich, soweit Zahlen
vorliegen, dagegen eine uneinheitliche Entwicklung. In Spanien
stieg die Zahl der Kleriker im 17. und 18. Jahrhundert an. 1758
kamen dort gerade einmal 141 Einwohner auf einen Angehörigen
des Klerus. Die Entwicklung in Italien scheint ähnlich verlaufen
zu sein, während der katholische Klerus in Frankreich nach den
Religionskriegen des späten 16. Jahrhunderts erheblich zurück-
ging (Bergin 1992: 70 ff.).

Wichtig für eine Bestimmung des sozialen Profils der Pfarrgeistlichen ist zunächst die Frage nach sozialer Herkunft und Rekrutierung. Entgegen einer tradierten Vorstellung stammte keineswegs die Mehrheit der katholischen Pfarrer aus bäuerlichen Familien. Eine Verbäuerlichung des Klerus setzte vielmehr erst nach der Säkularisation um 1800 ein. In der Frühen Neuzeit stammte die große Mehrheit der katholischen Geistlichen vielmehr aus dem städtischen und kleinstädtischen Bürgertum. Dies gilt für Frankreich, wo in ausgewählten Diözesen zwischen 75 und 80 Prozent der Pfarrgeistlichen aus bürgerlichen Familien stammten, während den Rest zumeist wohlhabende Bauersfamilien stellten. Ähnliche Befunde zeigen sich für Italien und für die katholischen Territorien des Alten Reiches. Die Präferenz der Söhne bürgerlicher Familien für eine kirchliche Karriere ist zum einen vor dem Hintergrund der verbesserten Ausbildung zu sehen, die seit den tridentinischen Reformen in den Priesterseminaren und Jesuitenkollegien zur Verfügung stand. Wichtig waren zudem ökonomische Motive. Steigende Einkommen machten eine kirchliche Laufbahn attraktiv, zumal der französische Klerus durch Privilegien von den immer stärker ausgreifenden Ansprüchen des Steuerstaates befreit war (ebd.: 77 f.).

Eine Revision älterer Forschungsmeinungen hat sich auch mit Blick auf die soziale Herkunft der protestantischen Pfarrer vollzogen. Dabei ist die ältere These einer weitgehenden Selbstrekrutierung der Pfarrer zugunsten einer Sichtweise aufgegeben worden, welche die Pfarrerschaft als ein wichtiges Element und Vermittlungsglied in einer neuen sozialen Elite sieht, die sich in den protestantischen Territorien entwickelte. In verschiedenen Territorien des Alten Reiches und der Schweiz lag der Anteil von Pfarrerskindern im Klerus noch im 18. Jahrhundert zwischen 45 und 55 Prozent. Daneben kam ein nennenswerter Teil des Pfarrernachwuchses unter anderem aus den Familien städtischer Handwerker sowie von Angehörigen der mittleren und höheren landesherrlichen Verwaltung (Schorn-Schütte 2000: 12 f.). Das protestantische Pfarrhaus entwickelte sich in den Städten zu einem wichtigen Zentrum bürgerlicher Geselligkeit, ohne dass der Pfarrberuf dabei im strikten Sinne ›erblich‹ geworden wäre.

In den lutherischen und reformierten Territorien setzte sich die Norm des akademisch-theologisch gebildeten Pfarrers nach einigen Anlaufschwierigkeiten bis zum Beginn des 17. Jahrhunderts weitgehend durch. Nach 1630 hatte weniger als ein Prozent der Pfarrer in den Niederlanden kein Studium absolviert. In England und Schottland unterbrach dagegen der religiöse Bürgerkrieg der 1640er Jahre die Tendenz zur theologischen Professionalisierung. Erst um 1700 war deshalb auch hier das Ideal des universitär ausgebildeten Predigers durchgesetzt (Benedict 2002: 444 f.). Die Professionalisierung der Geistlichen nahm in den reformierten Territorien des Alten Reiches, der Niederlande, der Schweiz und Schottlands ohnehin eine Sonderentwicklung, da hier Laien in sekundären Leistungsrollen neben die Pfarrer traten. In den reformierten Kirchen spielte, ausgehend von dem 1540 in Genf von Calvin gegründeten *Consistoire*, die von den Konsistorien als Sittengerichten ausgeübte Kirchenzucht eine wichtige Rolle im Prozess der Konfessionalisierung. Die Konsistorien ahndeten abergläubische Praktiken und schwere Normverstöße und konnten Strafen wie den Ausschluss vom Abendmahl verhängen. In den Konsistorien nahmen Laien als Älteste an der Kirchenzucht teil und übernahmen damit eine wichtige Steuerungsfunktion in der Kirche, zumal sie teilweise auch an der Berufung von Pfarrern mitwirkten. Die Ältesten wurden nur selten gewählt, sondern zumeist aus dem Kreis der städtischen Ratsmitglieder bestimmt oder kooptiert. Obwohl damit in der Regel Angehörige der bürgerlichen Eliten diese Leistungsrolle wahrnahmen, konnten gerade in ländlichen Gemeinden auch einfache Handwerker und Bauern zu Ältesten berufen werden (ebd.: 455 f.).

Grenzen der Professionalisierung Pfarrer aller christlichen Konfessionen machten seit der Reformation wichtige Schritte hin zu einem modernen Berufsverständnis als professioneller pastoraler Helfer und *Pastor Bonus* (Guter Hirte) der ihnen zugewiesenen Gemeinde. Die Zurückdrängung des Konkubinats bei den katholischen Geistlichen, die Durchsetzung des Universitätsstudiums als Norm und die Fokussierung auf pastorale Kompetenz und moralische Integrität waren wichtige Faktoren dieses Wandels. Dennoch setzte sich eine umfassende Professionalisierung der Pfarrer in Westeuropa bei Protestanten wie Katholiken bis zum Ende des 18. Jahrhunderts nicht durch. Dafür gab es zwei wichtige Gründe, die beide auf die ökonomischen Grundlagen der priesterlichen Leistungsrolle verweisen. Ein Grund war die andauernde Bedeutung von Patronage und persönlichen Beziehungen – anstelle formaler Leistungskriterien – für die Besetzung von Pfarrstellen. Dafür war das in der katholischen Kirche seit der Zurückdrängung des mittelalterlichen Eigenkirchenwesens geltende Patronatsrecht verantwortlich. Demnach hatte der Patron (ein Adeliger, eine Universität oder Stadt, oder der Landesherr bzw. König) ein Präsentationsrecht für die Besetzung einer Pfarrstelle samt des dazugehörigen Benefiziums, welches das Einkommen des Pfarrers sicherstellen sollte. Die Reformation veränderte zwar die Struktur dieses Systems, indem sie das Patronat von Klöstern aufhob, an dessen Stelle – wie in England – eine größere Bedeutung des Königs als Patronatsherr trat. Ansonsten blieb das Patronatsrecht allerdings auch in den protestantischen Territorien bestehen. Damit war es für die Bischöfe nur begrenzt möglich, Leistungskriterien bei der Besetzung von Pfarrstellen durchzusetzen, auch wenn die französischen Bischöfe seit dem 17. Jahrhundert mit einigem Erfolg versuchten, die Absolvierung eines *concours* genannten Examens bei den Patronatsherren als Einstellungsvoraussetzung zu erzwingen (Schorn-Schütte 1996: 331–89; Bergin 1992: 81).

Die zweite wichtige Ursache für das Ausbleiben einer vollen Professionalisierung der Pfarrer bis 1800 lag in der Struktur ihres Einkommens begründet. Neben dem Zehnten sowie den Stolgebühren und anderen Abgaben für pastorale Dienstleistungen machten die Erträge der pfarrherrlichen Pfründe den Großteil des Einkommens aus. Dabei handelte es sich um Landbesitz, der zumeist immer noch hauptsächlich vom Pfarrer und seinem Haushalt (Frau und Kinder bei Protestanten, Haushälterin und Dienstknechte bei Katholiken) bewirtschaftet wurde. Damit aber waren die Pfarrer eng in die agrarische Subsistenzökonomie ihrer zumeist dörflichen Lebenswelt eingebunden. Dies erhöhte nicht nur die Verflechtungen mit und Abhängigkeit von ihren bäuerlichen Nachbarn, was zu zahlreichen Reibereien und Konflikten führte. Als Landwirte im Nebenberuf konnten sich die Pfarrer auch in ihrem Rollenprofil nur begrenzt von der agrarischen Gesellschaft lösen. In Graubünden gab es noch 1788 Beschwerden darüber, dass viele Pfarrer vor dem Sonntagsgottesdienst in den hoch gelegenen Almen ihr Vieh versorgen mussten und deshalb keine erbaulichen Predigten vorbereiten konnten (Pfister 2000: 55). Auch zahlreiche Erlasse der Bischöfe stellten diese Praxis nicht ab. Eine umfassende Professionalisierung der pastoralen Leistungsrollen war deshalb erst seit dem 19. Jahrhundert denkbar, als, frühere Reformversuche vollendend, zunächst die protestantischen Kirchen das Pfründenwesen eindämmten und durch ein nach dem Dienstalter gestaffeltes Besoldungs- und Gehaltsklassensystem für Pfarrer ersetzten (Kuhlemann 2002: 160 ff.).

Protestantische Pfarrer im 19. Jahrhundert Ausmaß und Folgen der Professionalisierung des Pfarrerberufes werden auch mit Blick auf das 19. Jahrhundert kontrovers diskutiert, und zwar insbesondere für die protestantischen Pfarrer. Zur Debatte steht dabei, ob sich dieser Beruf, analog zu anderen bürgerlichen Berufsgruppen in Leistungsrollen wie den Ärzten oder Rechtsanwälten, aus ständischen Strukturmustern löste und zu einer bürgerlichen Profession entwickelte. Mit Blick auf die preußischen Pfarrer ist diese Frage vehement verneint worden. Dort habe sich vielmehr seit der Jahrhundertmitte eine Entbürgerlichung und Verkirchlichung der Pfarrer vollzogen. Die Pfarrer, durch ihr Universitätsstudium, auf das eine zweite kirchliche Ausbildungsphase folgte, bildungsbürgerlich geprägt, waren bis dahin noch fest in die Verkehrskreise und Geselligkeitsformen des protestantischen Bildungsbürgertums integriert. Entkirchlichung und Urbanisierung schränkten den sozialen Wirkungskreis des Pfarramtes ab 1850 auf ein kirchennahes Milieu ein, und an die Stelle neuhumanistischer Bildung trat die neopietistische Theologie als wichtigster intellektueller Bezugspunkt. Damit einher ging eine »Resakralisierung des Pfarramts«. Viele Pfarrer stilisierten sich nun als Vertreter eines »geistlichen Standes über der bürgerlichen Berufswelt«, reklamierten also eine quasi-feudale Besonderheit ihres Berufes (Janz 1996: 384). Die Verkirchlichung der Ausbildungswege forcierte diesen Rückzug in ein klerikales Milieu. Bis 1850 hatten viele Theologen die Wartezeit zwischen Studium und Berufung ins Pfarramt mit einer Stelle als Hauslehrer überbrückt. Vor allem seit 1890 ersetzte eine formal definierte Ausbildungsphase im Predigerseminar oder als Hilfsvikar die frühere Einübung in bürgerliche Umgangsformen im Haushalt einer Oberschichtfamilie (ebd.).

Diesen Befunden für Preußen ist für die protestantische Landeskirche in Baden widersprochen worden. Anstelle der im synchronen Vergleich mit Ärzten oder Anwälten sichtbaren Defizite an Bürgerlichkeit treten in Baden mehr die Gewinne an Verbürgerlichung und professioneller Autonomie im diachronen Langzeitvergleich hervor. Ein wichtiges Kriterium dafür sind Veränderungen in der sozialen Herkunft der Pfarrer. Während bis 1850 noch rund 40 Prozent der badischen Pastoren selbst Pastorenkinder waren, sank dieser Anteil bis 1900 auf 18 Prozent ab. An die Stelle der lange Zeit ausgeprägt hohen Selbstrekrutierung eines »Pfarrerstandes« trat damit die soziale Öffnung einer Leistungselite zu anderen bürgerlichen Familien (Kuhlemann 2002: 179). Diese Leistungsorientierung zeigt sich auch an der Akademisierung und Verwissenschaftlichung der Pfarrerausbildung. Im preußischen Westfalen prägte die 1905 gegründete kirchliche Hochschule in Bethel bei Bielefeld die angehenden Pfarrer im Geiste der Erweckungsbewegung. Die meisten badischen Pfarrer studierten dagegen im liberaltheologischen Predigerseminar in Heidelberg. Sie befürworteten deshalb eine Individualisierung der Religiosität und das Ideal freier wissenschaftlicher Reflexion und Forschung (ebd.: 183).

Die badischen Pfarrer sind ein interessantes und wichtiges Beispiel für die Professionalisierung religiöser Leistungsrollen im 19. Jahrhundert, nicht zuletzt da sie dem für das wilhelminische Luthertum oft gezeichneten Bild eines fortschrittsfeindlichen Quietismus widersprechen. Ihre Bürgerlichkeit zeigt sich auch in den zahlreichen Stellungnahmen und Reflexionen zu theologischen Themen und zur Stellung der Kirche in der Moderne. Zweifel an dieser Erfolgsgeschichte bleiben dennoch bestehen. Zum einen ist unklar, inwieweit dieses positive Bild der Verbürgerlichung der Pfarrerschaft zu verallgemeinern ist. Die religiöse Landschaft im Kaiserreich war gewiss pluralistischer, als es die in der Historiografie lange Zeit bestehende Fixierung auf das preußische Luthertum suggeriert hat. Zugleich bleibt aber das Faktum bestehen, dass nur eine Minderheit der deutschen Protestanten im liberalen Südwesten lebte. Unklar bleibt zugleich, ob und wie die Pfarrer die mit der Spezifikation ihres Aufgabenfeldes im Zuge der Herausbildung einer Leistungsrolle verknüpfte Spannung zwischen diesen Leistungen und der Funktion der Religion wahrnahmen. Viele badische Pfarrer neigten dem von Ernst Troeltsch vertretenen Kulturprotestantismus zu. Dieser reformulierte die protestantische Religion angesichts der Konkurrenz moderner »Wertsphären« – in denen der Glaube, aber auch Wahrheit oder berufliche Leistung als höchste Werte gelten konnten – als eine mit der Wissenschaft verbundene, moderne »Bildungsreligion« (ebd.: 103). Aber konnten die Pfarrer in der Praxis ihrer Berufsarbeit Religion überhaupt noch als eine »Wertsphäre« begreifen? Um diese Frage zu beantworten, reicht eine Analyse ihres reichlich vorhandenen theologischen Schrifttums und ihrer sonntäglichen Reden und Predigten keineswegs aus.

Pastorale Beziehung zum Laien   Die Pfarrerschaft als moderne Profession formierte sich in der spannungsvollen Beziehung zwischen Leistungsrolle und komplementärer Publikumsrolle. Um diese Dimension der Professionsbildung zu erhellen, muss die historische Analyse allerdings den Höhenkamm der theologischen Selbstdarstellung verlassen und sich den Niederungen des pastoralen Alltags widmen. Denn erst hier, in der Beziehung zwischen Pfarrer und Laien, lässt sich die Ausgestaltung der Leistungsrolle im Detail verfolgen und zugleich die Generalisierung der Inklusion von Laien in die religiöse Organisation belegen. Eine Sozialgeschichte der Pfarrer muss ihre Aufmerksamkeit deshalb derjenigen Tätigkeit zuwenden, die neben den Kasualien wie Taufe und Eheschließung die meiste Arbeitszeit verschlang: die seelsorgliche Interaktion mit einer kirchennahen Klientel, die im 19. Jahrhundert in allen Religionsgemeinschaften zu rund zwei Dritteln aus Frauen bestand (vgl. Kap. 3.2).

Eine gründliche Analyse dieser pastoralen Beziehung liegt bisher erst für die protestantischen Kirchen der USA im 19. Jahrhundert vor (Gedge 2003). Dabei zeigen sich Grenzen der Professionalisierung, sofern man diese als Fokussierung der Leistungsrolle auf die Lösung seelsorglicher Probleme im Kontext der dafür notwendigen theologischen und institutionellen Ressourcen versteht. Alle protestantischen Denominationen in den USA adaptierten im 19. Jahrhundert das Idealbild des *ministers* als eines *professionals*, der durch eine dreijährige systematische Schulung in einem Predigerseminar einheitliche Bildungsstandards aufwies und auf die Berufspraxis vorbereitet wurde. Genau diese Ausbildung situierte den Pfarrer jedoch in der maskulin konnotierten Sphäre der Öffentlichkeit und prämierte Aktivitäten im Bereich der Mission oder in der Administration von kirchlichen Vereinen. Die Pflege pastoraler Beziehungen führte die Pfarrer dagegen in die feminin konnotierte Privatsphäre der Familien, wo sie in Hausbesuchen und individuellen Gesprächen auf die spirituellen Nöte einer weiblichen Klientel eingehen sollten.

Doch diese pastorale Beziehung blieb von Distanz, Kommunikationsverweigerung und daraus resultierenden Enttäuschungen geprägt. Sie degradierte die Frauen damit vielfach zu einer schweigenden Mehrheit in den Gemeinden. Zu dieser Distanz trug eine sensationsheischende Presse und Broschürenliteratur bei, die vereinzelte Fälle sexueller Beziehungen oder gar Nötigungen aufbauschte. Entscheidend war jedoch das männliche Rollenbild des professionellen Pfarrers, der seine Tätigkeit in Kategorien militärischer Eroberung und kommerzieller Erfolge beschrieb, nicht jedoch als ein offenes und problemorientiertes Gespräch über spirituelle Fragen (ebd.: 119). Dieser »prekäre Waffenstillstand« mit den Pfarrern führte zumindest in den USA viele Frauen dazu, religiöse Aussprache auch in der Lektüre von Traktaten und Predigten oder in der Pflege eines intimen Tagebuchs zu suchen, was auf die Bedeutung von Medien religiöser Kommunikation verweist (ebd.: 199; vgl. Kap. 3.3).

Auf den ersten Blick sehr viel erfolgreicher und zugleich ebenso ambivalent stellt sich die Professionalisierung der katholischen Priester im 19. Jahrhundert dar. Der Begriff kann für diese Gruppe allerdings nur mit der Einschränkung verwendet werden, dass er nicht die in der Professionalisierungsforschung unterstellte autonome Abschließung der Berufsgruppe wie bei Ärzten und Anwälten impliziert. Denn Ausbildung und Aufgabenfeld der katholischen Priester in den Pfarrgemeinden waren umfassend

Amtscharisma katholischer Priester

durch die Bistumsleitung fremdbestimmt. Die Verlängerung der Ausbildungsphase und Kontrolle durch die Schaffung von Knabenkonvikten und Theologenkonvikten erleichterte die Durchsetzung einheitlicher Ausbildungs- und Verhaltensstandards. Damit gingen die ausschließlich kirchliche Aufsicht über die Priesterkandidaten, ihre Abgrenzung von der gesellschaftlichen Umwelt und eine strengere Disziplinierung sowie die Klerikalisierung und Sakralisierung des Priesterbildes einher. Auf diese Weise gelang es in Deutschland wie in Frankreich, teilweise im Konflikt und durch die Disziplinierung nonkonformer Priester, zumeist aber geräuschlos und effizient, eine umfassende Ausrichtung des Klerus an den Idealen des Ultramontanismus sicherzustellen. Voraussetzung dafür war nicht zuletzt die in beiden Ländern beobachtbare Verländlichung des Klerus, die sich durch die Ausschöpfung des breiten Rekrutierungsreservoirs ergab, das nachgeborene Bauernsöhne darstellten (Gibson 1989: 68 ff.; Schulte-Umberg 1999).

Katholische Priester konnten sich in ihrer pastoralen Arbeit auf das Amtscharisma stützen, das die Tätigkeit als von Amts wegen berufene Stellvertreter Christi in der Gemeinde ihnen vermittelte. Zugleich erleichterte die Herkunft aus und habituelle Prägung durch einen ländlichen Kontext ihnen die Begegnung mit ihren überwiegend im Dorf lebenden »Pfarrkindern«, wie es in der patriarchalischen Sprache des pastoralen Diskurses hieß. Auf dieser Verknüpfung von Amtscharisma und lebensweltlicher Nähe beruhte die enorme Mobilisierungs- und Inklusionsfähigkeit des ultramontanen Katholizismus seit den 1830er Jahren. Gegen Ende des 19. Jahrhunderts waren allerdings auch die Grenzen dieses Modells erkennbar, als das Anwachsen der städtischen Arbeiterschaft den Klerus vor neue pastorale Herausforderungen stellte. Gerade in einem Bistum wie Münster, das durch die am Nordrand des Ruhrgebiets rasch anwachsende Industrie geprägt war, reagierte die Kirche darauf mit dem Ausbau eines dichten Netzes kirchlicher Vereine, die sich religiösen, berufsorientierten und pädagogischen Zwecken widmeten. Zugleich sollte eine Schulung der Priesteramtskandidaten in sozialpolitischen und sozialwissenschaftlichen Fragen sie mit den pastoralen Herausforderungen der Industriegesellschaft vertraut machen (ebd.: 395 ff.).

Das gerade in Westfalen und im Rheinland besonders dichte Netz katholischer Arbeiter- oder Gesellen-, Missions- und Lesevereine formierte seit dem letzten Drittel des 19. Jahrhunderts das so genannte katholische »Milieu«, das in der Forschung als eine wichtige Bedingung für die Geschlossenheit und Stabilität religiöser Vergesellschaftung bei den Katholiken interpretiert wird (als kritischer Überblick vgl. Ziemann 2000). Dabei ist allerdings auf die ambivalenten Folgen dieser Form der Vergesellschaftung hinzuweisen. Denn gerade in den Vereinen entwickelte sich zugleich eine Dynamik der Partizipation von Laien, welche die für das pastorale Verhältnis in der katholischen Kirche charakteristische starke Asymmetrie von Leistungs- und Publikumsrolle veränderte. Die Organisation des Publikums in Vereinen führte zwar nicht zu einer »stillen Emanzipation der Laien« in der Kirche, wie das in der Forschung behauptet worden ist (zit. ebd.: 407). Dem stand die institutionelle Beharrungskraft der Präsidesverfassung entgegen, die fast alle katholischen Vereine – mit Ausnahme der katholischen Studentenverbindungen – durchsetzten. Demnach wurde ein Geistlicher von Amts wegen als Präsides zum Vorsitzenden berufen. Er dirigierte und kontrollierte die Aktivitäten des Vereins und konnte missliebige Initiativen unterbinden. Die Aktivitäten der Laien in den Vereinen unterminierten aber das Amtscharisma der Priester und führten zu einer schleichenden Entklerikalisierung des Verhältnisses von Leistungs- und Publikumsrolle.

Ein Schreiben der katholischen Geistlichen Dortmunds über die Arbeitervereine aus dem Jahr 1890 macht diesen Prozess anschaulich. Trotz der Durchsetzung der Präsidesverfassung höhlten nicht nur die ›weltlichen‹ Vergnügungen der Vereine die klerikale Kontrolle aus. Notiert wird auch die Entstehung professioneller »Redner« unter den Laien und die zunehmende Substitution kirchlicher Betätigung durch die als ›freier‹ empfundene Vereinsarbeit:

»[…] Wir dürfen, da das Werk [die Durchsetzung geistlicher Präsides, BZ] soweit gelungen ist, für die Zukunft das Beste hoffen, wenn hiermit in den Vereinen auch noch lange nicht alles in Ordnung ist. […] Im einzelnen hätten wir folgende Punkte zu beklagen:

1. Die Vereine begünstigen noch zu viel die Vergnügungssucht. Um den vielen Festlichkeiten in den einzelnen Vereinen entgegenzutreten und ganz zu beseitigen, hat man das allgemeine Verbandsfest eingeführt; gewiß ein schöner Gedanke, aber man hat ihn nicht genugsam durchgeführt; die kleinen Festlichkeiten sind theilweise geblieben und es ist noch das kostspielige Verbandsfest hinzugekommen. [...]

3. Bei den vielen Sitzungen fehlt es dann schließlich auch an passender Unterhaltung, und man nimmt dann oft zu den lächerlichsten und eines Mannes unwürdigen Dingen seine Zuflucht. Da hält der eine begeistert eine »Predigt« über den Hl. Rosenkranz, ein zweiter spricht über das »kirchliche Geheimniß« des Tages in tief durchdachter Weise und zum Schluß kommt wohl auch noch ein Dritter und trägt etwas »Humoristisches« vor, das gering gesagt höchst unpassend ist, namentlich da Schulkinder meistens zugegen sind. Alle drei mögen es gut meinen; lebhaftes Bravo und Händeklatschen ermuntert sie zu neuer Arbeit. Auf diese Weise bilden sich die sog. Redner, deren Zahl nicht gering ist und die oft gefährlich werden können, da sie vielfach den Verein leiten. [...]

5. Wir haben zu viele Arbeitervereine; wir zählen derer zehn. Kaum ist in einer Stadt Deutschlands diese sog. Vereinsmeierei derartig im Schwange, wie hier; wohl selten giebt es irgendwo so viele Vereinsbummler, wie in Dortmund. Wie oft kommen Leute zu uns, die sich als besonders gute, treue Katholiken aufspielen mit der Bemerkung, ich bin in 2, 3 ja 4 Vereinen. Wir wollen nicht verkennen, daß die Vereinsmitglieder im allgemeinen den Gottesdienst fleißig besuchen, und daß die Vereine in dieser Hinsicht auch segensreich wirken; auf der anderen Seite will es uns aber scheinen, daß namentlich der Besuch der Christenlehre unter den Versammlungen der Vereine leidet, und daß es bedenklich ist wenn es so oft in den Vereinen heißt: »Hier kann ein viel freieres Wort gesprochen werden, als in der Kirche.« Auf solche Weise begünstigt man die Ansicht, als ob die Reden in den Vereinen der Predigt oder Christenlehre gleich, wenn nicht höher zu halten seien. [...]«

 (Eingabe der katholischen Geistlichen Dortmunds an das Generalvikariat Paderborn, 5.6.1890 [Abschrift]: Staatsarchiv Münster, Oberpräsidium, 2017, Bd. 2, hier Bl. 279–282)

Feminisierung des katholischen Klerus Unter dem Begriff des Klerus bzw. Pfarrers werden bei Katholiken wie Protestanten gewöhnlich nur Männer verstanden. Erst neuere Forschungen haben für Frankreich und Deutschland mit überraschend ähnlichen Befunden deutlich gemacht, dass die Ausdifferenzierung komplementärer Leistungs- und Publikumsrollen in der katholischen Kirche des 19. Jahrhunderts mit einer weitreichenden »Feminisierung des Klerus« einherging (Langlois 1984:

14). Damit erhält dieser Begriff eine mit dem formalen Kriterium der Priesterweihe, die Männern vorbehalten war, nicht mehr gedeckte Bedeutung. Ihren empirischen Ausgangspunkt findet die These in dem dramatischen Wachstum der Frauenkongregationen. Diese unterscheiden sich von den weiblichen Orden, die sie quantitativ rasch um ein Vielfaches überflügelten, in rechtlicher und praktischer Hinsicht. Anders als Orden mussten Kongregationen nach kanonischem Recht nicht vom Papst approbiert werden und waren auch in ihren rechtlichen Strukturen viel weniger normiert. Die Nonnen genannten Ordensfrauen mussten ein solennes oder feierliches Gelübde ablegen, in dem sie Armut, Gehorsam und Keuschheit versprachen. Das machte eine spätere Heirat unmöglich, und das gesamte Vermögen der Frau fiel an die Gemeinschaft. Angehörige der Kongregationen legten dagegen nur ein einfaches Gelübde ohne diese unwiderruflichen Folgen ab. Sie wurden als Schwestern bezeichnet und standen gewissermaßen zwischen Laien und Ordensleuten (ebd.; Meiwes 2000).[1]

Aber nicht nur die freiere Organisationsstruktur und der geringere Verpflichtungscharakter erhöhten die Attraktivität einer Mitgliedschaft in den Kongregationen. Anders als die Orden waren sie zudem nicht auf ein kontemplatives Leben in strenger Klausur verpflichtet, sondern gingen sozialen Aktivitäten nach, überwiegend in der schulischen Erziehung und der Kranken- und Armenpflege. Sie stellten dabei wichtige soziale Dienstleistungen zu einem Zeitpunkt zur Verfügung, als diese noch nicht von staatlichen Trägern angeboten wurden. Dies zeigt sich gerade im Bereich der Primarschulerziehung für Mädchen. In Frankreich hatten 1865 nicht weniger als 55 Prozent der Mädchen in Primarschulen eine Kongregationsschwester als Lehrerin. Es war diese doppelte Inklusivität sowohl im Bereich der Leistungs- wie der Publikumsrolle und die damit verbundene Spezifizierung der Leistungsabgabe, die das Wachstum der katholischen Frauenkongregationen trug.

---

1 Der folgende Abschnitt behandelt nur einen spezifischen Aspekt der Geschichte der Ordensgemeinschaften im 19. und 20. Jahrhundert. Für einen umfassenden, international vergleichenden Überblick vgl. Maeyer/Leplae/Schmiedl 2004.

Der quantitative Befund ist eindeutig und beeindruckend. Bis 1880 wurden in Frankreich 400 neue Kongregationen gegründet. Im Jahr 1878 betrug die Gesamtmitgliederzahl dort 135.000. Damit stellten Kongregationsschwestern drei Fünftel des gesamten katholischen Klerus (also unter Einschluss von Welt- und Ordensklerus). Erst die antiklerikale Offensive der Dritten Republik unter Jules Ferry seit 1880, die ihre Motivation nicht unwesentlich aus diesem für säkulare Republikaner beunruhigenden Wachstum der Kongregationen und ihrer Aktivität in der Schulerziehung erhielt, brachte das Wachstum zum Stillstand. Sie konnte allerdings den 1880 erreichten Stand bis 1900 nicht gefährden (Langlois 1984: 62 ff., 308 ff.). Aggregierte Daten liegen für Deutschland nicht vor. Aber in Preußen, für das Zahlen vorhanden sind, waren 1906 immerhin rund 64 Prozent aller katholischen Kirchenleute Angehörige von weiblichen Kongregationen oder der (zahlenmäßig unbedeutenden) Frauenorden. Im Erzbistum Köln kamen 1908 auf einen Priester 1.403 Katholiken, aber nur 421 auf eine Ordensfrau oder -schwester (Meiwes 2000: 262 f.).

Neben den quantitativen Daten über die Zunahme des weiblichen Klerus ist auch der qualitative Befund über die Attraktivität und Ausgestaltung der religiösen Leistungsrolle wichtig und aufschlussreich. Da die Kongregationsschwestern mit professioneller Arbeit den Großteil ihres Lebensunterhalts erwirtschafteten, mussten sie keine hohe Mitgift für den Eintritt verlangen wie die kontemplativen Orden. Diese niedrige Eintrittsschwelle führte in Frankreich zum Eintritt vieler Frauen aus bäuerlichen und kleinbürgerlichen Familien, während die Schwestern in Deutschland überwiegend aus bürgerlichen Familien kamen. Der Eintritt in eine Kongregation war aber keineswegs nur ein Ersatz für jene Frauen, die keine Perspektiven auf dem bürgerlichen Heiratsmarkt hatten. In beiden Ländern eröffnete die Kongregation jungen katholischen Frauen vielmehr die Aussicht auf eine Berufskarriere und auf Geselligkeit unter Gleichgesinnten, die ihnen ansonsten weitgehend verschlossen waren. In den größeren Kongregationen entstand eine ausdifferenzierte Leitungsebene mit ökonomischen Steuerungsfunktionen, welche die damit betrauten Schwestern zu Managerinnen im modernen Sinne machte und ihnen die Aufsicht über hunderte von Frauen anvertraute. Doch neben dem modernen Leistungsprofil der Berufsarbeit waren die Kongregationen stets auch eine Stätte gelebter weiblicher Religiosität, und gerade diese Verbindung von Arbeit und Religion machte ihre besondere Anziehungskraft aus. Im Gegensatz zur antikatholischen Propaganda der jakobinischen Republikaner in Frankreich, welche die Kongregationen als autoritäre Zwangsanstalten karikierten, fanden die Schwestern in der religiösen Leistungsrolle die Möglichkeit zur Entfaltung individueller Selbstbestätigung (Langlois 1984: 634 ff.; Meiwes 2000: 103).

Im Unterschied zur Frühen Neuzeit und dem 19. Jahrhundert ist die Veränderung des sozialgeschichtlichen Profils religiöser Berufe im 20. Jahrhundert erst ansatzweise erforscht. Mit aller gebotenen Vorsicht lassen sich dennoch zwei Trends identifizieren, die in beiden christlichen Konfessionen vor allem seit den 1960er Jahren auf breiter Front zum Tragen gekommen sind, deren Vorgeschichte sowohl in sachlicher Hinsicht wie in der Ausgestaltung spezifischer Berufsrollen allerdings bis in die Zeit um 1900 zurückreicht. Sie lassen sich stichwortartig als Spezialisierung im Gefolge einer Spreizung des Rollenprofils und als sachliche wie personelle Entklerikalisierung bezeichnen. Seit den sechziger Jahren war zunehmend deutlich, dass die Fülle der von einem Gemeindepfarrer zu bewältigenden Aufgaben, die weit über die traditionellen liturgischen und pastoralen Dienste hinausreichte und zunehmend die Betreuung hochspezifischer Gruppen umfasste, eine Spezialisierung notwendig machte. An die Stelle des ›Allround-Geistlichen‹ sollte ein spezifisch geschulter und arbeitsteilig agierender Spezialist treten, der Sonderfunktionen wie die Jugendarbeit oder die pastorale Begleitung diakonischer Aktivitäten schwerpunktmäßig wahrnahm. Die Vorstellung einer im Team agierenden Gruppe von pastoralen Professionals fügte allerdings die Teamfähigkeit als eine weitere Anforderung dem ohnehin weit gespannten Rollenprofil noch hinzu (Ziemann 2007a: 206 ff.).

Diese weitere Akzentverschiebung zugunsten einer spezifizierten Leistungserfüllung machte jedoch das im 19. Jahrhundert noch erfolgreiche Konzept eines geistlichen Amtscharismas endgültig obsolet. Von einem Pfarrer war nun zu erwarten, dass er den

Entklerikalisierung im 20. Jahrhundert

hochspezifischen Bedürfnissen der Laien mit einem offenen und nicht-hierarchischen Habitus entgegenkam. Diese Spezialisierung und Entklerikalisierung der Seelsorgerrolle beider Konfessionen wurde durch das Vordringen der Laien in pastorale Berufe weiter vorangetrieben. In der evangelischen Kirche Preußens hatte sich seit 1904 das zuerst für Männer geschaffene, später jedoch dominant weibliche Berufsbild der Gemeindehelferin entwickelt, die vor allem in großstädtischen Gemeinden den Pfarrer bei diakonischen Aufgaben unterstützen sollte (Kuhlemann/Schmuhl 2003: 248 ff.). In der katholischen Kirche war der vergleichbare Beruf der mit Fachschulreife qualifizierten Gemeindeassistentin seit den 1920er Jahren unter der Bezeichnung »Seelsorgehelferin« bekannt. Seit den 1970er Jahren kam eine rasch wachsende Zahl von Laientheologen hinzu, die als Pastoralassistenten in der Katechese oder im Religionsunterricht tätig sind. Die durch das Pflichtzölibat induzierte Rekrutierungskrise der Priester verstärkte das Vordringen von Laien in pastorale Berufe in der katholischen Kirche nochmals. Nach den Zahlen für 2001 standen hier den insgesamt 7.107 Gemeindeassistenten und Pastoralreferenten in der Bundesrepublik gerade noch 9.605 Ordens- und Weltpriester in der Pfarrseelsorge gegenüber. Aber die Spezialisierung und Entklerikalisierung religiöser Leistungsrollen seit den 1960er Jahren ist ein konfessionsübergreifendes Phänomen.

3.2. Religion und Geschlecht

Seit den späten 1960er Jahren setzte in den USA und Europa unter dem Einfluss der Frauenbewegung die Forderung nach einer Frauengeschichte ein. Diese zielte auf eine Berücksichtigung der heute banal anmutenden Tatsache, dass auch Frauen eine Geschichte haben, die in den historischen Überblickswerken bis dahin völlig fehlte. Die Erhellung dieses blinden Flecks der so genannten »allgemeinen« Geschichte erfolgte mit einer feministischen Zielsetzung, um die langlebige Kontinuität der Unterdrückung von Frauen sichtbar zu machen. Unter anderem an diesem Punkt setzte dann seit den 1980er Jahren die Geschlechtergeschichte an, welche die im Prinzip ahistorische Festschreibung von Frauen auf eine dominierte Position problematisierte. Zugleich wurde auch der biologische Essentialismus der bisherigen Frauengeschichte kritisiert, der die Kategorie »Frau« zu einer fixen Identität verdinglicht habe. Einen Ausweg aus diesem Dilemma bot die kategoriale Unterscheidung von biologischem (englisch: *sex*) sowie sozial und kulturell zugeschriebenem Geschlecht (*gender*). Damit ist Geschlecht eine relationale Kategorie, welche die historische Veränderbarkeit der Zuschreibung und Regulierung von weiblichen/männlichen Eigenschaften, Rollen, Handlungsräumen, die sozialen Antriebskräfte dieser Differenz und ihre Verbindung mit anderen Prozessen der Vergesellschaftung entschlüsseln soll (Ziemann 2003).

In der Sozialgeschichte der Religion ist *gender*, also das sozial und kulturell konstruierte Geschlecht, in den letzten beiden Jahrzehnten zu einer zentralen analytischen Kategorie avanciert. Dabei geht es zum einen um die Rollen und Handlungsspielräume von Frauen und Männern in religiösen Gemeinschaften, ein Thema, das bereits im Zusammenhang der Feminisierung des katholischen Klerus im 19. Jahrhundert angeklungen ist. Aber nicht nur die religiöse Praxis, sondern auch theologische Rollenzuweisungen an Frauen und Männer und nicht zuletzt die geschlechtliche Codierung religiöser Symbole und Vorstellungswelten sind in diesem Zusammenhang von Belang. Intensiv und kontrovers diskutiert worden sind geschlechtergeschichtliche Perspektiven in der Religionsgeschichte der Frühen Neuzeit vor allem mit Blick auf die Reformation.

Wie stets ist es dabei hilfreich, sich zunächst des begriffsgeschichtlichen Befundes zu versichern. Luther übersetzte in folgenreicher Weise den für seine Rechtfertigungslehre zentralen Begriff *iustus*, gerecht, mit dem frühneuhochdeutschen Wort *frum*, das als Rechtsbegriff die öffentliche Ehrbarkeit von Männern und Frauen bezeichnete. *Frumkeit* oder Frömmigkeit wurde damit zu einem Zentralbegriff protestantischer Religion, der die überkommene »Dualität von Leben und Glauben« in einer neuen, sittlich-moralischen und damit zugleich öffentlichen christlichen Lebens-

Frömmigkeit und Geschlecht in der Reformation

praxis aufhob (Wunder 1988: 181). Diese Frömmigkeit diente der Rechtfertigung im Glauben in allen Aspekten des Lebens. Anders als seit dem späten 18. Jahrhundert war Frömmigkeit in der Reformation jedoch noch nicht als eine private Sphäre konzipiert, die vornehmlich den Frauen vorbehalten war. Frumkeit vereinte vielmehr Männer und Frauen in einer nicht mehr länger der Orthopraxie, sondern allen Lebensbereichen verpflichteten Glaubenshaltung. Entscheidend dafür war die grundlegende Neubewertung der Ehe, die sich aus der reformatorischen Ablehnung des Zölibats ergab. Die christliche Ehe legitimierte und regulierte die nur verheirateten Frauen und Männern vorbehaltene Sexualität. Zugleich widmeten sich die protestantischen Autoritäten dem Kampf gegen die Prostitution und der Zurückdrängung vorehelicher Sexualität, die nun als eine strafwürdige Sünde erschien. Weibliche Frömmigkeit in der protestantischen Ehe war als ein »öffentliches Bekenntnis« konzipiert, mit dem die Frauen zugleich am allgemeinen Priestertum aller Gläubigen teilnahmen, das Luther postuliert hatte (ebd.: 182).

Leichenpredigten sind eine wichtige Quelle für die protestantischen Vorstellungen über einen frommen Lebenswandel von Männern und Frauen. Der folgende Auszug aus der Leichenpredigt für die 1625 mit 32 Jahren in Hildesheim verstorbene Ilse Raven zeigt, dass sich weibliche Frömmigkeit in der Ehe und der Führung eines Haushalts, aber auch in der Gemeinde und der Fürsorge für den Nächsten bewähren musste. Er zeigt zugleich, dass diese weibliche Lebenspraxis als eine duldende konzipiert war:

»In jhrem Ehestande hat sie mit jhrem Sel. Herrn 4 Kinderlein erzeuget / deren noch ein Knab und Mägdelein im Leben, hat in jhrem Christenthumb Gottes Wort fleissig gehöret / und gelesen / zum Tisch des Herrn sich mit sonderlicher reverentz zum oftern funden / in der gemein und daheimb jhr gebet mit andacht verrichtet / aller Gottesfurcht sich höchst befliessen / im Creutz hat sie sich gedüldig / in jhrer Haushaltung fleissig und sorgfeltig / gegen jhren Seligen Herrn auch jedermenniglich freundlich / auch gegen jhrem Nothleidenden Nechsten sich Barmhertzig erzeiget.«

(Wunder 1988: 182)

Die genauen Auswirkungen des reformatorischen Ehe- und Familienverständnisses auf die Geschlechterbeziehungen sind allerdings in der Forschung umstritten. Die praktischen Konsequenzen aus der Vorstellung des allgemeinen Priestertums aller Gläubigen, so lautet ein Argument, seien minimal geblieben. Nur in den radikalen protestantischen Sekten des 16. und 17. Jahrhunderts wie den Täufern und Quäkern, und in anderer Form im englischen Methodismus des späten 18. Jahrhunderts, hätten Frauen substanzielle Freiräume zum Ausdruck ihrer religiösen Erfahrungen und Hoffnungen gehabt (Mack 2000). Eine kritische Interpretation liegt auch für die Phase der Durchsetzung und Etablierung der lutherischen Reformation von 1520 bis 1550 vor. Am Beispiel der Reichsstadt Augsburg hat Lyndal Roper argumentiert, dass die Theologie und religiöse Moral der Reformation im Kern als ein Versuch zur konservativen Stabilisierung der Geschlechterverhältnisse zu interpretieren sind. Die Reformation diente demnach vornehmlich den Interessen jener zünftlerischen Handwerker, die ihre Durchsetzung im städtischen Raum garantiert hatten. Mit der Aufhebung der Klöster, der Verkirchlichung der Eheschließung und der Bekämpfung von Prostitution und anderen Formen illegitimer Sexualität habe die Reformation auf die Schaffung eines »heiligen Haushalts« gezielt, in dem die Ehefrauen – neben den Gesellen und dem Gesinde – eine dem Hausvater ökonomisch, sozial und sexuell untergeordnete Position einnehmen sollten. Die reformatorische Skepsis gegenüber einer eigenständigen religiösen Rolle von Frauen zeigte sich nicht zuletzt am Beispiel der Hebammen. Diese durften traditionell eine Nottaufe durchführen und konnten damit eines der beiden – neben dem Abendmahl – nach der Reformation noch verbliebenen Sakramente spenden. Der lutherische Rat in Augsburg ergriff deshalb Maßnahmen zur strengen Kontrolle der Hebammen und ihrer Handhabung dieser Kompetenz (Roper 1989: 264f.).

Gegen diese Argumentation lässt sich quellenkritisch einwenden, dass sie sich ganz überwiegend auf normative Quellen stützt, auf Statuten und Erlasse des Rates und der Zünfte, aus denen die religiöse und familiale Praxis der Handwerkerfrauen bestenfalls indirekt zu erahnen ist. Zu vermuten ist demnach, dass der Erfolg

Reformation und Männlichkeit

der reformatorischen Neuordnung der Geschlechterverhältnisse auf dieser Quellenbasis überschätzt wird. Des weiteren wäre aus methodischen Gründen ein Vergleich mit katholischen Handwerkerfamilien in Augsburg nötig, wo Katholiken ab 1548 wieder zugelassen waren und beide Konfessionen seitdem paritätisch an der Stadtverwaltung teilnahmen. Gravierender scheint jedoch eine andere Überlegung. Nimmt man das methodische Anliegen der Geschlechtergeschichte ernst, so ist auch nach den durch die Reformation veränderten religiösen Rollenzuweisungen, Handlungsräumen und Symbolisierungen von Männern zu fragen, da Geschlecht eine relationale Kategorie ist.

Hier geraten insbesondere die protestantischen Pfarrer ins Blickfeld. Die erste Generation reformatorischer Theologen hatte noch ein exklusiv männliches Leben im Kloster gelebt oder als Priester eventuell eine Konkubine gehabt. Mit der Reformation wurde die Eheschließung quasi zur Pflicht für jeden Pfarrer. Die aus der neuen Rolle als Ehemann und Haushaltsvorstand folgenden Konsequenzen für das pastorale und religiöse Selbstverständnis der protestantischen Pfarrer sind allerdings noch kaum erforscht. Zu fragen ist unter anderem, ob das tradierte väterliche Rollenverständnis des Seelsorgers durch die physische Vaterschaft bestärkt oder verändert wurde. Eine andere Frage ist, welche Rückwirkungen die Domestizierung des männlichen Rollenbildes bei protestantische Pfarrern und Laien auf die Männlichkeitsvorstellungen in den protestantischen Territorien hatte (Roper 2001: 296 f.). Erst eine solche, Frauen und Männer umgreifende Perspektive auf die Reformation schöpft das Erkenntnispotential der Geschlechtergeschichte umfassend aus.

Weibliche Frömmigkeit war im Luthertum der Frühen Neuzeit noch nicht auf die als privat unterstellte Sphäre der Familie eingegrenzt, da der Haushalt bis weit in das 17. Jahrhundert hinein im aristotelischen Sinne als eine herrschaftlich-politische Einheit von Ehe, Wirtschaft und religiöser Gemeinschaft konzipiert war. In ihr konnte die Ehefrau zumindest idealiter als »Mitregentin« über Kinder und Gesinde und »Gefährtin« ihres Mannes gelten (Schorn-Schütte 1996: 289). Erst im Verlauf des 18. Jahrhunderts vollzog sich vor allem in bürgerlichen Kreisen jene »Polarisierung der Geschlechtscharaktere« (Karin Hausen), die auch im Hinblick auf religiöse Einstellungen und Verhaltensweisen zu einer Differenzierung führte. Damit veränderte sich auch die Zuschreibung dessen, was als spezifisch weibliche Frömmigkeit verstanden wurde. Carl Welcker, einer der beiden Herausgeber des *Staatslexikons*, der repräsentativen Wissensenzyklopädie des südwestdeutschen Liberalismus im Vormärz, brachte dies 1845 in der Formulierung zum Ausdruck, dem »Weib« sei die Religion »mehr Gegenstand des Gefühls als der Forschung«, und bei ihm zeige sich generell »ein höherer Grad religiöser Gesinnung« (Wunder 1988: 178). Welcker war nicht der einzige (männliche) Beobachter, der seit dem frühen 19. Jahrhundert Unterschiede sowohl in der Intensität der religiösen Praxis zwischen Männern und Frauen als auch solche in der Form der Frömmigkeit feststellte.

Die neuere Forschung hat solche zeitgenössischen Beobachtungen aufgegriffen und analysiert dieses Phänomen als eine Feminisierung der Religion im 19. Jahrhundert. Dies geschieht in vergleichender Perspektive für Protestanten wie Katholiken sowie für die Länder Westeuropas, aber auch die USA, für die dies zuerst systematisch diskutiert worden ist (Welter 1976). Dabei werden gewöhnlich zumindest drei Dimensionen der Feminisierung unterschieden. Erstens die bereits oben behandelte Feminisierung des (katholischen) Klerus durch die explosionsartige Zunahme weiblicher Kongregationen im 19. Jahrhundert. Zweitens die zunehmende Diskrepanz zwischen der religiösen Praxis von Frauen und Männern, sowie drittens die Feminisierung von Devotionsformen und religiösen Symboliken, wobei damit in der Regel besonders sentimentale und emotional-romantische Frömmigkeitsformen gemeint sind (Ford 2005: 3 f.; Van Osselaer/Buerman 2008).

Feminisierung der Religion

Die Feminisierung der Religion im 19. Jahrhundert lässt sich zunächst mit Blick auf die religiöse Praxis verfolgen. Genaue Angaben über die Frequenz der Teilnahme an Abendmahl oder Osterkommunion bei Männern und Frauen liegen für die erste Hälfte des 19. Jahrhunderts nur ganz vereinzelt vor. Aussagekräftige Einblicke vermittelt stattdessen für die Katholiken der Beitritt zu religiösen Bruderschaften. Diese unter strikter klerikaler Kuratel stehenden religiösen Vereine waren ein wichtiges Element der ka-

tholischen Kirche seit dem Tridentinum und zugleich eine Schnittstelle von kirchlicher Religion und sozialer Ordnung. Neben caritativen Werken war die Förderung des Gottesdienstes eines ihrer
wichtigsten Ziele, so dass ihre Zusammensetzung zumindest indirekt Rückschlüsse auf die geschlechtsspezifische Teilnahme am
eucharistischen Kult vermittelt. Zum Ende des 18. Jahrhunderts
zeigt sich in einzelnen Sodalitäten an Rhein und Mosel, dass ein
Schwund an Neueintritten von Männern durch vermehrte Bei-
tritte von Frauen zumindest gebremst werden konnte. Der Frau-
enanteil an den neu eintretenden Mitgliedern stieg dabei auf bis
zu 70 Prozent an. Ein ähnliches Bild zeigen die Wallfahrten, die
im frühen 19. Jahrhundert – wie oben angesprochen (Kap. 1.2) –
mit dem spektakulären Höhepunkt der Trierer Rockwallfahrt des
Jahres 1844 zu einer wichtigen Form der organisierten Massenreligiosität avancierten. Auch hier sprechen vereinzelt vorliegende
Daten dafür, dass diese öffentlichen Demonstrationen ultramontaner Frömmigkeit überwiegend von weiblichen Pilgern geprägt
waren (Götz v. Olenhusen 1995: 24 ff.).

Unter-
schiede in
der Kirch-
lichkeit

Sehr viel genauere Daten liegen für die Wende vom 19. zum
20. Jahrhundert vor, seit in vielen Ländern statistische Untersuchungen über den Kirchenbesuch als ein wichtiges Instrument
der kirchlichen Selbstbeobachtung dienten. In den evangelischen
Landeskirchen des Kaiserreichs waren um 1890 vor allem in den
Großstädten Frauen unter den Teilnehmern am Abendmahl überrepräsentiert. Ihr Anteil lag bei 60 Prozent in Berlin und Hamburg
und bei 72 Prozent in Frankfurt am Main. In Marseille waren zur
selben Zeit 84 Prozent der Osterkommunikanten Frauen. Einen
Vergleich zwischen verschiedenen Religionsgemeinschaften erlauben Zählungen, die 1902 in London und Manhattan durchgeführt
wurden. In London waren Frauen besonders bei den Kirchenbesu-
chern der *Church of England* und der katholischen Kirche mit 65
Prozent und 64 Prozent deutlich überrepräsentiert. Bei protestantischen Sekten wie den Quäkern oder den *Primitive Methodists*,
wo Frauen jeweils 52 Prozent der Gottesdienstteilnehmer stellten,
war das Verhältnis zwischen den Geschlechtern jedoch fast aus-
geglichen. Die Zählung in Manhattan ergab ein ähnliches Bild.
Solche Differenzen lassen sich dahin interpretieren, dass protes-

tantische Sekten mit einer nur geringen Ausprägung der religiösen Rollendifferenz zwischen Männern und Frauen die gleichmäßige Inklusion beider Geschlechter erleichterten (McLeod 1988: 135 ff.).

Ein qualitativer Blick auf die religiöse Vergesellschaftung im protestantischen Bürgertum Englands erlaubt es, die um 1800 stattfindenden Umbrüche in der geschlechtsspezifischen Ausrichtung des Christentums genauer zu verorten. Von Angehörigen der *Church of England* bis zu den Mitgliedern der verschiedenen protestantischen Sekten herrschte zu dieser Zeit eine breite Übereinstimmung in der Bewertung der Konsequenzen, die sich aus dem Vordringen der Marktökonomie und der außerhäuslichen Berufsarbeit des Mannes ergaben. In der tendenziell amoralischen Welt des kapitalistischen Marktes brauchte der Mann demnach eine moralische Sicherung, die nur die von der Frau gewährleistete christliche Häuslichkeit garantieren konnte. Mit dem Auseinandertreten der Sphären von (weiblich codierter) Privatheit und (männlich repräsentierter) Öffentlichkeit oblag es der Frau, das Haus als Refugium einer christlich-moralischen Ordnung auszugestalten und damit das Seelenheil der bürgerlichen Familie zu sichern. Diese Aufgabenzuschreibung bildete den Hintergrund für die bereits zeitgenössisch weit verbreitete Auffassung, dass Frauen ›naturgemäß‹ religiöser seien als Männer (Davidoff/Hall 2002: 74).

Die geschlechtsspezifische Ausdifferenzierung der Sphären von Öffentlichkeit und Privatheit wertete zugleich die Familie als Ort religiöser Praxis auf.[2] Zwischen privater Frömmigkeit des Individuums und öffentlich vollzogenem Gottesdienst stehend, entwickelte sich das Familiengebet zu einer besonders bevorzugten Form religiöser Praxis in den englischen Mittelschichten. Es war nicht nur eine rituelle Bekräftigung des Zusammenhalts der Familie, sondern erlaubte zudem auch, die Erfolge und Misserfolge jedes einzelnen Mitgliedes zu reflektieren. In unterschiedlichem Maße ging es dabei auch um die Gefährdungen, die Tätigkei-

Öffentlichkeit und Privatheit

---

2 Das heißt nicht, dass etwa das Familiengebet eine Domäne nur der Frauen war. Das Idealbild blieb oft ein patriarchalisches, bei dem der Vater die Familie zum Gebet versammeln sollte. Vgl. an kanadischen Beispielen Marks 2001: 262.

ten in der säkularen Welt für Christen mit sich brachten. Während manche Denominationen vor allem Kartenspielen, Sport und Theater ablehnten, suchten andere auch die Gefährdungen der Romanlektüre zu meiden oder ließen nicht einmal Musik in ihren Häusern zu. Eine Konversion zu diesem evangelikalen Protestantismus wurde oft als Reinigung von den Beschmutzungen durch die säkulare Welt beschrieben, wie in den Worten einer Frau aus Colchester: »Wash me, Oh Saviour, cleanse me and I shall be whiter than snow« (Davidoff/Hall 2002: 90). In einer solchen Metaphorik der Reinheit und Säuberung schwingen auch Befürchtungen mit, durch Sexualität, deren Einhegung ein weiteres Ziel der evangelikalen Frömmigkeit im englischen Bürgertum war, beschmutzt zu werden.

Die zunehmende Bedeutung häuslicher Frömmigkeit in der anglikanischen Staatskirche und bei den protestantischen Dissenters in England seit 1800 war jedoch nur ein Aspekt der Zuschreibung von geschlechtsspezifischen Räumen und Rollen, der sich im Zuge der Feminisierung der Religion ergab. Ein anderer waren die begrenzten, aber doch nennenswerten öffentlichen Betätigungsfelder, die sich für bürgerliche Frauen eröffneten. Das bekannte Wort des Paulus, nach dem »die Frauen schweigen (sollen) in der Gemeindeversammlung« (1. Kor., 14, 34), wurde zwar zumeist in restriktiver Weise ausgelegt und dahin verstanden, dass Frauen nicht predigen sollten. So fassten die Methodisten 1803 einen Beschluss, der Frauen das Predigen untersagte. Und selbst bei den Quäkern, die Frauen traditionell größere Freiräume eingeräumt hatten, sank die Zahl der weiblichen Prediger kontinuierlich ab. Allerdings kam es in den Freikirchen der Dissenters im frühen 19. Jahrhundert zuweilen vor, dass Frauen sich an der Wahl eines neuen Pfarrers für die Gemeinde beteiligen durften. Zur gleichen Zeit konnten bürgerliche Frauen im Rahmen der kirchlichen Kongregation zahlreichen Aktivitäten in der Diakonie und dem Unterricht nachgehen. Neben Hausbesuchen zur Krankenpflege bei Angehörigen der Unterschichten konnten sie die Frauen von Arbeitern im Verständnis der Bibel unterweisen oder an Festtagen die Sammlung von Spenden für wohltätige Zwecke organisieren (ebd.: 137 ff.).

Forschungen zum deutschen Protestantismus im frühen 19. Jahrhundert haben diese Befunde bestätigt. Im evangelischen Bürgertum vollzog sich zum einen eine »Familiarisierung« der Frömmigkeit, als Übergangsrituale wie Taufe und Konfirmation nur noch im engsten Familienkreise stattfanden. Zugleich entwickelte sich dabei eine neue weibliche Identitätszuschreibung, die bürgerliche Frauen als Hüterinnen der christlichen Kultur und Moral aufwertete. Vor allem Pietismus und Erweckungsbewegung propagierten darüber hinaus ein Verständnis des Glaubens als »gefühlsbetontes Erleben, das sich in karitativen Handlungen ausdrückt«. Krankenbesuche, Kollekten und karitative Vereine eröffneten bürgerlichen Frauen damit »eigene Anerkennungs- und Kommunikationsformen jenseits der Familie« (Habermas 1994: 132, 134). Demnach war es nicht nur die Zuschreibung von spezifisch weiblichen religiösen Identitäten, welche die Feminisierung der Religion vorantrieb, sondern auch die Tatsache, dass sich im Namen und im Medium der Religion neue öffentliche Wirksphären und Handlungsspielräume für Frauen eröffneten.

In Frankreich hatte die Neujustierung des Verhältnisses von Religion und Geschlecht seit 1789 massive politische Implikationen. Je stärker die Befürworter der Revolution deren politische Tugenden männlich konnotierten, desto mehr verfestigte sich die Zuschreibung von konterrevolutionären Einstellungen auf das Idealbild der gefühlsbetonten und deshalb leicht verführbaren, fanatischen katholischen Frau. Bereits vor der radikalen Dechristianisierungskampagne der Jakobiner im Jahr 1793 war die Verknüpfung des weiblichen Geschlechtscharakters mit einer emotionalen katholischen Religiosität ein fester Topos, der im Bild der konterrevolutionären »femme fanatique« seinen Ausdruck fand (Ford 2005: 23). Diese Zuschreibung hatte Folgen weit über das Ende der Revolution hinaus. Sie prägte die öffentlichen Debatten über das Verhältnis von katholischer Religion, Geschlecht und säkularer Politik bis zum Beginn des 20. Jahrhunderts. Das rapide Wachstum der Frauenkongregationen weckte Befürchtungen über die Möglichkeiten klerikaler Beeinflussung von Frauen und über die Gefahren weiblicher Frömmigkeit für die Integrität und Zivilität von bürgerlicher Familie und bürgerlicher Gesellschaft. Diese in einer Reihe von Skandalfällen aktualisierten und öffentlich diskutierten Befürchtungen waren eine wichtige Motivation für die antikatholische und antiklerikale Agitation der republikanischen Linken in der Dritten Republik seit 1871 und damit mittelbar auch für die auf deren Betreiben 1905 durchgesetzte Trennung von Staat und Kirche (ebd.).

Frauen im Beichtstuhl
Der Beichtstuhl ist ein anderes wichtiges Beispiel dafür, dass sich Veränderungen weiblicher Religiosität im Spannungsfeld von privat praktizierter Frömmigkeit und öffentlicher Zuschreibung von Geschlechtscharakteren vollzogen. Der französische Historiker Jules Michelet war nur einer von vielen Liberalen in Frankreich, Deutschland und Italien, der im 19. Jahrhundert den verhängnisvollen Einfluss des katholischen Priesters auf die bei ihm beichtenden Frauen beklagte. In einem 1845 erschienenen Buch bezeichnete er den Beichtvater als Feind von ziviler Gesellschaft, Ehe und Familie (Michelet 1845). In der Ohrenbeichte werde, so Michelet, ein Abhängigkeitsverhältnis geschaffen, welches das Vertrauen zwischen den Ehepartnern zerrütte und die emotional zugänglichen Frauen empfänglich für die Einflüsterungen ultramontaner Polemik mache. Im Einklang mit der These von der Feminisierung der Religion lässt sich in der Tat belegen, dass Männer in Frankreich den Beichtstuhl im 19. Jahrhundert nur noch sporadisch oder gar nicht mehr frequentierten und die katholischen Beichtväter deshalb eine überwiegend weibliche Klientel betreuten. Es ist nicht einfach, angesichts dieser und anderer Zuschreibungen die Realität des Beichtgespräches zu rekonstruieren. Soweit die vorliegenden Quellenzeugnisse Verallgemeinerungen zulassen, scheinen Michelets Befürchtungen allerdings unbegründet gewesen zu sein. Zumindest bei verheirateten Frauen legten sich viele Priester Zurückhaltung auf und sparten Fragen nach dem Intimbereich der Ehe und Familie so weit als möglich aus, ohne dass dabei das Schuldbekenntnis als Kern der Beichte vernachlässigt wurde (Saurer 1990).

Herz-Jesu-Kult
Die These einer Feminisierung der Religion im 19. Jahrhundert wäre also missverstanden, wenn sie auf das Wachsen weiblicher Kongregationen und die wachsende Diskrepanz zwischen der Kirchlichkeit von Frauen und Männern reduziert würde. Die Öff-

nung religiöser Handlungsräume und kirchlich definierter Formen von Öffentlichkeit für Frauen angesichts einer Privatisierung der Religion sind ebenso wie die kontroverse und oftmals politisch konnotierte Zuschreibung von religiösen Geschlechtscharakteren weitere Felder, auf denen diese These wichtige Facetten des religiösen Wandels seit 1800 erschlossen hat. Darüber hinaus ist die Feminisierung von religiösen Symboliken als eine besondere Dimension in den Blick zu nehmen. Ein anschauliches Beispiel dafür ist die Verehrung des heiligen Herzens Jesu, die, nachhaltig propagiert von Papst Pius IX. und von vielen Bischöfen und den Jesuiten unterstützt, seit 1850 zu einer der bedeutendsten katholischen Devotionsformen in Frankreich wie im deutschen Sprachraum avancierte. Der Herz-Jesu-Kult stellte die Liebe Jesu zu den Menschen ins Zentrum, forderte aber zugleich eine Sühne für die angeblich zu beobachtende Vernachlässigung der Eucharistie durch die Gläubigen. Das Herz Jesu erschien, so der Tenor der zahlreichen Broschüren und Artikel, die seine Verehrung propagierten, als eine »sichere Zufluchtsstätte« vor den Gefährdungen des katholischen Glaubens in der Moderne (Busch 1997: 304).

Der Herz-Jesu-Kult ist ein gutes Beispiel für die Feminisierung der Religion zunächst deshalb, da diese Frömmigkeitsform vornehmlich eine Frauenangelegenheit war. Dies zeigt sich deutlich bei der geschlechtsspezifischen Zusammensetzung der den Kult propagierenden religiösen Vereine. Zu ihnen zählten traditionelle Bruderschaften ebenso wie das 1865 gegründete und von den Jesuiten propagierte Gebetsapostolat zum heiligen Herzen Jesu. Es verzichtete auf traditionelle Formen des Vereinslebens und hielt die Gläubigen stattdessen zu privater Frömmigkeit im Bewusstsein ihrer überregionalen Verbundenheit an, unterstützt und informiert durch eine an alle Mitglieder versandte Zeitschrift, den *Sendboten des göttlichen Herzens Jesu*. Bei Bruderschaften wie Gebetsapostolat stellten Frauen rund vier Fünftel der Mitglieder. Darüber hinaus war aber auch die religiöse Symbolik des Kultes weiblich codiert. Das lag an den spezifischen, feminin konnotierten emotionalen Attributen des Herzens als des zentralen Kultgegenstandes, aber auch an dem auf Demut und Innerlichkeit zugeschnittenen Profil des Kultes. Symbolischen Ausdruck fand dieser Aspekt der Feminisierung schließlich in den zahlreichen bildlichen Darstellungen, die Jesus zeigten, während er den Gläubigen sein von außen sichtbares Herz präsentiert. Dieser Jesus glich, so 1894 die Kritik des Jesuiten Franz Hattler, der um die Reputation des Kultes fürchtete, »einem Brautwerber« mit »kokett geneigtem Haupt, schmachtenden Augen, einem zum Küssen gespitzten Mund« und »stutzermäßig gekräuseltem Haar« (ebd.: 275). Diese aus Sicht vieler Kleriker übertriebene Feminisierung der Kultsymbolik motivierte die Jesuiten, seit 1900 eine Vermännlichung des Herz-Jesu-Kultes in Angriff zu nehmen.

Feminisierung des Judaismus

Wichtige und innovative Forschungsperspektiven eröffnet die These einer Feminisierung der Religion schließlich für die Transformation des jüdischen Glaubens im 19. Jahrhundert. Das traditionelle aschkenasische Judentum war an der *Halacha*, der Befolgung und Heiligung des jüdischen Religionsgesetzes, sowie an der Lesung und Interpretation von Tora und Talmud orientiert, in denen die Fülle der als zeitlos empfundenen religiösen Traditionen des Judentums kodifiziert war. Die prestigeträchtigen Akte der Lesung aus der Tora und der in hebräischer Sprache vollzogenen rituellen Gebete waren nach halachischer Tradition Männern vorbehalten. Diese Exklusion von Frauen aus dem Kernbereich des jüdischen religiösen Rituals spiegelte sich in der räumlichen Abtrennung der Männern vorbehaltenen Gebetshalle, in der die Toralesung stattfand, von einem oft »Frauensynagoge« genannten und durch eine Wand abgetrennten Raum, in dem Frauen beten konnten. In einem äußerst langwierig und uneinheitlich verlaufenden Prozess wurden diese buchstäblichen Barrieren für die Präsenz von Frauen in der Synagoge, beginnend in Reformgemeinden, bis zur Mitte des 19. Jahrhunderts schrittweise aus dem Weg geräumt, indem Trennwände oder Gitter vor den Frauen vorbehaltenen Räumen entfernt wurden. Eine Feminisierung der Synagogengemeinde fand jedoch nicht statt, soweit die vorhandenen Daten Verallgemeinerungen erlauben. Bei insgesamt kontinuierlich abnehmender Befolgung des Sabbatgebotes blieben Frauen unter den Teilnehmern weiterhin in der Minderheit (Baader 2006: 152 ff.).

Die Feminisierung der jüdischen Religion vollzog sich vielmehr, an der Sphäre des halachischen Rituals vorbei, in der Ausdifferenzierung einer häuslich-familialen Religiosität bürgerlicher Prägung. Frauen kam hier eine entscheidende Rolle für die Zelebrierung einer weihevoll-ästhetischen Stimmung und bei der Weitergabe einer religiösen Moral zu, die sich an Innerlichkeit und Bildung als den Leitwerten der bürgerlichen Kultur orientierte. Mit der Schaffung einer deutschsprachigen Gebetsliteratur wurde eine ursprünglich weiblich konnotierte Form der Andachtskultur für beide Geschlechter verbindlich. Sichtbaren Ausdruck fand die Aufwertung der Frauen als Teilnehmer an einer bürgerlichen jüdischen Religiosität, die auf emotionaler Teilnahme und spiritueller Vertiefung beruhte, in der Einführung der Konfirmation für jüdische Mädchen. Sie fand erstmals 1814 in Berlin statt und wurde bald an vielen Orten praktiziert, auch wenn sich orthodoxe Rabbiner und Gemeinden diesem Trend widersetzten. Während Bar Mizwa traditionell den Jungen vorbehalten war, die damit das Recht zur öffentlichen Lesung aus der Tora erwarben, setzte die Konfirmation den Akzent auf die Notwendigkeit religiöser Erziehung und der aktiven Aneignung der moralischen Implikationen des Glaubens. Die Ausdifferenzierung einer durch subjektives Gefühl und ästhetisches Ritual geprägten Sphäre bürgerlich-familialer Religion fand aber nicht nur unter den Vertretern des Reformjudentums Befürworter, sondern wurde auch in der positiv-historischen Strömung und in der Neo-Orthodoxie, den beiden anderen maßgeblichen Strömungen im deutschen Judentum des 19. Jahrhunderts, nachvollzogen (ebd.).

Der Rabbiner und Gelehrte Abraham Geiger (1810–1874) war einer der wichtigsten intellektuellen Vertreter und Vordenker des Reformjudentums in Deutschland und setzte sich vorbehaltlos für die Akkulturation der Juden in der bürgerlichen Gesellschaft ein. In einem 1837 verfassten Text fordert Geiger die religiöse Emanzipation der Frauen im jüdischen Ritual und bemüht die besondere Eignung der Frauen für die Religion als Argument:

»Was ist die Ursache der Erscheinung, daß, während in allen Religionen die für das Zarte empfänglichen Frauen so regen und lebendigen Antheil an allen

religiösen Gestaltungen nehmen, nur bei den Juden eine so geringe Theil-
nahme für das religiöse Leben unter dem weiblichen Geschlechte sich zeigt?
Wohl nichts Anderes, als daß das bestehende Judenthum das Weib gewalt-
sam zurückstößt und ihm seinen empfänglichen Sinn für Religiosität erstickt.
Vom öffentlichen Gottesdienste, der gedeihlichsten Nahrung religiöser Innig-
keit, werden die Frauen freigesprochen, und welcher Antrieb sollte sie auch
ins Gotteshaus locken, wo in einer fremden Sprache, die ihnen sogar fremd
bleiben soll, gebetet wird!«

(Geiger 1837: 6)

Insgesamt hat die These einer Feminisierung der Religion im 19.
Jahrhundert wichtige Einsichten in den religiösen Wandel erbracht. Der Prozess der Feminisierung war zum einen eine *shared
history*, da Protestanten, Katholiken und Juden gleichermaßen
von ihm betroffen waren, auch wenn sich Form und Ausmaß der
damit verbundenen Veränderungen in der religiösen Vergesellschaftung in den einzelnen Religionsgemeinschaften unterschieden. Zum anderen zeigt sich, dass die Feminisierung mit anderen
Aspekten der Transformation der Religion im 19. Jahrhundert eng
verbunden war. Insofern die Familiarisierung und Privatisierung
des Religiösen eine der wichtigsten Triebkräfte für die Neujustierung weiblicher religiöser Handlungsspielräume war, verweist
dieser Prozess zurück auf den fundamentalen Vorgang der funk-
tionsspezifischen Differenzierung, der die idealtypisch gedachte
Ordnung des ›ganzen Hauses‹ aufsprengte und eine neue Rollendifferenzierung zwischen Männern und Frauen nach sich zog. So
gesehen, ist die Feminisierung nicht ein Aspekt der konfessionellen Intensivierung der Frömmigkeit, sondern vielmehr eine Erscheinungsform der Säkularisierung.

Zum anderen sollten die offenkundigen Grenzen der Feminisierung nicht übersehen werden (Van Osselaer/Buerman 2008:
508 ff.). Ihren sichtbarsten Ausdruck fand sie in der Betätigung
von Frauen in religiösen Vereinen und Bruderschaften, in Wallfahrten und in Veränderungen der symbolischen Repräsentation
des Glaubens, insgesamt also in eher lockeren Formen der Vergesellschaftung, die vom organisationsbezogenen Zentrum der
Kirchenreligion und dessen Entscheidungen weit entfernt waren.

Selbst in Frankreich war der Einfluss von Frauen auf die Religionspolitik eher negativ, indem sie als Zerrbild säkularer Propaganda fungierten. In den politischen Kampf der katholischen Kirche für ihre Gleichstellung im Deutschen Reich seit 1871 waren Frauen nicht aktiv eingebunden. Der hierarchische Apparat der Kirchen blieb männlich dominiert. Die im 19. Jahrhundert rapide voranschreitende Organisationsbildung war damit insgesamt ein Gegengewicht zur Feminisierung der Religion.

An diese Feststellung schließt sich ein weiterer Kritikpunkt an. In vielen Arbeiten zur Feminisierung der Religion im 19. Jahrhundert ist vernachlässigt worden, dass *gender* als eine relationale Kategorie zu verstehen ist, die Handlungsspielräume und Rollenzuschreibungen von Frauen und Männern gleichermaßen zu analysieren verlangt. Dies ist allerdings nur vereinzelt geschehen, so im Kontext der Forschung zur Feminisierung des Judentums. Hier ist die These vertreten worden, dass davon auch die jüdischen Männer betroffen waren, bei denen weiblich konnotierte Tugenden wie Bescheidenheit und Geduld bis zur Jahrhundertmitte an Akzeptanz und auch an theologischer Plausibilität gewannen. Die antisemitischen Karikaturen des verweiblichten Juden im Kaiserreich reflektieren, das ist eine der provokanten Implikationen dieser These, so auch eine bestimmte Ausformulierung eines neuen jüdischen Männlichkeitsbildes (Baader 2006: 216 ff.).

Eine Geschlechtergeschichte der Religion erfordert also streng genommen, Veränderungen in den religiösen Rollenzuschreibungen von Männern und Frauen parallel zu verfolgen und dabei stets auch die Konturen der männlichen Religiosität in den Blick zu nehmen. Das ist systematisch bislang vor allem in Forschungen zum Protestantismus in England und den USA geschehen. Die 1857 erschienene Rezension einer Novelle des britischen Autors Charles Kingsley verwendete erstmals den Ausdruck »muscular Christianity«, der seitdem als Quellenbegriff zur Beschreibung einer neuartigen Strömung des angelsächsischen Protestantismus verwendet wird. Am Beispiel eines literarischen Helden brachte der Terminus eine neuartige Form der Männlichkeit auf den Begriff, in der sich physische Kraft, die Gewissheit eigener Glaubensstärke und die Fähigkeit zur Kontrolle und Veränderung der

Muscular Christianity

sozialen Welt verbanden. In dieser Kombination war das neue Männlichkeitsideal sowohl eine Reaktion auf die Verunsicherung maskuliner Selbstbilder im viktorianischen Zeitalter und auf die Herausforderungen des weltumspannenden britischen Imperialismus als auch ein Versuch, sich gegen die als bedrohlich wahrgenommene Verweiblichung und Schwächung der anglikanischen Kirche zu stemmen (Hall 1994: 7 f.).

In den USA fand die *muscular Christianity* seit 1880 vor allem unter den urbanen protestantischen Mittelschichten in den Bundesstaaten des Nordens viele Anhänger, insbesondere unter Baptisten, Methodisten und Kongregationalisten. Als Teil der evangelikalen Erneuerung des Glaubens war diese Strömung zugleich eine Reaktion auf die starke Präsenz von Frauen in den protestantischen Gemeinden und die als deren Folge perzipierte Schwäche und Sentimentalisierung des christlichen Glaubens. *Muscular Christianity* verband sich aber auch mit der Reformbewegung des *Social Gospel*, der die karitativen Aufgaben der Christen in den Großstädten betonte, und reagierte auf Befürchtungen über die von Kriminalität und Degeneration für die Mittelschichtjungen ausgehenden Gefahren. Ihren sichtbarsten Ausdruck fanden diese Bemühungen zur Stärkung von Körper und Glauben der Männer in einer Reihe von Bewegungen wie dem 1910 gegründeten *Men and Religion Forward* (Putney 2001: 137 ff). Am wichtigsten war jedoch die 1851 nach einem englischen Vorbild zuerst in Boston eingeführte und dann bald in allen Großstädten verbreitete *Young Men's Christian Association* (YMCA). Die YMCA widmete sich der Einübung eines energischen und auf physischer Abhärtung ruhenden Charakters, wofür die jungen Männer sich im Turnen und in Mannschaftssportarten wie Basketball und Volleyball übten. Neben die Abhärtung zur Abwehr von Sünden trat aber auch die Charakterbildung. Zu diesem Zweck führte die YMCA 1883, als erste Organisation in den USA überhaupt, einen Sexualkundeunterricht ein (ebd.: 64 ff.).

Offene Fragen Geschlechtergeschichtliche Ansätze haben der Religionsgeschichte in den letzten 20 Jahren wichtige Anstöße vermittelt. Vor allem mit Blick auf das 19. Jahrhundert hat sich gezeigt, dass die Reformulierung und Aushandlung von geschlechtsspezifischen

Rollen, Handlungsräumen und Symbolen ein wichtiger Aspekt des religiösen Wandels zur und in der Moderne war. Zugleich zeigt sich umgekehrt, dass religiöse Rollen und Symbole erheblichen Einfluss auf die Geschlechterordnung hatten. Geschlechtliche Identitäten bildeten sich im 19. Jahrhundert über weite Strecken im Einklang mit oder im Gegensatz zur christlichen und jüdischen Religion. Dennoch bleiben eine Reihe wichtiger Fragen offen, auch und vor allem mit Blick auf die Religionsgeschichte des 20. Jahrhunderts, die durch Fragen der Geschlechtergeschichte sehr viel schlechter erschlossen ist als die Frühe Neuzeit oder das 19. Jahrhundert. Noch sehr viel genauer zu analysieren sind die Konturen der unterschiedlichen Kirchlichkeit von Männern und Frauen. Es liegen zwar verstreute Hinweise darauf vor, dass Frauen im 20. Jahrhundert weiterhin unter den Kirchgängern und Kommunikanten in den katholischen wie in den protestantischen Kirchen Westeuropas deutlich überrepräsentiert waren, und zwar bis in die 1970er Jahre und darüber hinaus (McLeod 2007: 187; Ziemann 2007a: 69, 118). Aber diese Befunde bedürfen noch der genaueren Systematisierung, einer vergleichenden Einordnung und vor allem der Interpretation.

Darüber hinaus eröffnet aber auch die geschlechtergeschichtliche Perspektivierung von kirchlicher Theologie und kirchlichem Amt neue Perspektiven. Dabei geht es nicht nur um die von der feministischen Theologie inspirierte Frage nach dem Bild der Frau in der Theologiegeschichte (Pissarek-Hudelist 1995). Mit Blick sowohl auf Universitätstheologen wie auch die öffentliche Debatte über theologische Probleme wäre darüber hinaus nach dem *gendering* von Metaphern und anderen Semantiken zu fragen, mit dem in theologischen Sprachspielen Wirklichkeit und Möglichkeit kirchlicher Praxis beschrieben werden. Was bedeutet es, wenn die katholische Kirche »Mutter« genannt wird (Marks 2001: 255), oder wenn diese um 1970 in kirchlichen Reformdiskussionen gar als ein mütterlicher »Schoß« beschrieben wird und sich daran die Forderung knüpft, das mystische Element der katholischen Religion neu zu akzentuieren (Görres 1969; vgl. Quelle Nr. 14 im Internet)? Aber nicht nur die Theologiegeschichte, sondern auch die Institutionengeschichte kirchlicher Ämter und Institutionen bedarf geschlechtergeschichtlicher Perspektiven. Diese müssten die Folgen der Zulassung von Frauen zum kirchlichen Amt in den protestantischen Kirchen untersuchen, seitdem die Evangelische Kirche Deutschlands (EKD) 1978 die volle Gleichstellung von Frauen im Pfarramt erreicht hat und 1992 mit Maria Jepsen in Hamburg die weltweit erste Bischöfin einer lutherischen Kirche geweiht wurde (Kuhlmann 2007). Erst vor dem Hintergrund einer solchen geschlechtergeschichtlichen Analyse der Kirchen als Organisation lässt sich auch die Entstehung eines christlichen Feminismus seit den späten 1960er Jahren interpretieren. Wie am Beispiel der katholischen Kirche im belgischen Flandern beispielhaft gezeigt worden ist, richtete sich die Intervention dieser Gruppen vor allem gegen die männlich-patriarchale Verkrustung der kirchlichen Institutionen. Feministinnen kritisierten nicht nur traditionelle kirchliche Zuschreibungen von Weiblichkeit, sondern zielten zuallererst darauf, Frauen als »Schwestern« in der Kirche sichtbar zu machen (Latré 2006: 660).

3.3. Medien religiöser Kommunikation

Das in den letzten Jahren zunehmende Interesse der Religionshistoriker an den Medien religiöser Kommunikation kann an etablierte Forschungsinteressen anknüpfen. So sind sich Historiker seit langem bewusst gewesen, dass dem »Christentum als Buchreligion« eine besondere Form der Vermittlung und Reflexion des Glaubens zu eigen ist (Holzem 2004). Zugleich gibt es vor allem in der Forschung zu den protestantischen Religionsgemeinschaften ein intensives Interesse an der Predigt als Form der Unterweisung in das Wort Gottes, an der Verbreitung und Lektüre der Bibel und an anderen Formen religiösen Schrifttums, also an mündlicher und schriftlicher religiöser Kommunikation. Im Zusammenhang mit der Diskussion kommunikationstheoretischer Einsichten in die Sozialgeschichte ergeben sich allerdings neue Einblicke in die systematische Bedeutung dieser Forschungen sowie speziell für das Verständnis des mit der Reformation verbundenen Umbruchs zu einem neuen Medienensemble der Religion in der Neuzeit. Für ein Verständnis dieser Debatten scheint es sinnvoll, zwischen der sozialtheoretischen Umstellung von Handlung auf Kommunikation im Allgemeinen und der besonderen Bedeutung von Verbreitungsmedien wie Buchdruck, Holzschnitt usw. zu unterscheiden.

Ein handlungsorientiertes Verständnis von Religion lässt sich am Beispiel des katholischen Verständnisses der Messe plausibel machen. Die Messe ist als Ritus eine »heilige Handlung« deshalb, da ihr Gelingen wie das der anderen Sakramente allein von ihrem bloßen Vollzug (lateinisch: *ex opere operato*) abhängt, nicht jedoch vom Bewusstsein oder persönlichen Glauben der daran beteiligten Personen. Dem lässt sich idealtypisch ein Verständnis des Abendmahls gegenüberstellen, das auch dieses interaktionsförmige und damit prinzipiell als Handlung konzipierbare Ritual als eine Form der Kommunikation versteht, in der »Sinn- und Symbolgehalte« mitgeteilt werden und die deshalb auf ein Verstehen dieses religiösen Sinns bei den Beteiligten angewiesen ist (Tyrell 2002: 44). Historisch gesehen hat sich ein solches Verständnis des Abendmahls mit der Reformation durchgesetzt. Bei allen Unterschieden in der Abendmahlslehre zwischen Luther, Zwingli und Calvin stimmten die Reformatoren darin überein, die Messe nicht als ein Opfer und damit ein handlungsförmiges Werk zu verstehen, sondern vielmehr als ein Wort der Verheißung, das sich durch ein mit göttlicher Einsetzung versehenes Zeichen mitteilt. Diesem am Wort und damit der sprachlich-kommunikativen Mitteilung orientierten Verständnis des Sakraments genügte nach reformatorischem Verständnis neben dem Abendmahl nur die Taufe, weshalb im Protestantismus allein diese beiden von der 1439 in der katholischen Kirche kanonisierten Zahl der sieben Sakramente übrig blieben. Es ist denn auch kein Zufall, dass es gerade diese beiden Sakramente waren, die Gegenstand erbitterter Kontroversen unter den verschiedenen Richtungen des Protestantismus waren. Im protestantischen Abendmahl wird, idealtypisch gesprochen, die in der katholischen Messe unterstellte und durch die Elevation der geweihten Hostie anschaulich gemachte »Realpräsenz Christi« durch eine »Verbalpräsenz Gottes« ersetzt (ebd: 86).

Zwei
Medien-
begriffe

Ein kommunikationstheoretisch informiertes Verständnis von Religion ist also nachreformatorisch in dem Sinne, dass es seine Aufmerksamkeit auf solche kommunikativen Prozesse von Information, Mitteilung und Verstehen des Glaubens richtet und diese als Form religiöser Vergesellschaftung interpretiert. Das ist ein weites Verständnis religiöser Kommunikation. Ihm zufolge ist ein Medium jede Form des Gebrauchs von Zeichen in kultischem Ritual, Sprache und Bild, das auf das Potenzial von Zeichen zurückgreift, Unterscheidungen wie Gott/Welt, Sünde/Erlösung etc. zu stabilisieren und damit Formen des Religiösen zu strukturieren.[3] Davon zu unterscheiden ist ein engerer Gebrauch des Medienbegriffs, der auf Verbreitungsmedien abstellt. Dies sind Medien, mit denen die Reichweite sozialer Kommunikation bestimmt und erweitert werden kann, wie der Buchdruck oder im 20. Jahrhundert das Fernsehen und das Internet. Solche Medien schaffen für die Verbreitung des Glaubens immense Möglichkeiten, und es ist kein Zufall, dass bereits Martin Luther diese neuen Chancen erkannt und sorgfältig bedacht hat. Durch »Schriefft«, so heißt es in einer 1539 von ihm gehaltenen Predigt, »kanstu auch reden mit denen, die uber hundert meilen von dir seind« (zit. bei Schreiner 2004: 182).

Zugleich war sich Luther aber auch der Gefahren bewusst, die der Gebrauch von Verbreitungsmedien mit sich bringt, bei denen nicht mehr eindeutig geklärt werden kann, ob und welche der mitgeteilten Informationen verstanden und als Prämisse für eigenes Verhalten übernommen werden. Luther beharrte deshalb »auf Wechselbeziehungen zwischen geschriebenem und gesprochenem Wort […], zwischen Heiliger Schrift und Predigt«. Die Kirche war für ihn »nit ein fedderhawß« sondern ein »mundhauß«. Trotz der Orientierung an der Schrift allein als Quelle des rechten Glaubens (*sola scriptura*) bewahrte sich der Wittenberger Reformator seine Skepsis gegenüber dem niedergeschriebenen und gedruckten Wort, jedenfalls solange es seine Adressaten nicht erreichte. Er

---

3 Eine solche kommunikationstheoretische Perspektive erlaubt auch neue Einsichten in die Bedeutung von Schweigegeboten für klösterliche Gemeinschaften des Mittelalters und der Frühen Neuzeit, in denen das Schweigen als Distanzierung vom irdischen Getriebe der Kommunikation es dem Religiosen erst ermöglichte, Gott zu hören. Vgl. als Überblick Schürer 2007.

tat dies auch im Angesicht radikaler Reformatoren wie Sebastian Franck (1499–1542), die sich gegen eine solche »Vergötzung der Schrift« wandten (ebd.: 209 f.). Dies um so mehr, als Franck und andere Kritiker sich dabei auf das zu diesem Zweck oft herangezogene Wort des Paulus berufen konnten, nach dem »der Buchstabe tötet«, während der »Geist lebendig (macht)« (2. Kor., 3, 6).

Im Hinblick auf die Verbreitungsmedien der Religion galt es lange Zeit als ausgemacht, dass der Buchdruck eine wichtige Voraussetzung für die rasche Verbreitung und Durchsetzung der reformatorischen Botschaft Luthers war. Diese These konnte sich nicht zuletzt darauf stützen, dass Luther einer der großen »Erfolgsautoren« des 16. Jahrhunderts war (van Dülmen 1994: 25). Die Auflagenzahlen sind überaus beeindruckend. Schätzungsweise 3,1 Millionen Exemplare von Luthers Schriften sind zwischen 1516 und 1546 vertrieben worden, und diese Zahl bezieht die von Luther 1521 in wenigen Monaten auf der Wartburg angefertigte Bibelübersetzung noch nicht einmal ein. Einer Schätzung zufolge waren bis zur Mitte des 16. Jahrhunderts eine dreiviertel Million Exemplare dieser Übersetzung verkauft worden. Gerade in der entscheidenden Durchsetzungsphase der Reformation, den 1520er Jahren, war Luther zudem der Autor von 20 Prozent der massenhaft verbreiteten kontroverstheologischen Flugschriften. Die katholische Gegenreformation konnte dem keinen Autor von vergleichbarer Statur und Popularität entgegensetzen (Crofts 1985).

Das Studium der reformatorischen Flugschriften hat ein für den Zusammenhang von Medialität und Religion wichtiges Forschungsfeld eröffnet. Seit den 1970er Jahren wurden diese nicht nur bibliographisch erfasst und in neuen Editionen zugänglich gemacht. Zugleich wurden bibliometrische und kommunikationstheoretische Methoden angewendet, um Verfasser, mediale Form und kommunikative Reichweite der Flugschriften genauer zu analysieren. Bei der Flugschrift, im 16. Jahrhundert als ein *libellus* oder Büchlein bezeichnet, handelte es sich zur Zeit der Reformation um ein relativ neues Buchformat. Es erschien im Quartformat und bestand in der Regel aus einem oder zwei Druckbogen. In vier Blätter gefaltet, ergab der Druckbogen einen Text von acht Seiten, der ohne Bindung verkauft wurde. Auf der Titelseite fand sich zumeist ein Holzschnitt, der das Thema der Flugschrift verdeutlichte oder auf den kommunikativen Kontext verwies, in dem sie situiert war (Edwards 1994: 14 ff.).

Ein Beispiel dafür ist die anonyme Flugschrift *Ein Dialogus oder Gesprech zwischen einem Vater und Sohn die Lehre Martini Luthers belangend*, die vermutlich 1523 bei Michael Buchführer in Erfurt erschien. Ein aus der Universität Wittenberg nach Hause zurückkehrender Student nimmt dort seinen Vater, einen Bauern, für die Lehre Luthers ein. Daraufhin übergibt die Mutter die im Hause verwahrten Ablassbriefe dem Feuer. Es ist in der Forschung umstritten, ob diese Flugschrift von einem Bauern verfasst worden ist, der einige Schulbildung genossen hatte, und damit dem Anspruch vieler Flugschriften der 1520er Jahre gerecht wurde. Demnach erörterte dieses Medium die aktuellen Kontroversen gerade nicht aus der Sicht gelehrter Humanisten, sondern aus der Perspektive des »gemeinen Mannes« in Stadt und Land. Wichtiger als diese strittige Frage nach der Autorschaft erscheint aber die hybride Form der Kommunikation, deren Medium die Flugschrift war. Der Holzschnitt auf dem Titel zeigt das Gespräch zwischen Vater und Sohn, die für die Konversion entscheidende Szene. Er verdeutlicht damit, dass die Verbreitung der reformatorischen Botschaft nur im Zusammenspiel zwischen mündlicher Interaktion und dem Gebrauch von Text- und Bildmedien zu verstehen ist (Bagchi 2006: 189).

Ein entscheidender Vorteil der Flugschriften waren die Titelillustration und der begrenzte Umfang, die zusammen die Zugänglichkeit erleichterten. Hinzu kam der geringe Aufwand für die Druckerei und, daraus resultierend, der geringe Preis von ein bis zwei Pfennigen. Das entsprach um 1520 etwa dem Preis für ein Huhn, eine nennenswerte, aber auch für den »gemeinen Mann« noch durchaus erschwingliche Summe. Der geringe Preis erklärt zusammen mit dem großen Neuigkeitswert die große Verbreitung der reformatorischen Flugschriften. Nachdrucke eingerechnet, erschienen von 1520 bis 1526 rund 7500 verschiedene Titel, und die allermeisten davon unterstützten die Sache der Reformation. Die Gesamtauflage wird für diesen Zeitraum auf 6 Millionen Exemplare geschätzt. Demnach hätte jeder literate

Bewohner des Alten Reiches circa 20 dieser Flugschriften gekauft (Edwards 1994: 39).

Diese Zahl verweist auf die gleich vorzunehmende Relativierung mit Blick auf die Grenzen der Lesefähigkeit. Sie sollte aber nicht die Tatsache verdecken, dass sich die Flugschriften in einer Gesellschaft, in der tagesaktuelle und kontroverse Bücher bis dahin eine rare Ausnahme gewesen waren, ihren eigenen Markt schufen. Sie stimulierten damit zumindest kurzfristig ein enormes Interesse an der Reformation, selbst wenn nicht alle der Besitzer die Texte tatsächlich zur Gänze lesen konnten. Bereits gegen Ende der 1520er Jahre fiel die Zahl der Titel und Exemplare allerdings wieder deutlich ab. Die Flugschriften entwickelten sich zudem in enger Wechselbeziehung mit dem Erfolg von Luthers Übertragung des Neuen Testaments ins Deutsche. Zitierten 1522 bereits 23 Prozent der Flugschriften die in diesem Jahr gerade erst erschienene Übersetzung, war diese Zahl schon 1524 auf 72 Prozent gestiegen. Selbst eine stattliche Anzahl katholischer Flugschriften griff auf Luthers Übersetzung zurück (Pettegree 2005: 169). Ähnliches lässt sich im übrigen auch in Frankreich beobachten. Dort erreichte die Produktion protestantischer Flugschriften in den 1560er Jahren ihren Höhepunkt, also zur Zeit des ersten Religionskrieges zwischen den reformierten Hugenotten und den Katholiken (1562-1563). Zugleich lernten auch katholische Autoren sehr schnell, das neue Medium geschickt zur Diffamierung ihres konfessionellen Gegners einzusetzen (ebd.: 177 ff.).

Es wäre jedoch einseitig und falsch, die Durchsetzung der Reformation nur mit der erfolgreichen Nutzung des Verbreitungsmediums Buch durch die Protestanten erklären zu wollen. Eine solche Deutung übersieht die engen Grenzen der Literalität zu dieser Zeit. Zur Lese- und Schreibfähigkeit befähigende Schulbildung konnte man vor allem den größeren städtischen Zentren wie Nürnberg, der reichsten und neben Köln bevölkerungsreichsten deutschen Stadt im Deutschland des 16. Jahrhunderts, und in den kleineren Städten erwerben. Für die Städte lässt sich deshalb ein hoher Alphabetisierungsgrad vermuten. Nicht weniger als 90 Prozent der Bevölkerung lebten allerdings zu dieser Zeit auf dem Land. Jedes Dorf dürfte zumindest einige des Lesens und

Grenzen der Literalität

Schreibens fähige Bewohner gehabt haben. Für die Verbreitung reformatorischen Schrifttums war angesichts dieser insgesamt sehr begenzten Literalität allerdings weniger das Verbreitungsmedium Buch an sich entscheidend, sondern vielmehr die Form, in der es »mit anderen, insbesondere mündlichen Kommunikationsformen« zusammenwirkte (Scribner 2002: 269). Die für die Durchsetzung der Reformation wohl entscheidende mündliche Form der Diskussion und Vermittlung des Glaubens war dabei die Predigt, die als Verkündigung des Wortes Gottes auch zum zentralen Bestandteil des Gottesdienstes avancierte.

In der Volkssprache gehalten, war die Predigt explizit als Auslegung der Schrift konzipiert. Sie verwies damit auf Literalität zurück und setzte zumindest in den Städten deshalb ein mit der Bibel vertrautes Publikum voraus. Im Gefolge der Umstellung auf die Predigt als zentraler Form der Vermittlung des Glaubens entstand zudem die Notwendigkeit einer systematischen Reflexion auf die dafür nötigen Techniken und Methoden in der »Homiletik« genannten Predigtlehre. Als eine öffentliche Form der Verkündigung der Schrift von der Kanzel trug die Predigt auch zu einer »Verkirchlichung« des protestantischen Christentums bei, da eine private Auslegung der Bibel ausdrücklich nicht vorgesehen war (Tyrell 2002: 85). Mit der Betonung der Predigt und der Zurückdrängung des kultischen, auf das Ritual als Handlung bezogenen Elements im reformatorischen Gottesdienst war das Hören der versammelten Gemeinde gegenüber dem in der katholischen Messe zentralen Schauen als Form des Verstehens favorisiert. Damit verband sich zugleich, wie bereits Max Weber erkannt hat, eine entscheidende Umstellung in der Ausrichtung und Performanz des den Gottesdienst zelebrierenden Geistlichen. Die Eliminierung der »magisch-sakramentalen Bestandteile« des Gottesdienstes im Protestantismus implizierte deshalb zugleich die Verdrängung des Priesters, verstanden als Verwalter der sakramentalen Heilsgüter, durch den Prediger (Weber 1964: 365). Bei aller Betonung der Zentralität der Predigt ist allerdings zugleich vor einer Überbetonung der praktischen Konsequenzen für das 16. Jahrhundert zu warnen. Im lutherischen Gottesdienst dauerte die Predigt erst im 17. Jahrhundert zwei oder gar drei Stunden und »trat damit auch vom Umfang her gleich gewichtig neben die Liturgie«, also die Feier des Gottesdienstes (Hölscher 2005: 56). Zudem herrschte zumeist noch keine andächtige Stille, wie sie uns heute aus dem Gottesdienst vertraut ist. Bis an die Wende zum 19. Jahrhundert war es vielmehr üblich, dass viele der Zuhörer stritten, lärmten oder schlichtweg schliefen, womit nicht gerade optimale Voraussetzungen für das Verständnis religiöser Kommunikation in der Predigt gegeben waren.

Neben dem Buchdruck und der Predigt ist gerade für die Durchsetzungsphase der Reformation auf die Bedeutung des Holzschnitts für die reformatorische Botschaft verwiesen worden. Wie bei den beiden anderen genannten Medien Buch und Predigt vermischen sich auch hier Fragen nach der potenziellen Reichweite und Erweiterung des Adressatenkreises mit solchen nach Veränderungen in der Form, mit der Bilder religiöse Kommunikation strukturierten. Reformatorische Holzschnitte wurden sowohl als Titelbilder für Bücher verwendet wie auch als Einzeldrucke verkauft, und namhafte Künstler wie Albrecht Dürer, Lucas Cranach oder Hans Holbein nahmen in ihren Arbeiten Partei für Luther. Dies geschah nicht zuletzt auch durch die Verbreitung von in Kupfer gestochenen Porträts des Reformators. Mit solchen Arbeiten steigerte Lucas Cranach die Bekanntheit des Markenartikels ›Luther‹ und passte ihn zugleich in die überlieferte Ikonographie der Heiligendarstellung ein (Rublack 2003: 78 ff.).

Reformatorische Holzschnitte mit religiösen Themen knüpften an die Popularität visueller Darstellungsformen in der Devotionspraxis des späten Mittelalters an, veränderten diese aber zugleich in charakteristischer Weise. Vorreformatorische Bilder waren sakrale Kultbilder, die direkt im Handlungszusammenhang der Liturgie angesiedelt waren oder auf diesen verwiesen. Dort waren sie in die Durchführung des Rituals »als Akteure« eingebunden, weshalb man sie auch als »handelnde Bilder« bezeichnet hat (Scribner 2002: 131). Die Betrachter hofften, an der gnadenvermittelnden Kraft solcher Holzschnitte teilzuhaben, die die Elevation der geweihten Hostie als den Höhepunkt der katholischen Messe darstellten. Das Betrachten solcher Bilder war eine Form der Ver-

Holzschnitte als Medium

ehrung und der Sehakt deshalb eine »sakramentale Schau« (ebd.: 133). Die Kritik solcher Traditionen des sakramentalen Andachtsbildes führte jedoch keineswegs alle Reformatoren zu einer radikalen Bilderfeindschaft, wie sie die Genfer Reformierten um Jean Calvin auszeichnete. In der lutherischen Reformation wandelte sich das Schauen vielmehr zu einem »didaktischen Sehakt«, in dem der Betrachter an das Glaubenswissen der christlichen Lehre erinnert wird (ebd: 139). Das derart über den Glauben belehrende reformatorische Bild entsprach als Form der kommunikativen Mitteilung tendenziell einem Text, der nicht verehrt, sondern gelesen und verstanden werden sollte.

Grenzen des Sehens Gegen eine solche Interpretation der Rolle von Holzschnitten im Medienensemble der lutherischen Reformation, wie sie vor allem der Historiker Bob Scribner in innovativen Studien vertreten hat, sind unlängst wichtige Einwände geltend gemacht worden. Diese beziehen sich zum einen auf die empirische Frage nach der Möglichkeit eines solchen didaktischen Sehens. Denn Fehlsichtigkeit wurde im 16. Jahrhundert noch kaum durch die extrem teuren und seltenen Brillengläser korrigiert. Zum anderen ist es unklar, ob die komplexen Symbolzusammenhänge und Verweise auf biblische Botschaften in den Holzschnitten für die illiterate Bevölkerung tatsächlich so einfach verständlich waren, wie es die eingängige Metapher der Lesbarkeit von Bildern suggeriert (Pettegree 2005: 102–127).

 Ein Beispiel für die mit reformatorischen Holzschnitten verbundenen Interpretationsprobleme ist dieser als die »Göttliche Mühle« bekannt gewordene Titelholzschnitt zu einer 1521 erschienenen reformatorischen Flugschrift. Er zeigt Christus, der Korn in der symbolischen Form von Paulus mit dem Schwert und den vier Evangelisten in die Getreidemühle schüttet. Das Mehl erscheint in vier Schriftrollen als Hoffnung, Glaube, (Nächsten-)Liebe und Kirche, unter der Aufsicht von Erasmus von Rotterdam. Daneben verteilt Luther das zum Wort Gottes ausgebackene Mehl an einen katholischen Mönch, einen Bischof, einen Kardinal und den Papst, die es unbeachtet auf den Boden fallen lassen. Über ihnen kreist ein Vogeldrache, der »Ban, ban« in Anspielung an die päpstliche Verurteilung Luthers kreischt. Der Bauer Karsthans drischt zur Strafe mit dem Dreschflegel auf sie ein. Kernelemente der Konfrontation zwischen Luthertum und der katholischen Kirche sind hier auf ökonomische Weise im Bild zusammenge-

fasst. Dennoch darf bezweifelt werden, ob diese komplexe Komposition dem »gemeinen Mann« in ihren Facetten zugänglich war. Darauf verweist allein die Tatsache, dass wichtige Figuren durch Schrift benannt werden mussten. Wussten einfache Leute, dass Erasmus hier wegen seiner 1516 erschienen Edition des Neuen Testaments erscheint, die das Studium der Bibel erneuerte und Luther als Vorlage für seine Übersetzung diente? Wer konnte erkennen, dass der Holzschnitt auch eine Adaption und Parodie eines populären Bildes war, das als »Hostienmühle« die katholische Transsubstantiationslehre dargestellt hatte?

Titelholzschnitt zu: [Martin Seeger und Hans Füssli], Dyß hand zwen schwytzer puren gmacht. Fürwar sy hand es wol betracht. Beschreibung der götlichen müly, so durch die gnad gottes angelassen, unn durch den hochberümptesten aller mülleren, Erasmum von Roterodam, das götlich mel zusamen geschwarbet, Zürich 1521. © Bayerische Staatsbibliothek München, Sign. Res 14 P. o. germ. 226–15 d.

Nicht nur an diesem Beispiel zeigt sich, dass die Erforschung der Reformation als Einschnitt in der Evolution religiöser Kommunikation noch lange nicht abgeschlossen ist, sondern viele weitere offene Fragen bereithält. Dennoch lässt sich die Feststellung treffen, dass der Einfluss der Reformation nicht einfach in der Einführung eines einzelnen neuen Leitmediums bestand, das vornehmlich oder gar ausschließlich zur didaktischen Vermittlung und weiten Verbreitung ihrer Botschaft diente. Die Reformation zog vielmehr eine »Hierarchisierung« im Ensemble der Medien religiöser Kommunikation nach sich. In deren Gefolge wurden manche Medien wie das Bild in ihrer Bedeutung zurückgedrängt, andere wie die Predigt dagegen prämiert, weil sie die neue Fokussierung auf den Glauben und seinen Ausdruck im gesprochenen Wort stützen und plausibilisieren konnte. Diese Hierarchisierung war zugleich auch eine »Reaktion auf die üppige Multimedialität« der spätmittelalterlichen Frömmigkeit (Tyrell 2002: 82). Dabei sollte allerdings nicht vergessen werden, dass eine stärkere Orientierung an der Heiligen Schrift und ihrer Lektüre sich bereits in der theologischen Diskussion des späten 15. Jahrhunderts angedeutet hatte (Schreiner 2004; Schlögl 2005: 41; vgl. auch Quelle Nr. 16 im Internet). Zudem wäre es verfehlt, die Wortzentrierung der Reformation umstandslos als eine Rationalisierung zu deuten, da manche Protestanten dem Gebet- und Erbauungsbuch selbst magische Eigenschaften zuschrieben und es als Amulett benutzten.

Zieht man die Konsequenzen aus diesen Überlegungen und interpretiert die Reformation als eine Zäsur im Ensemble religiöser Kommunikations- und Verbreitungsmedien, so legt dies eine Fülle von empirischen Fragen nahe, die für die Zeit vom 16. bis zum 18. Jahrhundert bislang bestenfalls punktuell konzeptualisiert und untersucht worden sind. Zu fragen wäre zunächst nach den quantitativen Aspekten und Mechanismen der Produktion, Distribution und Zirkulation religiöser Bücher. Darüber hinaus müssten allerdings auch die qualitativen Dimensionen der Lektüre, des Verständnisses und der Aneignung bzw. Nutzung religiöser Texte in den Blick genommen werden, und zwar sowohl durch den einzelnen Gläubigen wie auch im Kontext der gemeindlichen Formen religiöser Unterweisung und der Feier des Gottesdienstes. Zu fragen wäre ferner nach den textlichen Konventionen, den stilbildenden Elementen und den rhetorischen Strategien verschiedener kommunikativer Gattungen wie dem Gesang- oder Andachtsbuch. Im Folgenden kann kein Aufriss geboten werden, der diese Fragen beantworten würde, da es dazu an systematischen und vergleichenden Forschungen im Horizont neuerer theoretischer Einsichten mangelt. Stattdessen werden einige Forschungsarbeiten diskutiert, die Schlaglichter auf wichtige Facetten der Medien religiöser Kommunikation unter den Protestanten, und hier insbesondere den Reformierten und Pietisten während des 17. und 18. Jahrhunderts, werfen.[4]

Eines der mit der protestantischen Fokussierung auf die Schrift allein (*sola scriptura*) verbundenen Probleme ist die daraus resultierende Frage, ob und wie Gewissheit über die rechte Auslegung der biblischen Texte gewonnen werden kann. Diese Frage ist nicht zuletzt von Luther selbst dahingehend beantwortet worden, dass sich die Heilige Schrift auf Grund ihrer Klarheit gewissermaßen selbst auslege und deshalb keiner weiteren autoritativen Interpretation bedürfe. Ein solcher Konsens galt auch unter den Puritanern in Massachusetts zu Beginn des 17. Jahrhunderts. William Perkins und Richard Bernard, die 1592 und 1607 die beiden wichtigsten Predigthandbücher für die Puritaner in Neuengland publizierten, betonten die Notwendigkeit einer buchstäblichen Lektüre der biblischen Texte, obwohl ihnen die darin vorkommenden Widersprüche und Ungereimtheiten sehr wohl geläufig waren. Die Aufgabe des Predigers bestand demnach nicht in einem eigenständigen Akt der Interpretation, sondern nur darin, den Text mit Hilfe des Heiligen Geistes für die Gemeinde zu öffnen und in seiner von Gott autorisierten Lesart zu übermitteln. Im Gegensatz zu Thesen der modernen Linguistik über den ›Tod des Autors‹ (Roland Barthes) als Ergebnis der vielen möglichen Lesarten eines in sich instabilen Zeichensystems lässt sich hier eher vom Tod des

Bibelinterpretationen

---

4 Als Problemaufriss für die Katholiken vgl. Holzem 2004a. Als vergleichenden Überblick über das religiöse Buch in der Frühen Neuzeit vgl. Bödeker/ Chaix/Veit 1991.

Lesers sprechen. Nur als wiedergeborener Christ konnte der Puritaner hoffen, den Sinn des von Gott als Autor verantworteten Textes zu verstehen (Gordis 2002: 23).

Eine solche gezielte Schließung hermeneutischer Vieldeutigkeit kollidierte allerdings bereits mit der interpretatorischen Praxis der ersten Generation puritanischer Prediger im 17. Jahrhundert, die, obwohl sie ihre eigene Rolle herunterspielten, doch eigenständige Techniken der Erschließung der Texte praktizierten. Die auf die Predigten folgende intensive Beschäftigung der Gemeinden mit der Schrift schuf weitere Uneindeutigkeiten. Schließlich brachen heftige theologische Kontroversen auf, wie im Streit um die antinomistischen Theologen im puritanischen Neu-England. Ihnen zufolge war der wahre Gläubige durch den Heiligen Geist gerechtfertigt und konnte deshalb nicht mehr gegen das biblische Gesetz (*nomos*) verstoßen. Bereits nach wenigen Jahrzehnten war unter den Puritanern in Massachusetts der Glaube erschüttert, dass die Eindeutigkeit der Heiligen Schrift den Konsens innerhalb der Gemeinden sichern könnte. Im Gefolge dieser Konflikte trat deshalb die professionelle Autorität des Predigers als Kenner und Ausleger der Schrift stärker in den Vordergrund (ebd.).

Bibel-
lektüre
Neben Fragen nach der theologischen Auslegung der Bibel und der dabei auftauchenden Spannung zwischen Buchstabe und Geist ist die Frage nach Ausmaß und Intensität der Lektüre der Bibel und anderen religiösen Schrifttums eine der Kernfragen der Geschichte religiöser Kommunikation in der Frühen Neuzeit. Sie ist, wie oben ausgeführt, zumindest für die erste Hälfte des 16. Jahrhunderts mit Blick auf die Literalität breiter Bevölkerungskreise eher mit Skepsis zu beantworten. Vieles spricht demnach dafür, dass sich die weite Verbreitung und Nutzung der Bibel erst im Gefolge des 17. und vor allem des 18. Jahrhunderts durchsetzte, und dass dabei insbesondere dem lutherischen Pietismus und den reformierten Territorien eine Vorreiterrolle zukam. Detaillierte Informationen über den Besitz und zumindest ansatzweise die Nutzung von religiösen Büchern lassen sich nur aus vorwiegend quantitativen Daten gewinnen, wie sie Nachlassverzeichnisse vermitteln. Ein Beispiel dafür sind

die Inventur- und Teilungsakten, in denen die gesamte bewegliche Habe eines Haushalts zum Zeitpunkt der Heirat bzw. des Todes eines der Ehepartner verzeichnet ist und die deshalb auch Angaben über Zahl, Titel und Wert einzelner Bücher enthalten. Damit lassen sich zumindest in Umrissen der Zeitpunkt und, über die vorhandenen Titelangaben, die religiös-theologische Ausrichtung der Buchlektüre bestimmen.

Ein eindringliches Beispiel für den damit möglichen Erkenntnisgewinn sind die mikrohistorischen Untersuchungen von Hans Medick über die Gemeinde Laichingen auf der Schwäbischen Alb. Diese profitierte im 18. Jahrhundert stark von der Konjunktur der im verlegten Heimgewerbe organisierten Leineweberei, welche die ökonomische Struktur des Ortes prägte. Aus den für die Zeit von 1750 bis 1820 vorliegenden Daten ergibt sich unter anderem, dass der durchschnittliche Buchbesitz pro Haushalt in Laichingen am Ende des 18. Jahrhunderts mit 13 bis 14 Titeln noch um einiges höher lag als im nahe gelegenen Tübingen mit knapp unter zehn Büchern (Medick 1996: 461 ff.). Dabei war Tübingen als Universitätsstadt zu dieser Zeit eines der Zentren protestantischer Gelehrsamkeit und intellektueller Innovation, wie die gemeinsame Studienzeit von Friedrich Hölderlin, Friedrich Wilhelm Schelling und Georg Wilhelm Friedrich Hegel im Tübinger Stift anzeigt. Diese Daten zeigen nicht nur eindringlich, welche Bedeutung der Lektüre in der pietistischen Frömmigkeitskultur dieser Zeit zukam, da nur 1,5 Prozent der Bücher keinen religiösen Inhalt hatten. Sie korrigieren zugleich weit verbreitete Stereotypen über die angeblich auch noch im 18. Jahrhundert geringere Alphabetisierung der ländlichen Bevölkerung und die Rolle der Stadt als Vorreiter der Lektüre und Aufklärung. Die Feindifferenzierung der Daten über den Buchbesitz ermöglicht zudem weitere faszinierende Einblicke in die Bedeutung der Lektüre als Medium religiöser Kommunikation. So ergibt sich, dass Unterschiede im Vermögen sich kaum in einem unterschiedlichen Buchbesitz niederschlugen und der kulturelle Horizont des Dorfes trotz wachsender sozialer Ungleichheit also relativ homogen blieb. Nicht nur die vermögenden Lehrer und Kaufleute besaßen viele Bücher, sondern auch die Weber und besitzarme Haushalte.

*Als der verwitwete arme Tagelöhner und Totengräber Christoph Laichin-
ger am 14. Juni 1786 starb, hinterließ er seinen beiden Söhnen eine weit
über dem Durchschnitt des Ortes Laichingen liegende Bibliothek von
nicht weniger als 54 Büchern. Wenige Wochen zuvor hatte er diese Bücher
in einer testamentarischen Verfügung seinen Söhnen vermacht und besonders anempfohlen. Dieser Brief zeigt, dass die Bücher weit mehr waren
als nur materieller Besitz oder eine Form des repräsentativen Konsums. Sie
waren vielmehr ein Medium der fortwährend lernenden und suchenden
»Erkänntnis Jesu«, die es nach intensiver Lektüre im täglichen Leben »an-
zuwenden« galt. Aufgrund dieser besonderen Bedeutung für sein eigenes
frommes Leben konnte Laichinger seine Bücher den Söhnen auch als eine
Form der Memoria, also des familiären Gedächtnisses, für die Weitergabe
an die Enkel empfehlen:*

»Daß mein Sohn Heinrich schon ettlich Bücher von mir hat ohne einen Kreut-
zer Geld. Erstlich eine Hauß Postill in Folio, Haußapodeck genant. Vom Lasi-
nio: 2tens: ein Predig Buch in Quart mit 24 Predigen über das Dritte Capitel
des Predigers Salomonis: 3tens: dene Sendbrieff in Octav: 4tens einen neuen
Psalter in Klein octav: 5tens: ein Histore Buch in Octav mit 700 Historien, nah-
mens Acerna: genant: und eine Flintt zum Schiessen: hat auch von seinem
Bruder seelig Hannß Jerg Kleyder bekommen. Ferner. Wenn er wieder nach
Ulm kommt und verheyratet sich mit seinem Me [Mädchen] so bekommt er
von ihr kein Kind mehr: und in Ulm ist der Platz, man kann im Fürkauf Bücher
haben wie mann will: wenn einer eines gelesen hat, so kan ers hintragen und
ein anders dargegen nehmen... [...]
Und welches mich freuen thät. Wenn er Kinder bekommt, das auch etlich
Bücher von mir auf meine Nachkimmling kamen, daß sie auch sagen könnten:
die Bücher hat mein Vater von meinem Eher [Großvater] oder von seinem Vat-
ter, und ich wünsche Ihnen die Erkänntnis Jesu Christi darinnen zu suchen und
zu erlernen und zu ihrem zeitlichen und ewigen Heil: und Seeligkeit anzuwen-
den, und das sie sollen das Vierte Gesetz in dem Schönen Lied Herr Jesu Gna-
den Sonne fleißig und andächtig betten: denn um Christi willen ist die gantze
Heilige Schrift = geschrieben: das wir diese Gabe recht erkennen sollen lernen,
die uns Gott geschenket hat. Johannes 3: Cap. V:16: Ich schließe wegen Mattig-
keit und empfehle Euch alle der Gnade Gottes und verbleibe Euch getreu bis
in Todt. N.Christoph Laichinger: üb. 45 Jahr gewesener Todtengräber all hier in
Laichingen, geschrieben Anno 1786; dto: 3. Mayen.«

 *(Testamentarischer Brief von Christoph Laichingen aus Laichingen an seine
Söhne, 3. Mai 1786, zitiert nach Medick 1996: 473)*

Die Suche nach der »Erkänntnis« Christi und deren Anwendung zur Erlangung des individuellen Heils, sowohl »zeitlich« als auch »ewig«, das heißt über den Tod hinaus, bestimmte den Umgang Laichingers mit dem gedruckten religiösen Text. Darin wird eine eschatologische Grundströmung im württembergischen Pietismus des 18. Jahrhundert erkennbar, von der Laichinger gegen Ende seines Lebens geprägt wurde. Eine solche reflexive Suchbewegung ist ein Charakteristikum der reformierten Frömmigkeit, wenn wir diesen Begriff in einer sehr weiten Fassung verwenden, die neben den angelsächsischen Puritanern und oberdeutschen Reformierten auch die verschiedenen Spielarten des mitteleuropäischen Pietismus einbezieht (v. Greyerz 2000: 122 ff.). Dies ermöglicht es, in medientheoretischer Absicht eine weitere Form der protestantischen Selbstvergewisserung über das Heil historisch genauer zu beschreiben. Prägend für die reformierte Frömmigkeit war der Verzicht auf die Heilsvergewisserung im Ritual oder religiösen Gemeinschaftshandeln. Reformierte Christen konzentrierten sich vielmehr auf die Reform und Kontrolle der persönlichen Lebensführung in der Sittenzucht. Darüber hinaus galt es, durch intensive permanente Selbstbeobachtung nach individuellen Heilszeichen zu fahnden. Durch eine solche Form der spirituellen Selbstvergewisserung ließ sich die nagende Ungewissheit über die Vorsehung Gottes wenn nicht überwinden, so doch zumindest methodisch kontrollieren.[5]

Seit dem Ende des 16. Jahrhunderts verband sich dieses Grundproblem reformierter Heilssuche in folgenreicher Weise mit schriftlichen Formen der spirituellen Selbstbeobachtung und formte damit ein eigenständiges Genre religiöser Kommunikation in der Neuzeit. Dies geschah zuerst am Ende des 16. Jahrhunderts in den puritanischen Zirkeln um William Perkins in Cambridge. Diese standen im Gegensatz zum calvinistischen Prädestinationsdogma, das die Unergründlichkeit des göttlichen Ratschlusses über die

Verschriftlichte Selbstbeobachtung

---

5 Für die Katholiken wird in vergleichbarer Weise die Beichte als ein Medium der Selbstthematisierung und Identitätsbildung untersucht. In soziologischer Perspektive vgl. Hahn 1982. In historischer Perspektive, mit Skepsis gegenüber einer Frühdatierung der Individualisierung: Bossy 1975; Ziemann 2007a: 274–290; vgl auch Quelle Nr. 18 im Internet.

Bestimmung zur Seligkeit postulierte und 1618/19 auf der Synode von Dordrecht für alle orthodoxen Reformierten festgeschrieben wurde. Dagegen betrachtete die Gruppe um Perkins es als Aufgabe aller Christen, nicht nur in ihrem Gewissen, sondern auch in ihrer alltäglichen moralischen Praxis nach Anzeichen für die Erwählung zu forschen. Dies begünstigte eine Praxis der schriftlichen Selbstüberwachung und Selbstbeobachtung, die seit ca. 1580 in zahlreichen spirituellen Tagebüchern und Autobiographien von englischen Puritanern ihr bevorzugtes Medium fand. Seit den 1660er Jahren lassen sich solche Selbstzeugnisse auch für Reformierte in Schottland und den Niederlanden in großer Zahl nachweisen. Unter den französischen Hugenotten ist eine vergleichbare Praxis jedoch nicht nachgewiesen (Benedict 2002: 518 ff.).

Auch die spätestens seit Beginn des 18. Jahrhunderts im lutherischen Pietismus geübte Praxis des spirituellen Tagebuchs steht in der von den englischen Puritanern ausgehenden Tradition religiöser Selbstvergewisserung im Medium des schriftlichen Protokolls tagtäglicher geistlicher Reflexion. Es ist wohl überzogen, in dieser introspektiven Praxis des Tagebuchschreibens eine Vorform des »modernen säkularen Individualismus« und seiner »Psychologisierung von Glaubensfragen« zu sehen (v. Greyerz 2000: 153). Denn zumindest im lutherischen Pietismus war das Tagebuch nicht nur ein Medium »individueller Introspektion«, sondern stand zugleich unter dem Zwang des Nachweises »persönlicher Heiligung gegenüber den frommen Brüdern und Schwestern« und war damit zugleich ein »Zeugnis für die Gruppe« (Gleixner 2002: 76). Die Analyse des pietistischen Tagebuchschreibens ermöglicht deshalb interessante Einblicke nicht nur in die geschlechtsspezifischen Selbstentwürfe eines frommen Subjekts, sondern auch in die Nutzung dieses Mediums zur Überbrückung der offenkundigen Diskrepanzen zwischen dem frommen Selbstentwurf und der täglichen Lebenspraxis in Glaube, Familie und Beruf (ebd.).

Verbreitungsmedien im 20. Jahrhundert

Während so für die Frühe Neuzeit immerhin erste empirische Untersuchungen und konzeptionelle Überlegungen zum Zusammenhang von religiösem Wandel und den Medien gläubiger Kommunikation vorliegen, steht eine solche Forschungsperspektive für das 20. Jahrhundert noch völlig in den Anfängen. Dabei ist es offenkundig, dass die rasche Durchsetzung neuer Verbreitungsmedien mit der weiten Verbreitung der Tagespresse seit dem späten 19. Jahrhundert und dann der Einführung von Film, Radio und Fernsehen bis 1945 massive Auswirkungen auch auf die Stellung und Form religiöser Kommunikation im Gesamtgefüge der Gesellschaft gehabt hat. Doch bislang liegen, abgesehen von Untersuchungen zu bestimmten Medienformaten wie dem »Wort zum Sonntag«, nur erste Überlegungen zum Verhältnis von Film und Religion vor. Die Darstellung religiöser Themen war lange von den Ambivalenzen der christlichen Kirchen in Europa gegenüber dem neuen Massenmedium geprägt, die oft nach der Zensur riefen, aber auch eigene Filme zu produzieren begannen. Europäische Regisseure brachten zwar Sujets wie das Leben des Pfarrers in der Gemeinde auf die Leinwand. Abgesehen von wenigen Ausnahmen wie Pier Paolo Pasolini, der 1964 in eindrucksvoller Weise das *Evangelium nach Matthäus* mit Laiendarstellern realisierte, waren sie aber selten willens und in der Lage, religiöse Themen in anspruchsvoller Weise filmisch umzusetzen (Sorlin 2005).

Ein besonders lohnendes Untersuchungsfeld für künftige Forschungen zu den Medien religiöser Kommunikation im 20. Jahrhundert sind die protestantischen evangelikalen Prediger, die seit 1945 vor allem in den USA, aber auch in Großbritannien aufgetreten sind. Der bekannteste von ihnen ist Billy Graham (geb. 1918), ein Prediger aus einer der *Southern Baptist Churches*. Seit dem Beginn seiner evangelikalen *crusades* 1947 hat er weltweit schätzungsweise 215 Millionen Menschen in religiösen Massenveranstaltungen und über zwei Milliarden Zuhörer und Zuschauer durch Radio- und Fernsehübertragungen erreicht.[6] Die enorme globale Bekanntheit von Graham ist das Resultat der konzertierten Medienstrategie, welche die »Billy Graham Evangelistic Association« seit 1950 mit wöchentlichen Radiosendungen, Liveübertragungen von evangelikalen *events* zur *prime time* in den

---

6 Die folgende Skizze knüpft an die luziden empirischen Beobachtungen und theoretischen Überlegungen zur Evangelisation in der Gegenwart bei Pollack 1998 an. Zu Billy Graham vgl. Harris/Spence 2007; Brown 2006: 188–202.

nationalen Fernsehkanälen sowie mit der Produktion von über 130 Filmen verfolgt hat. Im Zentrum seiner religiösen Botschaft aber steht die Form des *crusade*, der in dichter Folge an bestimmten Orten wiederholten Massenveranstaltungen. Diese finden oft unter freiem Himmel oder in riesigen Arenen oder Fußballstadien statt, wie 1954, als Graham vor 100.000 Zuschauern im Londoner Wembley-Stadion predigte (Brown 2006: 194).

Evangelikale Kommunikation

Mit diesen Veranstaltungen bediente Graham die Erwartungshorizonte und Perzeptionsmuster seines in der modernen Medien- und Erlebnisgesellschaft sozialisierten Publikums. Gewaltige Massenchöre mit oft bis zu 3.000 Sängern – die Männer in schwarzem Anzug, die Frauen im weißen Kleid – begleiteten die Veranstaltungen mit ihrer Gospelmusik und schufen in dem mit Blumen und Bändern geschmückten Stadion eine festliche Atmosphäre. Auf die Mediengesellschaft verweist auch die Einbeziehung von berühmten Persönlichkeiten aus Hollywood. In England waren dies 1954 der Cowboy Roy Rogers und sein berühmtes Pferd Trigger, die vor allem den Kindern aus zahlreichen Westernfilmen bekannt waren (ebd: 197). Eingebettet in dieses auf die Massenmedien verweisende und auf ihnen aufbauende Spektakel war die vergleichsweise kurze, aber didaktisch eindringliche Predigt von Graham, an deren Ende er jene aufforderte nach vorne zu kommen, die sich wieder zum christlichen Glauben bekennen wollten. Diese *inquirers* konnten dann mit einem professionellen religiösen *counselor* aus dem Stab von Graham sprechen, der persönliche Fragen in quasi-therapeutischer Form ansprach und mit der Person betete. In starkem Kontrast zur showmäßigen Aufmachung dieser Ereignisse, welche die Anwesenheit Gottes erlebbar machen sollten, stand jedoch die »Dramatisierung der Entscheidungssituation«, mit der Graham den moralischen Verfall der Welt beschrieb, die Versammelten direkt als Sünder ansprach und daraus die Notwendigkeit zur Umkehr ableitete (Pollack 1998: 455; Brown 2006: 194). Erst in dieser doppelten Fundierung von massenmedialer Grundierung und scharfer Hervorhebung des »eschatologischen Codes« (Ebertz 2004) erschließt sich die spezifische mediale Form und der historische Ort der evangelikalen Kommunikation seit 1945.

Die evangelikalen *crusades* von Billy Graham sind nicht nur ein anschauliches Beispiel für die systematische Verwendung der neuen elektronischen Massenmedien des 20. Jahrhunderts in der religiösen Kommunikation. Der Baptistenprediger war zugleich ein wichtiger Bezugspunkt und ein »Vorbild« für eine neue Generation von Evangelisten, die ihre Fernsehauftritte seit etwa 1980 systematisch für die Formierung einer neuen religiösen Rechten benutzten. Die von Predigern wie Jerry Falwell und Jimmy Swaggart vorangetriebene Welle des Neofundamentalismus hat die religiöse Landschaft im Süden der USA nachhaltig umgestaltet. Sie politisierten die Reformulierung des religiösen Codes, die Graham mit der moralischen Dichotomie von Sünde und Erlösung begonnen hatte. Für Graham, der seine Karriere in den ersten Jahren des Kalten Krieges begonnen hatte, diente die evangelikale Form der Verkündigung vor allem dem Kampf gegen den Kommunismus. Die Neofundamentalisten der 1980er Jahre richteten ihre hysterischen Polemiken nunmehr vor allem gegen den angeblichen Verfall der Familienwerte, gegen die Liberalisierung des Abtreibungsrechts und gegen die Pornographie. Ein Grund dafür war nicht zuletzt die taktische Notwendigkeit eines Bündnisses mit konservativen Katholiken, denen diese Themen entgegenkamen (Hochgeschwender 2008: 182 ff.). Zugleich zeigt sich darin aber auch, dass die neofundamentalistische Reformulierung des religiösen Codes auf die Veränderungen in den (religiösen) Geschlechterrollen seit den sechziger Jahren reagierte.

4. Religion – ein Feld mit offenen Grenzen? »Politische Religion« und »Ersatzreligionen«

Vor allem mit Blick auf das 20. Jahrhundert haben sich Religions- und Zeithistoriker um die Analyse von Phänomenen der Ersatz- religion sowie der »vagierenden«, gesellschaftlich frei flottierenden Religion bemüht (Nipperdey 1988: 143 ff.). Damit geraten als reli- giös verstandene Phänomene jenseits der tradierten, kirchengebun- denen Sozialform der Religion in den Blick. Zugleich stellt sich damit die Frage, ob Religion in den totalen Kriegen und totalitä- ren Diktaturen des 20. Jahrhunderts überhaupt noch als ein klar abgegrenztes Feld der Gesellschaft verstanden werden kann. Oder ist vielmehr von offenen und fluiden Grenzen insbesondere zur Politik zu sprechen oder gar eine religiöse Qualität des Politischen zu beobachten, die in der Forschung oft als »politische Religion« bezeichnet wird (Gentile 1990; ders. 1996)? Diese Ansätze versu- chen der besonderen emotionalen Qualität gerecht zu werden, die den Massenaufmärschen, den öffentlichen Ritualen und politi- schen Inszenierungen des faschistischen Totalitarismus in Italien und Deutschland zu eigen waren. Sie werfen damit Fragen auf, denen eine sozialgeschichtliche Analyse der Religion nicht auswei- chen kann. Zugleich ist die in den letzten Jahren zu beobachtende Konjunktur dieser Forschungen aber auch eine Spätfolge jener oben (Kap. 2.1.) angesprochenen, inzwischen als überholt zur Seite gelegten Säkularisierungskonzepte, die einen unwiderruflichen Schwund der Religion in der Moderne unterstellt haben. Denn gerade in dieser Perspektive scheint die Suche nach einem Ersatz für die als traditional verstandene Religion besonders dringlich.

Sport als Ersatz- religion?

Dass dabei nicht immer strenge Maßstäbe an begriffliche und analytische Klarheit gestellt werden, macht der Versuch deutlich, den Sport als »die Religion des 20. Jahrhunderts« zu interpretieren

(Zimmermann 2000: 331). Dies wird als Gegenthese zu der sehr pauschal und nur grob skizzierten Vorstellung präsentiert, nach der die moderne Gesellschaft eine durch und durch »säkularisierte« sei (ebd.: 339). Mindestens ebenso problematisch ist jedoch die geringe Aufmerksamkeit, die der genauen Konzeptualisierung des Religionsbegriffs gewidmet wird. In lockerer Anlehnung an Durkheim werden so »Gemeinschaft, Ritus und Mythos« als drei »charakteristische Merkmale der Religion« bezeichnet, eine Auflistung, die sich in ähnlicher Form in vielen Darstellungen zur politischen Religion des Faschismus findet (ebd.: 337; vgl. Gentile 1990: 230). Ein solcher Blick auf den organisierten Sport des 20. Jahrhunderts erschließt wichtige Aspekte dieser Form der Vergesellschaftung der Massen, und es ist kaum zu bezweifeln, dass in den Fußballstadien und olympischen Arenen Elemente jener kollektiven Gärung (lat. = *Efferveszenz*) anzutreffen sind, die für Durkheim ein wichtiger Bestandteil der Religion waren. Damit ist allerdings nur ein bestimmter Ausschnitt aus der religionssoziologischen Diskussion herbeizitiert, an den bereits vielfach die kritische Anfrage gerichtet worden ist, ob Religion nicht ebenso sehr Gemeinschaft zerstört wie bildet, und worin das spezifische Bezugsproblem religiösen Sinns zu sehen ist (vgl. Kap. 1.3).

Gerade Rituale und Mythen sind eben nicht nur Elemente religiöser Kommunikation, sondern finden sich auch in der gemeinhin als nüchtern und religionsfern unterstellten Wissenschaft. Wer einmal mit distanziertem Blick die merkwürdigen Begrüßungsrituale auf akademischen Tagungen beobachtet hat, erkennt ihre funktionale Ähnlichkeit mit den Menschentrauben, die Fußballer unmittelbar vor dem Anpfiff bilden. Und Mythen, also symbolisch aufgeladene Narrative, die komplexe Handlungszusammenhänge in ein Davor und Danach zerlegen, gibt es ebenfalls in der Wissenschaft. Einer davon ist die Vorstellung, dass Naturwissenschaftler die ›objektive‹ Realität der Natur im Laborexperiment einfach finden, wie die neuere Wissenschaftssoziologie gezeigt hat. Dennoch bleiben die Sinnzusammenhänge different. Im Sport geht es um Sieg oder Niederlage, in der Wissenschaft um die Wahrheit, in der Religion um die Unabgeschlossenheit jeglichen Sinns. Den Sport pauschal als die Religion des 20. Jahrhunderts zu bezeichnen, ist mit einem theoretisch gehaltvollen Religionsbegriff nicht vereinbar und trägt auch zu einem besseren Verständnis der Geschichte des Sports nichts bei.

Politische Religion

Ähnliches lässt sich über Versuche sagen, die totalitären Diktaturen des 20. Jahrhunderts, und hier neben der Sowjetunion unter Stalin vor allem das faschistische Italien und die NS-Diktatur, als Erscheinungsformen einer politischen Religion zu analysieren. Unter Rückgriff auf ältere Formen eines sakral aufgeladenen Nationalismus, so das Argument dieses Ansatzes, habe die politische Religion eine messianische Führererwartung mit der Liturgie eines Kultes der Nation verbunden und die Nation zum Höchstwert und wichtigsten Bezugspunkt für individuelles und kollektives Handelns übersteigert. Die totalitären Diktaturen füllten nach dieser Interpretation auf ebenso aggressive wie synkretistische Weise das Sinnvakuum, das die im 19. Jahrhundert rapide voranschreitende Säkularisierung und Entchristlichung breiter Bevölkerungsschichten hinterlassen habe (Gentile 1996). Man kann die mechanistische und wenig überzeugende Säkularisierungskonzeption kritisieren, die solchen Thesen zu Grunde liegt. Dabei ist allerdings auch der Kontext der Einführung des Begriffs »politische Religion« in den wissenschaftlichen Sprachgebrauch zu bedenken. Diese erfolgte 1938 mit einem Buch des österreichischen Publizisten und Philosophen Eric Voegelin (1901–1985) über *Die politischen Religionen* (1993 [1938]). Voegelin knüpfte darin an zeitgenössische Debatten in verschiedenen Ländern Westeuropas an, die den Nationalsozialismus als Folge eines säkularen Abfalls von Gott und der daraus folgenden moralischen Verwirrung interpretierten. Auch für den überzeugten Katholiken Voegelin war eine politische Ordnung nicht ohne christlich-religiöse Unterfütterung zu denken, während die politische Religion des Nationalismus zu einer Selbstvergötzung des Menschen geführt habe (Hardtwig 2001; Hockerts 2003).

So antiquiert eine solche geistesgeschichtliche Einordnung der nationalsozialistischen Massenmobilisierung heute scheinen mag, so hat sie doch einen wichtigen Punkt der faschistischen Propaganda in Italien und Deutschland zielsicher in den Blick genommen. Dieser besteht in der Semantik des Politischen, welche diese mit Höchstrelevanz versah. Die Nation als wichtigste politische Handlungseinheit darzustellen, war ein wichtiger Bestandteil der Reden des faschistischen Duce Benito Mussolini ebenso wie der Adolf Hitlers. Eine solche Betonung der Höchstrelevanz des Politischen knüpfte an die seit langem tradierte Semantik des Religiösen in den Offenbarungsreligionen an, zu der die zentrale Stellung der Offenbarung Gottes und seines Wortes gehört. Diese Rhetorik der Überhöhung ist ein wichtiges Thema der Analyse des faschistischen Regimes in Italien seit der Machtergreifung im Jahre 1923, die der italienische Historiker Emilio Gentile vorgelegt hat. Neben der Sakralisierung von Staat und Partei und der Inszenierung von Ritualen einer politischen Religion wie der »Leva Fascista«, in der junge Mitglieder in die faschistische Partei aufgenommen wurden, stellt Gentile die systematische Kultivierung von Elementen einer politischen Theologie heraus, die sich vor allem seit 1925 entwickelte. Weil der faschistische Staat die prosaische Alltäglichkeit des weltlichen Lebens transzendierte – so die in vielen Reden, Zeitungsartikeln und Lexikonartikeln wiederholte Botschaft des Regimes – sei ihm eine religiöse Qualität zu eigen, mit der die italienische Nation aus den Wirren und Bedrängnissen der Nachkriegszeit und von der verheerenden Niederlage im Ersten Weltkrieg erlöst werde (1996: 54 ff.). »Der Faschismus«, so äußerte sich Mussolini 1923, »ist spirituelle Kraft und Religion. Er kann sich in den Menschen oder in den Gruppen irren, aber die Flamme, die von ihm ausgeht, ist unsterblich« (zit. bei Klinkhammer 2003: 76).

Eine solche Interpretation des italienischen Faschismus als politischer Religion erfasst zweifelsohne wichtige Elemente dieser Semantik, die der politischen Bewegung über den Tod des Einzelnen oder der Gruppe hinaus Relevanz zuschreibt. Dennoch gibt es wichtige Gründe dafür, gegenüber einer Gesamtinterpretation des Regimes mit diesem analytischen Konzept skeptisch zu bleiben. So oft Mussolini und andere führende Mitglieder seiner Partei die religiösen Qualitäten des Glaubens an den Duce und des Opfers für die Bewegung hervorhoben, so deutlich ist doch, dass dies in erster Linie als eine öffentliche Selbstbeschreibung des Regimes zu verstehen war, deren instrumentelle Absicht der politischen Integration und permanenten Mobilisierung der Massen unverhohlen zutage trat. Eine Deutung des Faschismus als politische Religion ist auch deshalb unzutreffend, da die Partei keine substanziellen Anstrengungen unternahm, sich an die Stelle der etablierten katholischen Religion zu setzen und deren vergesellschaftende Rolle zu unterminieren. In der kleinstädtischen und ländlichen Provinz gab es kaum nennenswerte Konflikte zwischen Kirche und Partei, und seit dem Abschluss des Konkordats zwischen Staat und Vatikan im Jahre 1929 trug die Kirche mit Messen und religiösen Ritualen auch direkt zur symbolischen Aufladung staatlicher Zeremonien bei (ebd.: 77, 85 ff.). Trotz der Sakralisierung der Nation kann also keine Rede davon sein, dass der Kult des Duce und der faschistischen Bewegung in Italien von 1923 bis 1945 als Ersatz an die Stelle der katholischen Religion trat.

Völkische Religion

Komplizierter ist eine Beurteilung des Theorems der politischen Religion mit Blick auf Deutschland. Hier entstand seit 1900 am rechten Rand der protestantischen Milieus eine völkische Religion, die im Kern auf eine rassische Erneuerung des deutschen Volkes zielte und als Voraussetzung dafür eine fugenlose Identität von Volk und Religion proklamierte. Mit dem dafür erstmals 1913 verwandten Begriff »Deutschchristentum« verband sich zugleich eine offen antisemitische Wendung gegen das vor allem vom Apostel Paulus verkörperte »Judenchristentum«. An die Stelle des leidenden Schmerzensmannes Jesus trat die Vorstellung eines kampfbereiten, aktiven Helden, dem von einigen Autoren in Person und Lehre sogar ›arische‹ Eigenschaften zugeschrieben wurden (Puschner 2006: 18 ff.). Neben diesem christlich-protestantischen Flügel gab es eine neuheidnische Strömung, die auf der Grundlage einer Germanenideologie eine gänzlich vom Christentum losgelöste völkische Religion konstruieren wollte. Sie blieb aber bis 1914 zahlenmäßig bedeutungslos (ebd.). Eine an die deutschchristliche Strömung anknüpfende Kirchenpartei »Deutsche Christen« entstand seit Ende 1931 in den evangelischen Landeskirchen. Bei den Kirchenwahlen vom November 1932 gewann sie ein Drittel aller Synodalsitze. In der politischen Religion der Deutschen Christen verschmolzen »religiöse und nationale Heilserwartungen«. Die von ihnen mit Begeisterung begrüßte

Machtübernahme Hitlers im Januar 1933 deuteten sie als ein Zeichen nationaler »Erwähltheit« (Schulze Wessel 2005: 150 f.). Die Radikalisierung des extremen Flügels der Deutschen Christen, der im November 1933 die Abschaffung des Alten Testaments forderte, führte jedoch zu inneren Konflikten und in deren Gefolge zu weitgehender organisatorischer Auflösung. Hinzu kam, dass der NS-Staat den Anspruch der Gruppierung zurückwies, Träger einer dem neuen Staat entsprechenden Kirche zu sein. Damit öffnete sich zugleich ein Handlungsraum für die seit 1934 in der Bekennenden Kirche organisierte innerkirchliche Opposition gegen die Deutschen Christen (Scholder 2000 [1977]: 781 ff.).

Während das Konzept der politischen Religion wichtige Aspekte der deutschchristlichen Strömung erfasst, bleibt es fraglich, ob es auch zur Analyse des NS-Herrschaftssystems insgesamt sinvoll ist. Ähnlich wie beim italienischen Faschismus lässt sich einwenden, dass ein Gutteil der quasi-religiösen Rhetorik des Regimes keineswegs echten Überzeugungen entsprach, sondern eine kalkulierte Instrumentalisierung religiöser Semantiken darstellte. Diese sollte der – anders als in Italien durchaus erfolgreichen – Verdrängung der christlichen Kirchen als herrschafts- und gesellschaftsbildender Kraft dienen. Insofern das Regime die deutsche Nation zum Höchstwert politischen Handelns und individueller Überzeugung erhob, konnte es an bereits seit dem späten Kaiserreich verbreitete nationalreligiöse Deutungsmuster anknüpfen. Dennoch handelte es sich dabei keineswegs um eine politische Religion, sondern vielmehr um die »Aufnahme, Steigerung und Nutzung von ›politisierter Religion‹« (Hockerts 2003: 53). Deren Entwicklung jedoch diente dem genuin politischen Zweck des Machterhalts.

Neue Perspektiven für die Erforschung dieser Zusammenhänge sind unter dem Rubrum des »positiven Christentums« aufgeworfen worden. Dabei handelt es sich um einen in Punkt 24 des Parteiprogramms der NSDAP aus dem Jahr 1920 erwähnten Begriff. Die Partei bekannte sich dort zu einem »positiven Christentum«, »ohne sich konfessionell an ein bestimmtes Bekenntnis zu binden« (Steigmann-Gall 2003: 14). Dies ist bislang eher als ein taktisches Bekenntnis verstanden worden, das die antichristliche Ideologie

Positives Christentum?

der Partei verschleiern sollte. Im Gegensatz dazu hat der Historiker Richard Steigmann-Gall vorgeschlagen, die Haltung der NS-Bewegung zur Religion als genuinen Ausdruck eines solchen positiven Christentums zu verstehen, das viele Überschneidungen mit den Zielen des nationalprotestantischen Luthertums aufwies und deshalb im evangelischen Milieu erhebliche Zustimmung erfuhr.

Die Ziele dieser nationalsozialistischen Adaption nationalreligiöser Vorstellungen waren: die Überwindung der konfessionellen Spaltung Deutschlands; die Ausbildung einer einheitlichen Reichskirche, die zugleich gewissermaßen die Reformation vollenden sollte; die Durchsetzung einer kollektiven Sozialethik, die Gemeinnutz vor Eigennutz stellte, sowie die nationale Erneuerung Deutschlands, die den Deutschen als dem von Gott auserwählten Volk gebühre (ebd.). Diese Thesen haben eine intensive kritische Diskussion ausgelöst, in der Fragen der historischen Begrifflichkeit ebenso erörtert werden wie empirische Anfragen in Bezug auf die soziale Reichweite und das theologische Profil dieses ›positiven Christentums‹.[1] Diese Diskusion ist noch nicht abgeschlossen. Die damit gestellte Frage nach den Überschneidungen und Dissonanzen zwischen Luthertum und Nationalsozialismus verspricht aber interessantere Einsichten als die begrifflich verfehlte Analyse des »Dritten Reichs« als einer politischen Religion.

---

1 Vgl. dazu vor allem die Beiträge von Doris Bergen, Manfred Gailus und Stanley Stowers in einem Themenheft des Journal of Contemporary History 42 (2007), Heft 1. Richard Steigmann-Gall hat seinen Kritikern in einem Beitrag in Heft 2 desselben Jahrganges geantwortet.

5. Differenzierungen des Religiösen: Ausblick

Sozialgeschichte der Religion ist, so sollte deutlich geworden sein, weit mehr als nur eine dürre quantifizierende Auszählung der Schichtzugehörigkeit oder anderer Sozialdaten von Pfarrern oder Mitgliedern von Ordensgemeinschaften und religiösen Vereinen. Sie geht aber auch über eine deskriptive Beschreibung einzelner religiöser Rituale oder Symbole hinaus, und versucht stattdessen, Veränderungen in der Form solcher Rituale zu mittel- und langfristigen Prozessen des religiösen und gesellschaftlichen Wandels in Beziehung zu setzen. Sozialgeschichtliche Forschungen zur Religion leisten damit – mittelbar oder unmittelbar – auch einen Beitrag zum Projekt einer Gesellschaftsgeschichte, welche die Dynamik des Wandels und die Ambivalenzen der Vergesellschaftung in der Moderne analysieren will. Ein solches Erkenntnisinteresse sollte allerdings nicht dazu führen, die Funktion und Relevanz der Religion allein auf der Ebene der Gesamtgesellschaft zu verorten, wie es oftmals in der eher grobschlächtigen Redeweise der Zusammenhänge von Religion *und* Gesellschaft geschieht. Dann wäre ohnehin besser von der Religion *der* Gesellschaft zu sprechen, um zu verdeutlichen, dass das Religiöse nicht in einem abstrakten Gegensatz zur Gesellschaft steht und durch dessen Wandel sukzessive marginalisiert wird (wie es die simpleren Versionen der Säkularisierungsthese unterstellt haben), sondern selbst oft ein aktiver und wichtiger Motor der gesellschaftlichen Transformation gewesen ist, wie das Beispiel der frühneuzeitlichen Konfessionalisierung veranschaulicht.

Eine begrifflich anspruchsvolle Sozialgeschichte der Religion sollte sich also bemühen, Differenzierung in einem doppelten Sinne im Blick zu behalten (Tyrell 2006). Zum einen gilt es, die **Doppelte Differenzierung**

Folgen der Ausdifferenzierung von Funktionssystemen zu analysieren. Hier ist zu fragen, in welcher Form die Religion ganz generell auf das Vordringen dieses Differenzierungsmusters reagierte (und eine wichtige und im Detail noch weiter zu erforschende Antwort auf diese Frage ist, dass sie dieses Vordringen als ›Säkularisierung‹ beobachtete). Aber auch die je spezifischen Veränderungen in der Beziehung der Religion zu anderen Funktionssystemen sind wichtig, wie am Beispiel der Politik gezeigt worden ist. Neben diesen auf die Aggregatebene der Religion als eines Teilbereichs der Gesellschaft zielenden Fragen gilt es aber zum anderen, auch die innere Differenzierung der Religion selbst zu verfolgen. Dafür lässt sich in gewinnbringender Weise an Überlegungen der Klassiker der Religionssoziologie wie Max Weber und Ernst Troeltsch anknüpfen, indem zwischen Sekte und Kirche, oder, in anderer theoretischer Modellierung, zwischen der Interaktion als Kommunikation unter Anwesenden sowie der durch formale Mitgliederrollen bestimmten Organisation unterschieden wird.

Auch die Gesellschaftsgeschichte der Religion kann also auf eine mikrosoziologische Analyse der oftmals ritualgestützten Interaktion nicht verzichten. Gerade dazu haben Forschungen zur Frühen Neuzeit wichtige Beiträge geleistet, die nicht bei den Klassikern der Religionssoziologie, sondern bei namhaften Vertretern der Kulturanthropologie wie Clifford Geertz, Mary Douglas und Victor Turner theoretische Inspiration suchten. Mit diesem Instrumentarium haben Historiker wie Robert Muchembled, Keith Thomas oder Natalie Z. Davis seit den 1970er Jahren wichtige Beiträge zu geschlechtsspezifischen Rollen und Räumen religiöser Rituale in Stadt und Dorf, zu magischen Praktiken und Symbolen sowie zu Formen der Volksreligiosität vorgelegt (vgl. Davis 1981; als Überblicke Clark 1983; v.Dülmen 1995). Diese Forschungen haben einen genuinen Beitrag zur Sozialgeschichte der Religion geleistet. Anfängliche konzeptionelle Probleme wie die dichotomische Entgegensetzung von Volks- und Elitenkultur sowie die Tendenz, die Fremdheit und Andersartigkeit frühmoderner Symbolwelten in modernisierungskritischer Absicht zu überzeichnen, sind überwunden worden. So haben die neueren Arbeiten zur Blasphemie betont, dass Gotteslästerung nicht als Reaktion der

Laien auf einen von den Eliten ausgehenden »Akkulturationsprozess« interpretiert werden darf (Loetz 2005: 528).

Diese aus kulturanthropologischer Perspektive geschriebenen Arbeiten erlauben faszinierende Einblicke in die religiösen Deutungskulturen der Frühen Neuzeit. Ihr auf ritual- und symbolgestützte Interaktion fokussierter Ansatz macht es allerdings schwer, einen wichtigen Aspekt des religiösen Wandels hin zur Moderne systematisch zu analysieren, der sich schematisch als Übergang von der Anwesenheit zur Organisation bezeicnen lässt. Er führte von der frühneuzeitlichen »Anwesenheitsgesellschaft« (Rudolf Schlögl), in der Religion noch maßgeblich durch Interaktion strukturiert wurde, zur modernen Organisationsgesellschaft, in der sich auch die Religion in zunehmendem Maße und dann mit durchaus ambivalenten Folgen auf die Strukturprinzipien und die Leistungen formaler Organisationen stützte. Die in der Frühen Neuzeit liegenden Anfänge dieser Verschiebung hin zu einer neuen sozialen Konfiguration des Religiösen sollten noch schärfer herausgearbeitet werden.

Von Anwesenheit zu Organisation

Eine derart an der Differenzierung verschiedener Ebenen der Religion interessierte Sozialgeschichte ist noch nicht das Ganze einer vergleichenden Religionsgeschichte Europas in der Neuzeit.[1] Sie ist dies auch deshalb nicht, weil ohne eine gründliche empirische und konzeptionelle Diskussion der Spezifik des russisch-orthodoxen Christentums eine Religionsgeschichte Europas nicht geschrieben werden kann (Schulze Wessel 2007). Allerdings kann eine sozialgeschichtliche Perspektive für ein solches Vorhaben wichtige Bausteine liefern, und zwar zumindest in dreierlei Hinsicht. Erstens macht sie auf die anhaltende Relevanz der Frage nach Prozessen religiöser Transformation aufmerksam, die auch durch das legitime kulturhistorische Interesse an der Besonderheit einzelner Phänomene oder Orte des Glaubens und an den subjektiven Sinnformen religiöser Akteure nicht überholt ist. Zweitens schlägt sie wichtige kategoriale Unterscheidungen für die Analyse religiöser Vergesellschaftungen vor. Diese sollten vor der reli-

---

1 Den besten knappen, vergleichenden Überblick der Religionsgeschichte in Westeuropa seit 1789 bietet immer noch McLeod 1997.

gionssoziologischen Diskussion Bestand haben, müssen aber auch in historischer Perspektive problemerschließend sein. Schließlich und drittens trägt ein sozialgeschichtlicher Zugriff dazu bei, in der Öffentlichkeit zirkulierende Deutungen des Ausmaßes und der Geschwindigkeit der religiösen Transformation gegen Ende des 20. Jahrhunderts zu korrigieren und damit vor einer Überbetonung des Wandels zu warnen. Zu einigen Implikationen dieser möglichen Erträge einer theorieorientierten Sozialgeschichte der Religion in der Neuzeit seien abschließend in thesenhafter Form weiterführende Überlegungen formuliert.

Säkulari-
sierungs-
these

1. Eine begrifflich präzisierte und von teleologischer Verengung befreite Säkularisierungsthese behält ihren wichtigen Platz im Repertoire des historischen Prozessbegriffs, mit dem Form und Richtung des religiösen Wandels in der Neuzeit bestimmt werden. Säkularisierung ist nicht mehr als Verlust gesellschaftlicher Relevanz oder gar als ein Rückgang der Religion, sondern als Reaktion auf Veränderungen in der Form gesellschaftlicher Differenzierung zu verstehen. Damit aber treten neben den unübersehbaren Momenten des Traditionsabbruchs und der gerade nach 1945 zunehmenden Verunsicherung und mehr noch Resignation kirchlicher Akteure aber auch die religionsproduktiven und zur Erneuerung der Religionsgemeinschaften führenden Aspekte der Säkularisierung hervor. Dieser Fokus auf die permanenten »Transformations- und Erneuerungsprozesse« der Religion in der Neuzeit verbietet es auf jeden Fall, den Begriff der Säkularisierung zentral zu stellen. Gerade wenn das Verhältnis von Religion und Moderne nicht als gegenseitiger Ausschluss, sondern als »inklusiv« betrachtet wird, bietet es sich an, von einer »religiösen Modernisierung« oder besser noch von einer Selbstmodernisierung der Religion zu sprechen (Hellemans 2005: 13, 20 f.; vgl. ders. 2007: 99 ff.).

Eine solche Deutung ist mit vielen empirischen Phänomenen kompatibel, die wir oben diskutiert haben, wie mit der Herausarbeitung der Orthopraxie und der Professionalisierung des Pfarrberufes im Zuge der Konfessionalisierung, dem Aufbau einer weltumspannenden religiösen Organisation durch die Jesuiten oder der wechselseitigen Beobachtung und Konkurrenz im organisatorischen Feld der Denominationen im Yorkshire des 19. Jahr-

hunderts. Wie diese zufällige Aufzählung zeigt, kam die Selbstmodernisierung der Religion bereits in der Frühen Neuzeit als
Reaktion auf die mit der Reformation eingeleiteten Umbrüche in
Gang. In langfristiger Perspektive für den Zeitraum von 1500 bis
2000 ist jedoch die Zeit um 1800 als besonders wichtige Epochen-
schwelle hervorzuheben, in deren Gefolge sich alle drei großen
Religionsgemeinschaften modernisierten und dabei gewissermaßen neu erfanden. Nachdem die Strukturen der frühmodernen
Adelskirche unter dem Einfluss der Französischen Revolution zer-
schlagen waren, verwandelte sich die katholische Kirche in eine
überaus mobilisierungsstarke und straff organisierte, ultramontane und damit supranationale Formation, mit weit reichenden
Folgen auch für die Theologie und die symbolischen Formen der
Massenreligiosität. Die protestantischen Gemeinschaften reagierten auf den um 1800 erfolgenden Differenzierungsschub mit der
Ausdifferenzierung der Diakonie als eines zentralen Handlungs-
und Missionierungsfeldes und einer Pädagogisierung der Glau-
bensvermittlung (Kuhn 2003: 302 ff.). Im Judentum schließlich
führte die seit 1791 in Westeuropa erfolgende Emanzipation zu
einer Abwertung des tradierten halachischen Rituals und zur »Erfindung« einer am protestantischen Bürgertum orientierten Form
der reflexiven Religiosität als eines neuen Referenzrahmens für
jüdische Tradition (Volkov 1991). In allen drei Religionsgemeinschaften waren diese Prozesse der Selbstmodernisierung auf vielfältige Weise mit der Feminisierung der Religion verbunden, was
ebenfalls auf die Zeit um 1800 als wichtige Zäsur verweist.

2. In diesen Prozess der Selbstmodernisierung eingelassen **Unsichtbare**
waren wichtige Veränderungen in der Sozialform der Religion. **Religion?**
Sie werden vor allem mit Blick auf das 20. Jahrhundert diskutiert
als Privatisierung und Individualisierung des Glaubens und die
Herausbildung dessen, was Thomas Luckmann als »unsichtbare
Religion« bezeichnet hat (1991). Anfänge oder besser gesagt Vor-
läufer der religiösen Individualisierung lassen sich bis in die Frühe
Neuzeit zurückverfolgen, wobei allerdings vor anachronistischen
Fehlschlüssen zu warnen ist. Es ist vor allem mit Blick auf die
Zeit seit 1945 eine interessante Fragestellung, in welchem Maße
und welcher Form sich diese Individualisierungstendenzen auch

unter dem Dach der Großkirchen vollzogen haben, in denen sich Einzelne und kleine Gruppen in synkretistischer Manier ihren eigenen religiösen Kosmos zusammenstellen. In ihrer bisherigen Formulierung zielt die These der soziostrukturell verflüssigten, unsichtbaren Religion allerdings vornehmlich auf die Herausbildung eines neuen, pluralen Feldes der Sinnsuche im New Age, der Anthroposophie, des Okkultismus und vielen anderen alternativen Formen der Spiritualität. Auch hier ist allerdings vor anachronistischen Zuschreibungen und verzerrten Proportionen zu warnen. So kann keine Rede davon sein, dass die kosmologischen und kybernetischen, auf Ganzheitlichkeit zielenden Körpertechniken des »New Age« in der Bundesrepublik der 1970er und 1980er Jahre »im Brennpunkt des gesellschaftlichen Wandels« standen (Eitler 2007: 116).

Eine solche Formulierung überschätzt den Relevanzverlust der organisierten christlichen Religion ebenso wie die Bedeutung dieses von den Massenmedien zwar intensiv beobachteten, aber innerhalb des religiösen Feldes letztlich nachrangigen Phänomens. Trotz des seit 1970 stetigen, dramatischen Rückganges der Kirchgänger besuchen, um nur ein Beispiel zu nennen, an jedem Wochenende immer noch weit mehr Menschen einen christlichen Gottesdienst als die Spiele der Fußball-Bundesliga (von okkultistischen Sitzungen und New Age-Meditationen ganz abgesehen). Eine solche Überschätzung des Wandels hin zu einer unsichtbaren Religion ist zugleich in der Regel eine Kritik an den älteren, teleologischen Versionen der Säkularisierungstheorie. Diese Behauptung, so hat Hartmann Tyrell zu Recht eindringlich formuliert, hat allerdings »auch die volle Beweislast für die mitbehauptete Konstanz«, also für die »Unterstellung«, dass die unsichtbare Religion funktional dasselbe leistet wie die sichtbare, organisierte und dass sie auch in demselben Sinn Religion ist (1996: 446). Einen solchen Beweis haben die bisherigen Forschungen über das Vordringen der individualisierten, unsichtbaren Religion bislang allerdings nicht erbracht (z. B. Graf/Große Kracht 2007a: 11 ff.; Eitler 2007). So sehr die Individualisierung der Religion also ein wichtiges sozialgeschichtliches Thema bleibt, so stark ist doch vor einer pauschalen Überzeichnung dieses Prozesses zu warnen und seine genauere empirische Untersuchung anzumahnen (Pollack 2007: 94 ff.).

3. Neben der Untersuchung von Selbstmodernisierung der gro-ßen Religionsgemeinschaften und Individualisierungstendenzen ist es weiterhin sinnvoll danach zu fragen, wie sich Religion und Christentum »intern« an die Gegebenheiten der modernen Gesell-schaft angepasst haben (Tyrell 1996: 450). Dabei ist nicht nur an Umbauten und Reformen im institutionellen Apparat der Kirchen zu denken oder an veränderte, an die jeweilige gesellschaftliche Umwelt adaptierte Missionsstrategien, wie wir sie am Beispiel der Jesuiten dargestellt haben (Kap. 2.3.). In den Blick geraten viel-mehr auch längerfristig ablaufende Umbauten in der Form des kommunikativen Codes, mit dem die für Religion entscheidende Differenz zwischen Immanenz und Transzendenz dargestellt wird. Hier lässt sich auf die »Beschneidung des eschatologischen Codes« verweisen, die in einer Analyse der Rhetorik katholischer Predigten im 20. Jahrhundert sichtbar wird. Dieser Code hatte die Spannung zwischen Hölle, Fegefeuer und Himmel in einer Form ausbuchstabiert, welche die fundamentale Sündhaftigkeit des Menschen betonte und daran die spezifische Erlösungsleis-tung der kirchlichen Gnadenanstalt knüpfte.

Doch ein strafendes Gottesbild verschwand seit 1945 aus kate-chetischen und homiletischen Texten. An seine Stelle trat eine die problemlos verfügbare Gnade, Liebe und Zuwendung Gottes be-tonende Sicht. Dies verweist darauf, dass eine existenzialistische, dichotomisch stark aufgeladene Konzeption des Codes Sünde/Erlösung dem kirchlichen Publikum nicht länger zugemutet wer-den kann (Ebertz 2004). Zugleich werden allerdings auch die Folgeprobleme sichtbar, die der Verzicht auf die Plausibilisierung der Sünde für das christliche Sprechen über Transzendenz nach sich zieht. Eine solche Aushöhlung des dualistischen christlichen Moralschemas erleichtert zwar die Einpassung der Kirchen in die moralfrei konzipierte Sphäre des Konsums, in welcher der nun als ›liebend‹ konzipierte Gott wie ein Markenartikel angepriesen werden kann (Moore 1994). Fraglich bleibt aber, welche Aus-wirkungen dies für die auf der Entgegensetzung von Immanenz und Transzendenz beruhende religiöse Kommunikation hat und

Umbauten im religiö-sen Code

haben wird. Der Erfolg der evangelikalen Strömungen im amerikanischen Protestantismus und im Anglikanismus in der zweiten Hälfte des 20. Jahrhunderts beruht gerade darauf, dass sie gegen diesen Trend den Code Sünde/Erlösung erneut in greller Form ausmalen.

Abkürzungen

AfS	Archiv für Sozialgeschichte
AHR	American Historical Review
AKKZG	Arbeitskreis für kirchliche Zeitgeschichte
BBKL	Biographisch-Bibliographisches Kirchenlexikon
CEH	Central European History
GG	Geschichte und Gesellschaft
HWPh	Historisches Wörterbuch der Philosophie
HZ	Historische Zeitschrift
KZfSS	Kölner Zeitschrift für Soziologie und Sozialpsychologie
LThK	Lexikon für Theologie und Kirche
NPL	Neue Politische Literatur
RGG	Religion in Geschichte und Gegenwart
SZRKG	Schweizerische Zeitschrift für Religions- und Kirchengeschichte
TRE	Theologische Realenzyklopädie
YLBI	Yearbook of the Leo Back Institute

Auswahlbibliographie

1. Hilfsmittel und Nachschlagewerke

Biographisch-Bibliographisches Kirchenlexikon (1975–2007), Bde. 1–27, Hamm (später: Herzberg, Nordhausen), hg. v. Friedrich-Wilhelm Bautz

Historisches Wörterbuch der Philosophie (1971–2004), hg. v. Joachim Ritter/ Karlfried Gründer, 12 Bde., Darmstadt

Lexikon für Theologie und Kirche (1993–2001), 3. Auflage, 11 Bde., Freiburg, hg. v. Walter Kasper u. a.

Die Religion in Geschichte und Gegenwart. Handwörterbuch für Theologie und Religionswissenschaft (1957–1965), 3. Aufl., 7 Bde., hg. von Kurt Galling, Tübingen

Theologische Realenzyklopädie (1977–2004), hg. von Gerhard Krause u. a., 38 Bde., Berlin

2. Handbücher zur Kirchen- und Dogmengeschichte

Barth, Hans-Martin (1974), *Die christliche Gotteslehre. Hauptprobleme ihrer Geschichte*, Gütersloh

Beyschlag, Karlmann (2006), *Grundriss der Dogmengeschichte*, 2 Bde., Darmstadt

Brecht, Martin/Klaus Deppermann/Ulrich Gaebler/Hartmut Lehmann (Hg.) (1993–2004), *Geschichte des Pietismus*, 4 Bde., Göttingen

Cancik, Hubert/Burkhard Gladigow/Karl-Heinz Kohl (Hg.) (1988–2001), *Handbuch religionswissenschaftlicher Grundbegriffe*, 5 Bde., Stuttgart

Jedin, Hubert (Hg.) (1962–1979), *Handbuch der Kirchengeschichte*, 7 Bde, Freiburg

Mayeur, Jean-Marie (Hg.) (1991–2004), *Die Geschichte des Christentums. Religion – Politik – Kultur*, 14 Bde., Freiburg

Mitchell, Margaret Mary (Hg.) (2006–2009), *The Cambridge History of Christianity*, 9 Bde., Cambridge

Moeller, Bernd (Hg.) (1962–2006), *Die Kirche in ihrer Geschichte. Ein Handbuch*, 4 Bde. in zahlreichen Lieferungen, Göttingen

3. Forschungsliteratur

Alden, Dauril (1996), *The Making of an Enterprise. The Society of Jesus in Portugal, its Empire and Beyond, 1540–1750*, Stanford

Altermatt, Urs (1999), *Katholizismus und Antisemitismus. Mentalitäten, Kontinuitäten, Ambivalenzen. Zur Kulturgeschichte der Schweiz 1918–1945*, Frauenfeld

Anderson, Margaret L. (2001), *Living Apart and Together in Germany*, in: Smith, S. 317–332

Arbeitskreis für kirchliche Zeitgeschichte (1993), Katholiken zwischen Tradition und Moderne. Das katholische Milieu als Forschungsaufgabe, in: *Westfälische Forschungen* 43, S. 588–654

Baader, Benjamin Maria (2006), *Gender, Judaism and Bourgeois Culture in Germany, 1800–1870*, Bloomington

Bagchi, David (2006), Poets, Peasants, and Pamphlets: Who Wrote and Who Read Reformation *Flugschriften?*, in: Kate Cooper/Jerremy Gregory (Hg.), *Elite and Popular Religion*, Woodbridge, S. 189-196

Bahlcke, Joachim/Arno Strohmeyer (Hg.) (1999), *Konfessionalisierung in Ostmitteleuropa. Wirkungen des religiösen Wandels im 16. und 17. Jahrhundert in Staat, Gesellschaft und Kultur*, Stuttgart

Baumann, Ulrich (2001), The Development and Destruction of a Social Institution: How Jews, Catholics and Protestants Lived Together in Rural Baden 1862–1940, in: Smith, S. 297–315

Bell, Emma (2006), Whose side are they on? Patterns of religious resource mobilization in British industrial mission, in: *Management and Organizational History* 1, S. 331–347

Benedict, Philipp (2002), *Christ's Church purely reformed. A Social History of Calvinism*, New Haven. London

Bergin, J. (1992), Between Estate and Profession. The Catholic Parish Clergy of Early Modern Western Europe, in: M. L. Bush (Hg.), *Social Orders and Social Classes in Europe since 1500*, London, S. 66–85

Blaschke, Olaf (2000), Das 19. Jahrhundert: Ein Zweites Konfessionelles Zeitalter?, in: *GG* 26, S. 38–75

– (Hg.) (2002), *Konfessionen im Konflikt. Deutschland zwischen 1800 und 1970. Ein zweites konfessionelles Zeitalter*, Göttingen

–/ Frank-Michael Kuhlemann (Hg.) (1996), *Religion im Kaiserreich. Milieus – Mentalitäten – Krisen*, Gütersloh

Blessing, Werner K. (1996), Kirchengeschichte in historischer Sicht. Bemerkungen zu einem Feld zwischen den Disziplinen, in: Doering-Manteuffel/Nowak, S. 14–59

Bödeker, Hans Erich/Gerald Chaix/Patrice Veit (Hg.) (1991), *Le livre religieux et ses pratiques – Der Umgang mit dem religiösen Buch. Studien zur Geschichte des religiösen Buches in Deutschland und Frankreich in der Frühen Neuzeit*, Göttingen

Bossy, John (1975), The Social History of Confession in the Age of the Reformation, in: *Transactions of the Royal Historical Society* 25, S. 21–38

– (1982), Some Elementary Forms of Durkheim, in: *Past & Present* 95, S. 3–18

Boudon, Jacques-Olivier (2001), *Paris: Capitale Religieuse sous le Second Empire*, Paris

Brown, Callum G. (2001), *The Death of Christian Britain: Understanding Secularisation 1800–2000*, London

– (2003), The secularisation decade. What the 1960s have done to the study of religious history, in: McLeod/Ustorf, S. 29–46

– (2006), *Religion and Society in Twentieth-Century Britain*, Harlow

Busch, Norbert (1997), *Katholische Frömmigkeit und Moderne. Die Sozial- und Mentalitätsgeschichte des Herz-Jesu-Kultes in Deutschland zwischen Kulturkampf und Erstem Weltkrieg*, Gütersloh

Casanova, José (1994), *Public Religions in the Modern World*, Chicago

Chaunu, Pierre (1978), *La Mort à Paris, XVIe, XVIIe et XVIIIe siècles*, Paris

Clark, Christopher/Wolfram Kaiser (Hg.) (2003), *Culture Wars. Secular-Catholic Conflict in Nineteenth-Century Europe*, Cambridge

Clark, Stuart (1983), French Historians and Early Modern Popular Culture, in: *Past & Present* 100, S. 62–99

Clossey, Luke (2008), *Salvation and Globalisation in the Early Jesuit Missions*, Cambridge

Conze, Werner u. a. (1984), Säkularisation, Säkularisierung, in: Otto Brunner/Werner Conze/Reinhart Koselleck (Hg.), *Geschichtliche Grundbegriffe. Historisches Lexikon zur politisch-sozialen Sprache in Deutschland*, Bd. 5, Stuttgart, S. 789–830

Cox, Jeffrey (2003), *Master narratives of long-term religious change*, in: McLeod/Ustorf, S. 201–217

Crofts, Richard A. (1985), Printing, Reform, and the Catholic Reformation in Germany (1521–545), *Sixteenth Century Journal* 16, S. 369–381

Damberg, Wilhelm (1997), *Abschied vom Milieu? Katholizismus im Bistum Münster und in den Niederlanden 1945–1980*, Paderborn

Daniel, Ute (2001), *Kompendium Kulturgeschichte. Theorien, Praxis, Schlüsselwörter*, Frankfurt/M.

Davidoff, Leonore/Catherine Hall (2002), *Family Fortunes. Men and Women of the English Middle Class 1780–1850*, London

Davis, Natalie Z. (1981), The Sacred and the Body Social in Sixteenth-Century Lyon, in: *Past & Present* 90, S. 40–70

Dietrich, Tobias (2004), *Konfession im Dorf. Westeuropäische Erfahrungen im 19. Jahrhundert*, Köln

Doering-Manteuffel, Anselm/Kurt Nowak (Hg.) (1996), *Kirchliche Zeitgeschichte. Urteilsbildung und Methoden*, Stuttgart

Dubuisson, Daniel (2003), *The Western Construction of Religion. Myth, Knowledge and Ideology*, Baltimore

Dülmen, Richard van (1980), Religionsgeschichte in der historischen Sozialforschung, in: *GG* 6, S. 36–59

– (1994), *Kultur und Alltag in der Frühen Neuzeit*, Bd. 3: *Religion, Magie, Aufklärung*, München

– (1995), Historische Kulturforschung zur Frühen Neuzeit, in: *GG* 21, S. 403–429

Ebertz, Michael N. (2004), »Tote Menschen haben keine Probleme«? — oder: Der Zwang zum Vergessen und Erinnern. Die Beschneidung des eschatologischen Codes im 20. Jahrhundert, in: Holzem, S. 279–300

Edwards, Mark U. Jr. (1994), *Printing, Propaganda, and Martin Luther*, Berkeley

Eitler, Pascal (2007), Körper – Kosmos – Kybernetik. Transformationen der Religion im »New Age« (Westdeutschland 1970–1990), in: *Zeithistorische Forschungen* 4, S. 116–136

Fätkenheuer, Frank (2004), *Lebenswelt und Religion. Mikro-historische Untersuchungen an Beispielen aus Franken um 1600*, Göttingen

Febvre, Lucien (1976 [1928]), *Martin Luther. Religion als Schicksal*, Frankfurt/M. Berlin

Finke, Roger/Rodney Stark (1992), *The Churching of America 1776–1990. Winners and Losers in our Religious Economy*, New Brunswick

Ford, Caroline (2005), *Divided Houses. Religion and Gender in Modern France*, Ithaca. London

Freitag, Werner (2002), Tridentinische Pfarrer und die Kirche im Dorf. Ein Plädoyer für die Beibehaltung der etatistischen Perspektive, in: Haag u. a., S. 83–114

Freytag, Nils (2003), *Aberglauben im 19. Jahrhundert. Preußen und seine Rheinprovinz zwischen Tradition und Moderne (1815–1918)*, Berlin

Fuchs, Peter (1992), Gefährliche Modernität. Das zweite vatikanische Konzil und die Veränderung des Messeritus, in: *KZfSS* 44, S. 1–11

Gedge, Karin E. (2003), *Without Benefit of Clergy. Women and the Pastoral Relationship in Nineteenth-Century American Culture*, Oxford

Geiger, Abraham (1837), Die Stellung des weiblichen Geschlechtes in dem Judenthume unserer Zeit, in: *Wissenschaftliche Zeitschrift für jüdische Theologie* 3, S. 1–14

Gentile, Emilio (1990), Fascism as Political Religion, in: *Journal of Contemporary History* 25 (1990), S. 229–251

– (1996), *The Sacralization of Politics in Fascist Italy*, Cambridge/Mass.

Gestrich, Andreas (2002), Pietismus und ländliche Frömmigkeit in Württemberg im 18. und frühen 19. Jahrhundert, in: Haag u. a., S. 343–357

Gibson, Ralph (1989), *A Social History of French Catholicism 1789–1914*, London

Gleixner, Ulrike (2002), Pietismus, Geschlecht und Selbstentwurf. Das »Wochenbuch« der Beate Hahn, verh. Paulus (1778–1842), in: *Historische Anthropologie* 10, S. 76–100

Görres, Ida Friederike (1969), Flucht vor der »Mutter« Kirche, in: *Rheinischer Merkur* 28

Götz v. Olenhusen, Irmtraud (Hg.) (1995), *Wunderbare Erscheinungen. Frauen und katholische Frömmigkeit im 19. und 20. Jahrhundert*, Paderborn

Golby, John (Hg.) (1986), *Culture and Society in Britain 1850–1890. A Source Book of Contemporary Writings*, London

Goodale, James A. (1999), Pfarrer als Außenseiter. Landpfarrer und religiöses Leben in Sachsen zur Reformationszeit, in: *Historische Anthropologie* 7, S. 191–211

Gordis, Lisa M. (2002), *Opening Scripture: Bible Reading and Interpretive Authority in Puritan New England*, Chicago

Graf, Friedrich Wilhelm (1997), Geschichte durch Geschichte überwinden. Antihistoristisches Geschichtsdenken in der protestantischen Theologie der 1920er Jahre, in: Wolfgang Küttler/Jörn Rüsen/Ernst Schulin (Hg.), *Geschichtsdiskurs*, Bd. 4, Frankfurt/M., S. 217–244

– (2004), *Die Wiederkehr der Götter. Religion in der modernen Kultur*, München

–/Klaus Große Kracht (Hg.) (2007), *Religion und Gesellschaft. Europa im 20. Jahrhundert*, Köln

–/Klaus Große Kracht (2007a), Einleitung: Religion und Gesellschaft im Europa des 20. Jahrhunderts, in: dies. (Hg.), S. 1–41

Green, S. J. D. (2002), *Religion in the Age of Decline. Organisation and Experience in Industrial Yorkshire, 1870–1920*, Cambridge

Greschat, Martin (1980), *Das Zeitalter der Industriellen Revolution*, Stuttgart

Greyerz, Kaspar von (2000), *Religion und Kultur. Europa 1500–1800*, Göttingen

–/Manfred Jakubowski-Tiessen/Thomas Kaufmann/Hartmut Lehmann

(Hg.) (2003), *Interkonfessionalität – Transkonfessionalität – binnenkonfessionelle Pluralität. Neue Forschungen zur Konfessionsthese*, Gütersloh

Haag, Norbert u. a. (Hg.) (2002), *Ländliche Frömmigkeit. Konfessionskulturen und Lebenswelten 1500–1850*, Stuttgart

Habermas, Rebekka (1994), Weibliche Religiösität – oder: Von der Fragilität bürgerlicher Identitäten, in: Klaus Tenfelde/Hans-Ulrich Wehler (Hg.), *Wege zur Geschichte des Bürgertums*, Göttingen, S. 125–48

Hahn, Alois (1982), Zur Soziologie der Beichte und anderer Formen institutionalisierter Bekenntnisse: Selbstthematisierung und Zivilisationsprozess, in: *KZfSS* 34, S. 407–434

– (1997), Religion, Säkularisierung und Kultur, in: Hartmut Lehmann (Hg.), *Säkularisierung, Dechristianisierung, Rechristianisierung im neuzeitlichen Europa: Bilanz und Perspektiven der Forschung*, Göttingen, S. 17–31

– (1998), *Glaube und Schrift. Anmerkungen zu einigen Selbstthematisierungsformen von Hochreligionen mit besonderer Berücksichtigung des Christentums*, in: Tyrell/Krech/Knoblauch, S. 323–355

Hall, Donald E. (Hg.) (1994), *Muscular Christianity. Embodying the Victorian Age*, Cambridge

Hardtwig, Wolfgang (2001), Political Religion in Modern Germany. Reflections on Nationalism, Socialism and National Socialism, in: *Bulletin of the German Historical Institute Washington* 28, S. 3–27

Harrington, Joel F./Helmut W. Smith (1997), Confessionalization, Community, and State Building in Germany, 1555–1870, in: *Journal of Modern History* 69, S. 77–101

Harris, Alana/Martin Spence (2007), ›Disturbing the Complacency of Religion‹? The Evangelical Crusades of Dr Billy Graham and Father Patrick Peyton in Britain, 1951–1954, in: *Twentieth Century British History* 18, S. 481–513

Hellemans, Staf (2005), Transformation der Religion und der Großkirchen in der Moderne, in: *Schweizerische Zeitschrift für Religions- und Kulturgeschichte* 99, S. 11–35

– (2007), *Het tijdperk van de wereldreligies. Religie in agrarische civilisaties en in moderne samenlevingen*, Zoetermeer

Herzig, Arno (2000), *Der Zwang zum wahren Glauben. Rekatholisierung vom 16. bis zum 18. Jahrhundert*, Göttingen

Hildebrand, Klaus (Hg.) (2003), *Zwischen Politik und Religion. Studien zur Entstehung, Existenz und Wirkung des Totalitarismus*, München

Hochgeschwender, Michael (2008), *Amerikanische Religion. Evangelikalismus, Pfingstlertum und Fundamentalismus*, Frankfurt/M.

Hockerts, Hans Günter, *War der Nationalsozialismus eine politische Religion? Über Chancen und Grenzen eines Erklärungsmodells*, in: Hildebrand, S. 45–71

Hölscher, Lucian (1989), *Weltgericht oder Revolution. Protestantische und sozialistische Zukunftsvorstellungen im Kaiserreich*, Stuttgart

– (1990), Möglichkeiten und Grenzen der statistischen Erfassung kirchlicher Bindungen, in: Kaspar Elm/Hans-Dietrich Look (Hg.), *Seelsorge und Diakonie in Berlin. Beiträge zum Verhältnis von Kirche und Großstadt im 19. und 20. Jahrhundert*, Berlin. New York, S. 39–59

– (1993), Bürgerliche Religiosität im protestantischen Deutschland des 19. Jahrhunderts, in: Wolfgang Schieder (Hg.), *Religion und Gesellschaft im 19. Jahrhundert*, Stuttgart, S. 191–215

– (1999), Religion im Wandel. Von Begriffen des religiösen Wandels zum Wandel religiöser Begriffe, in: Wilhelm Gräb (Hg.), *Religion als Thema der Theologie. Geschichte, Standpunkte und Perspektiven theologischer Religionskritik und Religionsbegründung*, Gütersloh, S. 45–62

– (2005), *Geschichte der protestantischen Frömmigkeit in Deutschland*, München

Holzem, Andreas (2000), *Religion und Lebensformen. Katholische Konfessionalisierung im Sendgericht des Fürstbistums Münster 1570–1800*, Paderborn

– (Hg.) (2004), *Normieren – Tradieren – Inszenieren. Das Christentum als Buchreligion*, Darmstadt

Holzem, Andreas (2004a), Das Buch als Gegenstand und Quelle der Andacht. Beispiele literaler Religiosität in Westfalen 1600–1800, in: ders., *Normieren*, S. 225–262

Hopp, Andrea (1996), Von der »heiligen Gemeinde« zur Vielfalt der ethnisch-religiösen Minderheit. Die jüdische Gemeinde in Frankfurt am Main, in: Blaschke/Kuhlemann, S. 435–453

Hsia, R. Po-Chia (1989), *Social Discipline in the Reformation: Central Europe 1550–1750*, London. New York

Hummel, Karl-Josef (Hg.) (2004), *Zeitgeschichtliche Katholizismusforschung. Tatsachen – Deutungen – Fragen. Eine Zwischenbilanz*, Paderborn

Hyman, Paula (1991), *The Emancipation of the Jews of Alsace. Acculturation and Tradition in the Nineteenth Century*, New Haven. London

Janz, Oliver (1996), Zwischen Bürgerlichkeit und kirchlichem Milieu. Zum Selbstverständnis und sozialen Verhalten der evangelischen Pfarrer in Preußen in der zweiten Hälfte des 19. Jahrhunderts, in: Blaschke/Kuhlemann, S. S. 382–406

Kaiser, Jochen-Christoph (1996), Wissenschaftspolitik in der Kirche. Zur Entstehung der ›Kommission für die Geschichte des Kirchenkampfes in der nationalsozialistischen Zeit‹, in: Doering-Manteuffel/Nowak, S. 125–163

Katz, Jacob (2002 [1958]), *Tradition und Krise. Der Weg der jüdischen Gesellschaft in die Moderne*, München

Kieserling, André (2004), *Selbstbeschreibung und Fremdbeschreibung. Beiträge zur Soziologie soziologischen Wissens*, Frankfurt

Kippenberg, Hans G. (2007), Europäische Religionsgeschichte. Schauplatz von Pluralisierung und Modernisierung der Religion, in: Graf/Große Kracht, S. 45–71

Kley, Dale K. van (2003), Christianity as Casualty and Chrysalis of Modernity: The Problem of Dechristianization in the French Revolution, in: *AHR* 108, S. 1081–1104

Klinkhammer, Lutz (2003), Mussolinis Italien zwischen Staat, Kirche und Religion, in: Hildebrand, S. 73–90

Klueting, Harm (2003), »Zweite Reformation« – Konfessionsbildung – Konfessionalisierung. Zwanzig Jahre Kontroversen und Ergebnisse nach zwanzig Jahren, in: *HZ* 277, 308–341

Korff, Gottfried (1983), Zwischen Sinnlichkeit und Kirchlichkeit. Notizen zum Wandel populärer Frömmigkeit im 18. und 19. Jahrhundert, in: Jutta Held (Hg.), *Kultur zwischen Bürgertum und Volk*, Berlin, S. 136–48

Koselleck, Reinhart (1979), Zur historisch-politischen Semantik asymmetrischer Gegenbegriffe, in: ders., *Vergangene Zukunft. Zur Semantik geschichtlicher Zeiten*, Frankfurt/M., S. 211–259

– (2003), *Zeitschichten. Studien zur Historik*, Frankfurt/M.

Konersmann, Frank (2004), Studien zur Genese rationaler Lebensführung und zum Sektentypus Max Webers. Das Beispiel mennonitischer Bauernfamilien im deutschen Südwesten (1632–1850), in: *Zeitschrift für Soziologie* 33, S. 418–437

Krech, Volkhard (1999), *Religionssoziologie*, Bielefeld

–/ Hartmann Tyrell (1995), Religionssoziologie um die Jahrhundertwende. Zu Vorgeschichte, Kontext und Beschaffenheit einer Subdisziplin der Soziologie, in: dies. (Hg.), *Religionssoziologie um 1900*, Würzburg, S. 11–78

Kretschmann, Carsten/Henning Pahl (2003), Ein »Zweites konfessionelles Zeitalter«? Vom Nutzen und Nachteil einer neuen Epochensignatur, in: *HZ* 276, S. 369–392

Kuhlmann, Helga (2007), Protestantismus, Frauenbewegung und Frauenordination, in: Siegfried Hermle/Claudia Lepp/Harry Oelke (Hg.), *Umbrüche. Der deutsche Protestantismus und die sozialen Bewegungen in den 1960er und 70er Jahren*, Göttingen, S. 147–162

Kuhlemann, Frank-Michael (2002), *Bürgerlichkeit und Religion. Zur Sozial- und Mentalitätsgeschichte der evangelischen Pfarrer in Baden 1860–1914*, Göttingen

–/ Schmuhl, Hans Walter (Hg.) (2003), *Beruf und Religion im 19. und 20. Jahrhundert*, Stuttgart

Kuhn, Thomas K. (2003), *Religion und neuzeitliche Gesellschaft. Studien zum sozialen und diakonischen Handeln in Pietismus, Aufklärung und Erweckungsbewegung*, Tübingen

Lang, Peter Thaddäus (2002), Visitationsprotokolle und andere Quellen zur Frömmigkeitsgeschichte, in: Michael Maurer (Hg.), *Aufriß der Historischen Wissenschaften*, Bd. 4: *Quellen*, Stuttgart, S. 302–324

Langlois, Claude (1984), *Le Catholicisme au Feminin. Les congrégations françaises à supérieure générale au XIXe siècle*, Paris

Latré, Bart (2006), Feminist Christians in Flanders 1979–1990: A New Feminisation?, in: *Revue d'Histoire Ecclésiastique* 101, S. 656–681

Le Bras, Gabriel (1955/56), *Études de sociologie religieuse*, 2 Bde., Paris

Lehmann, Hartmut (1996), *Max Webers ›Protestantische Ethik‹. Beiträge aus der Sicht eines Historikers*, Göttingen

– (2004), *Säkularisierung. Der europäische Sonderweg in Sachen Religion*, Göttingen

Leppin, Volker (2005), Siebenbürgen: ein kirchenhistorischer Sonderfall von allgemeiner Bedeutung, in: ders./Ulrich A. Wien (Hg.), *Konfessionsbildung und Konfessionskultur in Siebenbürgen in der Frühen Neuzeit*, Stuttgart, S. 7–13

Lepsius, M. Rainer (1973), Parteiensystem und Sozialstruktur: Zum Problem der Demokratisierung der deutschen Gesellschaft, in: Gerhard A. Ritter (Hg.), *Deutsche Parteien vor 1918*, Köln, S. 56–80

Liedhegener, Antonius (1997), *Christentum und Urbanisierung. Katholiken und Protestanten in Münster und Bochum 1830–1933*, Paderborn

Loetz, Francisca (2002), *Mit Gott handeln. Von den Züricher Gotteslästerern der Frühen Neuzeit zu einer Kulturgeschichte des Religiösen*, Göttingen

Loimeier, Roman (2000) (Hg.), *Die islamische Welt als Netzwerk. Möglichkeiten und Grenzen des Netzwerkansatzes im islamischen Kontext*, Würzburg

–/ Stefan Reichmuth (1996), Zur Dynamik religiös-politischer Netzwerke in muslimischen Gesellschaften, in: *Die Welt des Islams* 36, S. 145–185

Lotz-Heumann, Ute (2001), The Concept of »Confessionalization«. A Historiographical Paradigm in Dispute, in: *Memoria y Civilisación* 4, S. 93–114

Luckmann, Thomas (1991 [1963]), *Die unsichtbare Religion*, Frankfurt/M.

Mack, Phyllis (2000), Religious Dissenters in Enlightenment England, in: *History Workshop Journal* 49, S. 1–23

Maeyer, Jan De/Sofie Leplae/Joachim Schmiedl (2004) (Hg.), *Religious Institutes in Western Europe in the 19th and 20th Centuries. Historiography, Research and Legal Position*, Leuven

Maisch, Andreas (2002), »Unzucht« und »Liederlichkeit«. Sozialdisziplinierung und Illegitimität im Württemberg der Frühneuzeit, in: Haag u. a., S. 279–306

Marks, Lynne (2001), »A Fragment of Heaven on Earth«? Religion, Gender and Family in Turn-of-the-Century Canadian Church Periodicals, in: *Journal of Family History* 26, S. 251–271

Maurer, Trude (1992), *Die Entwicklung der jüdischen Minderheit in Deutschland (1780–1933). Neue Forschungen und offene Fragen*, Tübingen

McLeod, Hugh (1974), *Class and Religion in the late Victorian City*, London

– (1988), Weibliche Frömmigkeit – männlicher Unglaube?, in: Ute Frevert (Hg.), *Bürgerinnen und Bürger. Geschlechterverhältnisse im 19. Jahrhundert*, Göttingen, S. 134–156

– (1996a), *Religion and Society in England, 1850–1914*, Houndmills

– (1996b), *Piety and Poverty. Working Class Religion in Berlin, London and New York, 1870 – 1914*, New York

– (1997), *Religion and the People of Western Europe 1789–1989*, Oxford

– (2000), *Secularisation in Western Europe 1848–1914*, Basingstoke

– (2007), *The Religious Crisis of the 1960s*, Oxford

–/ Werner Ustorf (2003) (Hg.), *The Decline of Christendom in Western Europe, 1750–2000*, Cambridge

McManners, John (1998), *Church and Society in Eighteenth-Century France*, Bd. 2: *The Religion of the People and the Politics of Religion*, Oxford

Medick, Hans (1996), *Weben und Überleben in Laichingen 1650–1900. Lokalgeschichte als allgemeine Geschichte*, Göttingen

Meiwes, Reilinde (2000), »*Arbeiterinnen des Herrn.« Katholische Frauenkongregationen im 19. Jahrhundert*, Frankfurt/M. New York

Meyer, Michael A. (2000) (Hg.), *Deutsch-Jüdische Geschichte in der Neuzeit*, 4 Bde., München

Michelet, Jules (1845), *Der Katholische Priester in seiner Stellung zum Weibe und zur Familie*, Leipzig

Mörke, Olaf (1990), ›Konfessionalisierung‹ als politisch-soziales Strukturprinzip? Das Verhältnis von Religion und Staatsbildung in der Republik der Vereinigten Niederlande im 16. und 17. Jahrhundert, in: *Tijdschrift voor Sociale Geschiedenis* 16, S. 31–60

Moews, Andrea-Isa (2000), *Eliten für Lateinamerika. Lateinamerikanische Studenten an der Universität Löwen in den 1950er und 1960er Jahren*, Köln. Weimar. Wien

Molendijk, Arie L. (1996), *Zwischen Theologie und Soziologie. Ernst Troeltschs Typen der christlichen Gemeinschaftsbildung: Kirche, Sekte, Mystik*, Gütersloh

Moore, R. Laurence (1994), *Selling God. American Religion in the Marketplace of Culture*, New York. Oxford

Morris, Jeremy (2003), The strange Death of Christian Britain. Another look at the Secularization Debate, in: *Historical Journal* 46, S. 963–976

Nash, David (2004), Reconnecting Religion with Social and Cultural History: Secularization's Failure as a Master Narrative, in: *Cultural and Social History* 1, S. 302–325

Nipperdey, Thomas (1988), *Religion im Umbruch. Deutschland 1870–1918*, München

Oberdorfer, Bernd (2001), »Der liebe Gott sieht alles« – und wir schauen ihm dabei zu. Theologische Randbemerkungen zu Luhmanns Bestimmung von Gott als »Kontingenzformel«, in: *Soziale Systeme* 7, S. 71–86

Otto, Rudolf (2004 [1917]), *Das Heilige. Über das Irrationale in der Idee des Göttlichen und sein Verhältnis zum Rationalen*, München

Ozouf, Mona (1989), Dechristianisation, in: Francois Furet/Mona Ozouf (Hg.), *A Critical Dictionary of the French Revolution*, Cambridge/Mass., S. 20–37

Pasture, Patrick (2004), Christendom and the Legacy of the Sixties. Between the Secular City and the Age of Aquarius, in: *Revue d'histoire Ecclésiastique* 99, S. 82–117

Pettegree, Andrew (1999), Confessionalization in North Western Europe, in: Bahlcke/Strohmeyer, 105–120

– (2005), *Reformation and the Culture of Persuasion*, Cambridge

Pfister, Ulrich (2002), Geschlossene Tabernakel-saubere Paramente. Katholische Reform und ländliche Glaubenspraxis in Graubünden, 17. und 18. Jahrhundert, in: Haag u. a., S. 115–141

– (2000), Pastors and Priests in the Early Modern Grisons: Organized Profession or Side Activity, in: *CEH* 33, S. 41–65

Pickering, W. S. F. (1967), The 1851 Religious Census – A Useless Experiment?, in: *British Journal of Sociology* 18, S. 382–407

Pissarek-Hudelist, Herlinde (1995), Das Bild der Frau im Wandel der Theologiegeschichte, in: Edith Saurer (Hg.), *Die Religion der Geschlechter. Historische Aspekte religiöser Mentalitäten*, Wien. Köln. Weimar, S. 15–30

Pollack, Detlef (1998), Evangelisation als religiöse Kommunikation, in: Tyrell/Krech/Knoblauch, S. 447–471

– (2003), *Säkularisierung – ein moderner Mythos? Studien zum religiösen Wandel in Deutschland*, Tübingen

– (2007), Religion und Moderne. Zur Gegenwart der Säkularisierung in Westeuropa, in: Graf/Große Kracht, S. 73–103

Puschner, Uwe: Weltanschauung und Religion – Religion und Weltanschauung. Ideologie und Formen völkischer Religion, in: *Zeitenblicke* 5 (2006), Nr. 1, online: <http://www.zeitenblicke.de/2006/1/Puschner> [8.9.2008]

Putney, Clifford (2001), *Muscular Christianity: Manhood and Sports in Protestant America, 1880–1920*, Cambridge/Mass. London

Rahden, Till van (1996), Weder Milieu noch Konfession. Die situative Ethnizität der deutschen Juden im Kaiserreich in vergleichender Perspektive, in: Blaschke/Kuhlemann, S. 409–434

– (2000), *Juden und andere Breslauer. Die Beziehungen zwischen Juden, Protestanten und Katholiken in einer deutschen Großstadt von 1860 bis 1925*, Göttingen

– (2005), Treason, Fate or Blessing. Narratives of Assimilation in the Historiography of German-Speaking Jewry since the 1950s, in: Christhard Hoffmann (Hg.), *Preserving the Legacy of German Jewry. A History of the Leo Baeck Institute, 1955–2005*, Tübingen, S. 349–373

Reinhard, Wolfgang (1995), Was ist katholische Konfessionalisierung?, in: ders./Schilling, S. 419–452

–/ Heinz Schilling (1995) (Hg.), *Die katholische Konfessionalisierung*, Gütersloh

Rendtorff, Trutz (1972), Christentum, in: Otto Brunner/Werner Conze/Reinhart Koselleck (Hg.), *Geschichtliche Grundbegriffe. Historisches Lexikon zur politisch-sozialen Sprache in Deutschland*, Bd. 1, Stuttgart, S. 772–814

Rooden, Peter van (2004), Oral history en het vreemde sterven van het Nederlands christendom, in: *Bijdragen en Medelingen betreffende de Geschiedenis der Nederlanden* 119, S. 524–551

Roper, Lyndal (1989), *The Holy Household. Women and Morals in Reformation Augsburg*, Oxford

– (2001), Gender and the Reformation, in: *Archiv für Reformationsgeschichte* 92, S. 290–302

Rublack, Ulinka (2003), *Die Reformation in Europa*, Frankfurt M.

Saurer, Edith (1990), Frauen und Priester. Beichtgespräche im frühen 19. Jahrhundert, in: Richard van Dülmen (Hg.), *Arbeit, Frömmigkeit und Eigensinn. Studien zur historischen Kulturforschung II*, Frankfurt/M., S. 141–170

Sawicki, Diethard (2002), *Leben mit den Toten. Geisterglauben und die Entstehung des Spiritismus in Deutschland 1770–1900*, Paderborn

Schieder, Wolfgang (1977), Religionsgeschichte als Sozialgeschichte. Einleitende Bemerkungen zur Forschungsproblematik, in: *GG* 3, S. 291–298

– (1986) (Hg.), *Volksreligiosität in der modernen Sozialgeschichte*, Göttingen

– (1993), Sozialgeschichte der Religion im 19. Jahrhundert. Bemerkungen zur Forschungslage, in: ders. (Hg.), *Religion und Gesellschaft im 19. Jahrhundert*, Stuttgart, S. 11–28

– (1996 [1974]), *Religion und Revolution. Die Trierer Wallfahrt von 1844*, Vierow

Schilling, Heinz (1986), »Geschichte der Sünde« oder »Geschichte des Verbrechens«? Überlegungen zur Gesellschaftsgeschichte der frühneuzeitlichen Kirchenzucht, in: *Jahrbuch des Italienisch-Deutschen Historischen Instituts* 12, S. 169–192

- (1988), Die Konfessionalisierung im Reich. Religiöser und gesellschaftlicher Wandel in Deutschland zwischen 1555 und 1620, in: *HZ* 246, S. 1–45
- (1995), Die Konfessionalisierung von Kirche, Staat und Gesellschaft – Profil, Leistung, Defizite und Perspektiven eines geschichtswissenschaftlichen Paradigmas, in: Reinhard/ders., S. 1–49
- (1997), Disziplinierung oder »Selbstregulierung der Untertanen«? Ein Plädoyer für die Doppelperspektive von Makro- und Mikrohistorie bei der Erforschung der frühmodernen Kirchenzucht, in: *HZ* 264, S. 675–692
- (1999), Das konfessionelle Europa. Die Konfessionalisierung der europäischen Länder seit Mitte des 16. Jahrhunderts und ihre Folgen für Kirche, Staat, Gesellschaft und Kultur, in: Bahlcke/Strohmeyer, S. 13–62

Schlögl, Rudolf (1995), *Glaube und Religion in der Säkularisierung. Die katholische Stadt – Köln, Aachen, Münster – 1770–1840*, München
- (2000), Differenzierung und Integration. Konfessionalisierung im frühneuzeitlichen Gesellschaftssystem. Das Beispiel der habsburgischen Vorlande, in: *Archiv für Reformationsgeschichte* 91, S. 238–284
- (2001), Historiker, Max Weber und Niklas Luhmann. Zum schwierigen (aber möglicherweise produktiven) Verhältnis von Geschichtswissenschaft und Systemtheorie, in: *Soziale Systeme* 7, Heft 1, S. 23–45
- (2005), Rationalisierung als Entsinnlichung religiöser Praxis? Zur sozialen und medialen Form von Religion in der Neuzeit, in: Peter Blickle/Rudolf Schlögl (Hg.), *Die Säkularisation im Prozess der Säkularisierung Europas*, Epfendorf, S. 37–64

Schluchter, Wolfgang (1988), *Religion und Lebensführung*, Bd. 2, Frankfurt/M.

Schmidt, Heinrich Richard (1992), *Konfessionalisierung im 16. Jahrhundert*, München
- (1997), Sozialdisziplinierung? Ein Plädoyer für das Ende des Etatismus in der Konfessionalisierungsforschung, in: *HZ* 265, S. 639–682

Schnabel, Franz (1987 [1937]), *Deutsche Geschichte im neunzehnten Jahrhundert*, Bd. 4: *Die religiösen Kräfte*, München

Schnabel-Schüle, Helga (2002), Vierzig Jahre Konfessionalisierungsforschung – eine Standortbestimmung, in: Blaschke, S. 71–93

Scholder, Klaus (2000 [1977], *Die Kirchen und das Dritte Reich*. Bd. 1: *Vorgeschichte und Zeit der Illusion*, München

Schorn-Schütte, Luise (1996), *Evangelische Geistlichkeit in der Frühneuzeit. Deren Anteil an der Entfaltung frühmoderner Staatlichkeit und Gesellschaft. Dargestellt am Beispiel des Fürstentums Braunschweig-Wolfenbüttel, der Landgrafschaft Hessen-Kassel und der Stadt Braunschweig*, Gütersloh
- (2000), Priest, Preacher, Pastor: Research on Clerical Office in Early Modern Europe, in: *CEH* 33, S. 1–39

Schreiner, Klaus (2004), »Die wahrheit wird uns Menschen verkündt durch

Gottes Wort mündlich und schriftlich.« Debatten über das geschriebene und ungeschriebene Wort Gottes in volkssprachlichen deutschen Theologien der Frühen Neuzeit, in: Holzem, S. 177–223

Schröder, Hans-Christoph (1995), Max Weber und der Puritanismus, in: *GG* 21, 459–478

Schüler-Springorum, Stefanie (1999), Assimilation and Community Reconsidered: The Jewish Community in Königsberg, 1871–1914, in: *Jewish Social Studies* 5, S. 104–131

Schürer, Markus (2007), Zum Zusammenhang von Kommunikation und *vita religiosa* während des Mittelalters. Eine Skizze, in: *SZRKG* 101, S. 11–31

Schulte-Umberg, Thomas (1999), *Profession und Charisma. Herkunft und Ausbildung des Klerus im Bistum Münster 1776–1940*, Paderborn

Schulze, Reinhard (2007), *Der Islam in der europäischen Religionsgeschichte*, in: Graf/Große-Kracht, S. 151-171

Schulze Wessel, Martin (2001), Das 19. Jahrhundert als »Zweites Konfessionelles Zeitalter«? Thesen zur Religionsgeschichte der böhmischen Länder in europäischer Hinsicht, in: *Zeitschrift für Ostmitteleuropaforschung* 50, S. 514–529

– (2005), Die Deutschen Christen im Nationalsozialismus und die Lebendige Kirche im Bolschewismus – zwei kirchliche Repräsentationen neuer politischer Ordnungen, in: *Journal of Modern European History* 3, S. 147–163

– (2007), Religion und Politik. Überlegungen zur modernen Religionsgeschichte Russlands als Teil einer Religionsgeschichte Europas, in: Graf/Große-Kracht, S. 125–150

Schwerhoff, Gerd (2005), *Zungen wie Schwerter. Blasphemie in alteuropäischen Gesellschaften 1200–1650*, Konstanz

Scribner, Robert W. (2002), *Religion und Kultur in Deutschland 1400–1800*, Göttingen

Sheehan, Jonathan (2003), Enlightenment, Religion, and the Enigma of Secularization, in: *AHR* 108, S. 1061–1080

Smith, Helmut W. (2001) (Hg.), *Protestants, Catholics, and Jews in Germany, 1800–1914*, Oxford. New York

–/ Chris Clark (2001), The Fate of Nathan, in: Smith, 3–29

Sorlin, Pierre (2005), Cinéma et religion dans l'Europe du XXᵉ siècle, in: *Journal of Modern European History* 3, S. 183–204

Sperber, Jonathan (1998), Kirchengeschichte or the Social and Cultural History of Religion, in: *NPL* 43, S. 13–35

Steigmann-Gall, Richard (2003), *The Holy Reich. Nazi Conceptions of Christianity, 1919–1945*, Cambridge

Steinhoff, Anthony (2004), Ein zweites konfessionelles Zeitalter? Nachdenken über die Religion im langen 19. Jahrhundert, in: *GG*, S. 549–570

Thadden, Rudolf v. (1983), Kirchengeschichte als Gesellschaftsgeschichte, in: *GG* 9, S. 598–614

Troeltsch, Ernst (1994 [1912]), *Die Soziallehren der christlichen Kirchen und Gruppen*, Tübingen

Tyrell, Hartmann (1990), Worum geht es in der Protestantischen Ethik?. Ein Versuch zum besseren Verständnis Max Webers, in: *Saeculum* 41, S. 130–177

– (1993a), Potenz und Depotenzierung der Religion – Religion und Rationalisierung bei Max Weber, in: *Saeculum* 44, S. 300–347

– (1993b), Katholizismus und Familie. Institutionalisierung und Deinstitutionalisierung, in: Jörg Bergmann u. a. (Hg.), *Religion und Kultur*, Opladen, S. 126–149

– (1996), Religionssoziologie, in: *GG* 22, S. 428–457

– (1998), Handeln, Religion und Kommunikation – Begriffsgeschichtliche und systematische Überlegungen, in: ders./Krech/Knoblauch, S. 85–134

– (2002), Religiöse Kommunikation. Auge, Ohr und Medienvielfalt, in: Klaus Schreiner (Hg.), *Frömmigkeit im Mittelalter. Politisch-soziale Kontexte, visuelle Praxis, körperliche Ausdrucksformen*, München, S. 41–93

– (2004), Weltgesellschaft, Weltmission und religiöse Organisationen, in: Artur Bogner/Bernd Holtwick/Hartmann Tyrell (Hg.), *Weltmission und religiöse Organisationen. Protestantische Missionsgesellschaften im 19. und 20. Jahrhundert*, Würzburg, S. 13–134

– (2006), Zweierlei Differenzierung: Funktionale und Ebenendifferenzierung im Frühwerk Niklas Luhmanns, in: *Soziale Systeme* 12, S. 294–310

– (2008), Kulturkämpfe in Frankreich und Deutschland und die Anfänge der Religionssoziologie, in: Matthias Koenig/Jean-Paul Willaime (Hg.), *Religionskontroversen in Frankreich und Deutschland*, Hamburg, S. 97–181

–/Volkhard Krech/Hubert Knoblauch (1998) (Hg.), *Religion als Kommunikation*, Würzburg

Van Osselaer, Tine/Thomas Buerman (2008), Feminization thesis: A survey of international historiography and a probing of Belgian grounds, in: *Revue d'Histoire Ecclésiastique* 103, S. 497–544

Voegelin, Eric (1993 [1938]), *Die politischen Religionen*, München

Volkland, Frauke (2002), Reformiert sein ›unter‹ Katholiken. Zur religiösen Praxis reformiert Gläubiger in gemischtkonfessionellen Gemeinden der Alten Eidgenossenschaft im 17. Jahrhundert, in: Haag u. a., S. 159–177

Volkov, Shulamit (1983), Jüdische Assimilation und jüdische Eigenart im Deutschen Kaiserreich. Ein Versuch, in: *GG* 9, S. 331–348

– (1991), Die Erfindung einer Tradition. Zur Entstehung des modernen Judentums in Deutschland, in: *HZ* 253, S. 603–628

– (2006), *Germans, Jews, and Antisemites. Trials in Emancipation*, Cambridge

Vovelle, Michel (1973), *Piété baroque et déchristianisation en Provence au XVIIIe siècle. Les attitudes devant la mort d'après les clauses des testaments*, Paris

– (1991), *The Revolution against the Church. From Reason to the Supreme Being*, Cambridge

Weber, Max (1988 [1920]), *Gesammelte Aufsätze zur Religionssoziologie I*, Tübingen

– (1964), *Wirtschaft und Gesellschaft. Grundriss der verstehenden Soziologie*, Köln. Berlin

Wehler, Hans-Ulrich (1995), *Deutsche Gesellschaftsgeschichte*, Bd. 3: *1848/49– 1914*, München

– (2001), Das Duell zwischen Sozialgeschichte und Kulturgeschichte: Die deutsche Kontroverse im Kontext der westlichen Historiographie, in: *Francia* 28/3, S. 103–110

Weichlein, Siegfried (2002), Der Apostel der Deutschen. Die konfessionspolitische Konstruktion des Bonifatius im 19. Jahrhundert, in: Blaschke, S. 155–179

Welskopp, Thomas (1998), Die Sozialgeschichte der Väter. Grenzen und Perspektiven der Historischen Sozialwissenschaft, in: *GG* 24, S. 173–198

Welter, Barbara (1976), The Feminization of American Religion, 1800–1860, in: M. S. Hartmann/L. Banner (Hg.), *Clio's Consciousness Raised*, New York, S. 137–154

Wittkau, Annette (1994), *Historismus. Zur Geschichte des Begriffs und des Problems*, Göttingen

Wolf, Hubert (1999), Der Historiker ist kein Prophet. Zur theologischen (Selbst-) Marginalisierung der katholischen deutschen Kirchengeschichtsschreibung zwischen 1870 und 1960, in: ders. (Hg.), *Die katholisch-theologischen Disziplinen in Deutschland 1870–1962. Ihre Geschichte, ihr Zeitbezug*, Paderborn, S. 70–93

Wunder, Heide (1988), Von der frumkeit zur Frömmigkeit, in: Ursula A. J. Becher/Jörn Rüsen (Hg.), *Weiblichkeit in geschichtlicher Perspektive*, Frankfurt, S. 174–188

Ziegler, Walter (Bearb.) (1992), *Altbayern von 1550–1651*, München

Ziemann, Benjamin (2000), Der deutsche Katholizismus im späten 19. und im 20. Jahrhundert. Forschungstendenzen auf dem Weg zu sozialgeschichtlicher Fundierung und Erweiterung, in: *AfS* 40, S. 402–422

– (2003), Sozialgeschichte, Geschlechtergeschichte, Gesellschaftsgeschichte, in: Richard van Dülmen (Hg.), *Fischer-Lexikon Geschichte*, Frankfurt/M., S. 84–105

– (2004), Zwischen sozialer Bewegung und Dienstleistung am Individuum: Katholiken und katholische Kirche im therapeutischen Jahrzehnt, in: *AfS* 44, S. 357–393

– (2007a), *Katholische Kirche und Sozialwissenschaften 1945–1975*, Göttingen
– (2007b), Säkularisierung, Konfessionalisierung, Organisationsbildung. Dimensionen der Sozialgeschichte der Religion im langen 19. Jahrhundert, in: *AfS* 47, S. 485–508
– (2007c), Die Katholische Kirche als religiöse Organisation. Deutschland und die Niederlande, 1950–1975, in: Graf/Große Kracht, S. 329–351
Zimmermann, Moshe (2000), Die Religion des 20. Jahrhunderts: Der Sport, in: Christof Dipper/Lutz Klinkhammer/Alexander Nützenadel (Hg.), *Europäische Sozialgeschichte. Festschrift für Wolfgang Schieder*, Berlin, S. 331–350

4. Internetseiten

Internetausgabe des BBKL: <http://www.bautz.de/bbkl/> [18.6.2007]

Personen- und Sachregister

Historische Einführungen

Achim Landwehr
Historische Diskursanalyse

Band 4, 2008, 187 Seiten
ISBN 978-3-593-38451-1

Christian Jansen, Henning Borggräfe
Nation, Nationalität, Nationalismus

Band 1, 2007, 212 Seiten
ISBN 978-3-593-38449-8

Johannes Dillinger
Hexen und Magie
Band 3, 2007, 197 Seiten
ISBN 978-3-593-38302-6

Gabriela Signori
Wunder
Band 2, 200 Seiten
ISBN 978-3-593-38453-5

Mehr Informationen unter
www.campus.de

Frankfurt · New York

Geschichte

Christopher A. Bayly
Die Geburt der modernen Welt
Eine Globalgeschichte 1780-1914
2008, 650 Seiten
ISBN 978-3-593-38724-6

»Eine gewaltige Studie ... Bayly
hat sich eine herkulische Aufgabe
vorgenommen und meistert sie
mit Bravour.«
Frankfurter Allgemeine Zeitung

Volkmar Sigusch
Geschichte der Sexualwissenschaft
2008, 720 Seiten, 210 Abb., ISBN 978-3-593-38575-4

Vor 150 Jahren begann die wissenschaftliche Erforschung der
menschlichen Sexualität. Erstmals erzählt Volkmar Sigusch,
einer der angesehensten Sexualforscher der Gegenwart, wie
seitdem die intimsten Wünsche, Praktiken, aber auch körperliche und seelische Nöte der Menschen entdeckt wurden.

Margarete Dörr
»Der Krieg hat uns geprägt«
Wie Kinder den Zweiten Weltkrieg erlebten
2007, 1085 Seiten, ISBN 978-3-593-38447-4

Für ihre Dokumentation der kindlichen Kriegserlebnisse hat
Margarete Dörr mehr als 500 Lebensgeschichten in mündli-
cher und schriftlicher Form gesammelt. Hinzu kommen
Tagebücher, Briefe, Fotos und andere persönliche Dokumente.

Mehr Informationen unter
www.campus.de

Frankfurt · New York

Campus Historische Studien

Simon Teuscher
Erzähltes Recht
Lokale Herrschaft,
Verschriftlichung und
Traditionsbildung
im Spätmittelalter

Band 44, 2007, 359 Seiten
ISBN 978-3-593-38494-8

Kerstin Brückweh
Mordlust
Serienmorde, Gewalt und Emotionen im 20. Jahrhundert
Band 43, 2006, 512 Seiten, ISBN 978-3-593-38202-9

Klaus Weinhauer, Jörg Requate, Heinz-Gerhard Haupt (Hg.)
Terrorismus in der Bundesrepublik
Medien, Staat und Subkulturen in den 1970er Jahren
Band 42, 2006, 408 Seiten, ISBN 978-3-593-38037-7

Daniela Münkel
Willy Brandt und die »Vierte Gewalt«
Politik und Massenmedien in den 50er bis 70er Jahren
Band 41, 2005, 332 Seiten, ISBN 978-3-593-37871-8

Philipp Müller
Auf der Suche nach dem Täter
Die öffentliche Dramatisierung von Verbrechen im
Berlin des Kaiserreichs
Band 40, 2005, 424 Seiten, ISBN 978-3-593-37867-1

Mehr Informationen unter
www.campus.de

Frankfurt · New York